国家自然科学基金资助（项目批准号：51608219）
华中科技大学教改基金资助

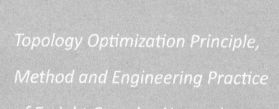

Topology Optimization Principle,
Method and Engineering Practice
of Freight Complex Network

货运复杂网络拓扑结构优化原理、方法及工程实践

段爱媛 ◎ 编著

华中科技大学出版社
http://www.hustp.com
中国·武汉

图书在版编目(CIP)数据

货运复杂网络拓扑结构优化原理、方法及工程实践/段爱媛编著. — 武汉:华中科技大学出版社,
2022.5
 ISBN 978-7-5680-8228-0

Ⅰ.①货… Ⅱ.①段… Ⅲ.①货物运输-交通运输网-研究 Ⅳ.①U113

中国版本图书馆 CIP 数据核字(2022)第 074905 号

货运复杂网络拓扑结构优化原理、方法及工程实践 段爱媛 编著
Huoyun Fuza Wangluo Tuopu Jiegou Youhua Yuanli,Fangfa ji Gongcheng Shijian

策划编辑:张 毅	
责任编辑:郭星星	
封面设计:廖亚萍	
责任监印:朱 玢	
出版发行:华中科技大学出版社(中国•武汉)	电话:(027)81321913
武汉市东湖新技术开发区华工科技园	邮编:430223

录　　排:武汉三月禾文化传播有限公司
印　　刷:武汉市洪林印务有限公司
开　　本:710mm×1000mm　1/16
印　　张:17.25
字　　数:338 千字
版　　次:2022 年 5 月第 1 版第 1 次印刷
定　　价:68.00 元

本书若有印装质量问题,请向出版社营销中心调换
全国免费服务热线:400-6679-118　竭诚为您服务
版权所有　侵权必究

前　　言

　　目前在实际工作中存在着物流节点盲目投资的现象,尤其是在物流节点投资建设决策及相应的投资额度预算方面主观因素偏多。本研究从复杂网络优化角度,模拟分析具有不同吸引度的新建物流节点对现有城市货运网络拓扑结构造成的影响。在建立基于物流节点吸引力的货运网络拓扑结构演化模型基础之上从优化货运网络拓扑结构的角度出发,分析是否兴建物流节点以及计算新建物流节点的投资额度。这些研究工作一方面可以为物流企业的物流节点投资建设决策及相应的投资额度预算提供理论依据,避免盲目的市场行为所导致的资源浪费和经济损失;另一方面也可以帮助政府在货运网络规划和物流节点建设相关审批工作中科学决策,发挥政府在调控经济和监督管理方面的职能。

　　本书结合武汉、深圳和佛山三个城市的研究案例,详细展示了模拟分析计算新建物流节点投资额度的过程。研究方法同样适用于求解物流节点选址、物流节点类型的选择及物流节点占地面积等。

　　虽然本书的着眼点是城市货运网络拓扑结构,但是相应的原理及研究方法同样适用于其他网络拓扑结构优化。本书也应用这个研究方法对港口货运网络拓扑结构优化进行了研究,模拟分析计算了新建不同类型不同级别港口的港口规模。另外本课题组在慕课网络拓扑结构优化方面也做了有益的探索。

　　值得一提的是,关于复杂网络的研究一直是学术界的研究热点,近年来又兴起大数据的研究热潮。但是目前还鲜有把大数据和复杂网络结合起来进行研究的报道。本研究通过采集节点吸引力影响因素的庞大数据,进行复杂网络的演化和优化分析。这些探索为如何把大数据和复杂网络结合起来进行研究提供了思路。

编　者
2022 年 1 月

目 录

1 相关研究及必要性 ································· 1
1.1 复杂网络相关研究 ································· 1
1.1.1 复杂网络的定义和分类 ································· 1
1.1.2 复杂网络的统计特征 ································· 2
1.1.3 基于节点吸引力的复杂网络演化研究现状 ················· 3
1.1.4 基于物流节点吸引力的货运网络演化的研究现状 ··········· 4
1.1.5 基于复杂网络理论的交通网络拓扑结构优化的研究现状 ····· 4
1.2 研究的必要性 ································· 5
1.2.1 城市货运网络拓扑结构 ································· 5
1.2.2 本研究的意义 ································· 5

2 物流节点及物流节点吸引力定义 ································· 7
2.1 城市物流节点 ································· 7
2.1.1 城市物流节点定义 ································· 7
2.1.2 城市物流节点的层次与种类划分 ······················ 7
2.2 物流节点吸引力 ································· 10

3 物流节点吸引力影响因素指标体系 ································· 12
3.1 物流节点吸引力影响因素分析 ································· 12
3.1.1 物流节点吸引力影响因素研究 ································· 12
3.1.2 影响因素指标确定方法 ································· 14
3.2 专家初始测评题项集 ································· 15
3.3 建立物流节点吸引力影响因素指标体系 ················ 18
3.3.1 主成分分析法基本原理 ································· 19
3.3.2 主成分分析法计算步骤 ································· 19
3.3.3 初始因子成分矩阵 ································· 20
3.3.4 因子旋转 ································· 20
3.3.5 因子得分系数矩阵 ································· 20
3.3.6 物流节点综合得分及排序 ································· 20

3.3.7 建立物流节点吸引力影响因素指标体系 …… 21
3.4 量表效度的检验 …… 21
   3.4.1 内容效度 …… 21
   3.4.2 结构效度 …… 21
   3.4.3 关联效度 …… 22

4 物流节点吸引度和吸引力计算 …… 23
4.1 节点吸引度计算 …… 23
   4.1.1 节点吸引度的概念和计算 …… 23
   4.1.2 计算指标熵权值 …… 23
4.2 节点吸引力计算 …… 24

5 城市货运网络拓扑结构演化 …… 25
5.1 演化机理 …… 25
   5.1.1 复杂网络演化形式 …… 25
   5.1.2 基于复杂网络理论的城市货运网络拓扑结构演化 …… 26
   5.1.3 BA模型和BBV模型在货运网络拓扑结构演化中的应用分析 …… 31
5.2 基于物流节点吸引力的城市货运网络拓扑结构演化模型 …… 33
   5.2.1 无权演化模型 …… 33
   5.2.2 加权演化模型 …… 35

6 基于物流节点吸引力的货运网络拓扑结构优化 …… 43
6.1 货运网络拓扑结构优化分析 …… 43
   6.1.1 优化思路 …… 43
   6.1.2 优化步骤 …… 43
6.2 优化指标及其参数分析 …… 44
   6.2.1 鲁棒性 …… 44
   6.2.2 有效性 …… 45
   6.2.3 系统总费用 …… 45
   6.2.4 拥堵因子 …… 46
   6.2.5 聚类系数 …… 53
6.3 货运网络拓扑结构优化 …… 54
   6.3.1 货运网络效率优化策略 …… 54
   6.3.2 货运网络的鲁棒性、有效性、系统总费用与平均度的关系 …… 55

- 6.3.3 货运网络最优平均度的选择 ············ 57
- 6.3.4 判断是否兴建物流节点 ············ 57
- 6.3.5 确定新建物流节点的吸引度 ············ 57

7 确定新建节点投资额度 ············ 58
7.1 新建物流节点的确定 ············ 58
7.2 逆推法计算新建物流节点投资额度 ············ 59

8 城市货运网络拓扑结构优化案例分析 ············ 60
8.1 武汉市货运网络拓扑结构优化 ············ 60
- 8.1.1 武汉市新建物流节点的确定 ············ 60
- 8.1.2 武汉市物流节点吸引力影响因素指标体系 ············ 63
- 8.1.3 武汉市初始货运拓扑网络演化模型建立 ············ 82
- 8.1.4 武汉市货运网络拓扑结构优化 ············ 90
- 8.1.5 新建物流节点投资额度计算 ············ 97

8.2 深圳市货运网络拓扑结构优化 ············ 99
- 8.2.1 深圳市物流节点分布现状 ············ 99
- 8.2.2 深圳市物流节点吸引力影响因素指标体系 ············ 102
- 8.2.3 深圳市初始货运拓扑网络演化模型建立 ············ 120
- 8.2.4 深圳市货运网络拓扑结构优化 ············ 126
- 8.2.5 确定新建物流节点的吸引度 ············ 131
- 8.2.6 新建物流节点投资额度确定 ············ 135

8.3 佛山市货运网络拓扑结构优化 ············ 136
- 8.3.1 佛山市物流节点分布现状 ············ 136
- 8.3.2 佛山市物流节点吸引力影响因素指标体系 ············ 139
- 8.3.3 佛山市初始货运拓扑网络演化模型建立 ············ 154
- 8.3.4 佛山市货运网络拓扑结构优化 ············ 160
- 8.3.5 新建物流节点投资额度确定 ············ 169

9 港口货运网络拓扑结构优化案例分析 ············ 172
9.1 集装箱港口货运网络拓扑结构优化 ············ 172
- 9.1.1 集装箱港口吸引力影响因素指标体系 ············ 172
- 9.1.2 集装箱港口初始货运拓扑网络演化模型建立 ············ 184
- 9.1.3 集装箱港口货运网络拓扑结构优化 ············ 187

  9.1.4 新建集装箱港口节点吸引度确定 …………………… 191
  9.1.5 新建集装箱港口的港口规模确定 …………………… 194
 9.2 石油天然气及制品港口货运网络拓扑结构优化 …………… 197
  9.2.1 石油天然气及制品港口吸引力影响因素指标体系 …… 197
  9.2.2 石油天然气及制品港口初始货运拓扑网络演化模型建立 …… 208
  9.2.3 石油天然气及制品港口货运网络拓扑结构优化 ……… 211
  9.2.4 新建石油天然气及制品港口节点吸引度确定 ………… 214
  9.2.5 新建石油天然气及制品港口的港口规模确定 ………… 217
 9.3 金属矿石港口货运网络拓扑结构优化 ………………………… 224
  9.3.1 金属矿石港口吸引力影响因素指标体系 ……………… 224
  9.3.2 金属矿石港口初始货运拓扑网络演化模型建立 ……… 236
  9.3.3 金属矿石港口货运网络拓扑结构优化 ………………… 240
  9.3.4 新建金属矿石港口节点吸引度确定 …………………… 244
  9.3.5 新建金属矿石港口的港口规模确定 …………………… 246

参考文献 ……………………………………………………………… 249
后记 …………………………………………………………………… 267

1 相关研究及必要性

1.1 复杂网络相关研究

1.1.1 复杂网络的定义和分类

在数学上通常用图来表示一个网络，18世纪瑞士著名数学家Euler的哥尼斯堡七桥问题是最早开始对关于图的问题进行研究的。网络由节点和边组成，边表示不同节点之间的关系，网络T是节点集V和边集E的集合，即$T=\{V,E\}$。

复杂网络的定义有很多种，但一直没有一个精确、严格的科学定义。根据国内外的研究，复杂网络应包含以下三层意思：

(1) 复杂网络由许多实际的复杂网络系统进行拓扑结构抽象转化而来；

(2) 就表面来看复杂网络要比规则网络和随机网络复杂，同时由其生成具有真实系统统计特征的网络远远比生成规则网络和随机网络复杂；

(3) 国内外学者认为复杂网络的研究有利于理解"复杂系统之所以复杂"的问题。

我国著名科学家钱学森给出了一种普遍应用的定义：具有自组织、自相似、吸引子、小世界、无标度中部分或全部性质的网络称为复杂网络。复杂网络是一种特殊的网络，由大量节点和边组成。

方锦清科研小组经过深入研究对复杂网络进行了分类：

(1) 现实网络大致分为社会网络、信息网络、技术网络和生物网络四种。

(2) 根据网络的边有无权值，可将复杂网络划分为无权网络和加权网络。无权网络可以反映节点之间简单的连接方式和相互作用的最主要信息，但是不能描述节点之间相互作用强度的差异情形。加权网络则能够提供更加细致的刻画，不仅能够反映实际网络的拓扑结构，而且可以反映真实网络的动力学特征。

(3) 根据节点度的分布特点，将复杂网络划分为指数网络和无尺度网络两大类。指数网络中的节点是同质的，它们的度大致相同，绝大部分节点的度都位于网络节点平均度附近，网络节点度分布随度数的增加呈指数衰减，因此网络中不存在度数特别大的节点。在无尺度网络中，大部分节点只与少数几个节点连接，但网络中存在少量度数特别大的节点，称为中心节点(或hub节点)，它对无尺度网络的特性起着主导和支配作用。

(4) 根据节点之间连边的方向性,将复杂网络分为无向网络和有向网络。无向网络的边不存在方向性,有向网络的边具有方向性,并且有所谓"出去"和"进来"的区别。有向网络中一个节点的度分布分为出度和入度。出度是指从该节点指向其他节点的边的数目,入度则是从其他节点指向该节点的边的数目。

(5) 根据网络生成方式,将复杂网络分成随机性网络、确定性网络和混合网络。随机性网络是按照随机方式生成的;确定性网络是按照确定方式生成的,其拓扑特性易于精确求解。然而,我们生活在确定性与随机性并存的和谐统一的真实世界,从这个基本事实出发,除了前面两种极端的生成方式,真实世界应该介于两者之间,是两者的和谐统一,由此便形成了混合网络。

1.1.2 复杂网络的统计特征

复杂网络的统计特征是一种静态的统计指标,它是通过实际的拓扑网络结构抽象、实证研究后再经过统计计算而得到的统计指标。本书借鉴吴建军对复杂网络统计特征的研究,对度分布、平均路径长度、聚类系数和拥堵因子的定义进行介绍,之后对系统总费用和有效性的定义进行讨论。

1. 度分布

节点的度 k_i 表示节点 i 拥有边的数量,是衡量节点特性的重要的概念之一。一个节点的度越大,它在网络中的重要性越高。网络中所有节点的度的平均值称为网络的平均度,即为 $\langle k \rangle$。度分布即是所有节点的度的概率分布。累积度分布是指网络中节点的度大于 k 值的概率之和。

研究表明,复杂网络的拓扑结构性质以及复杂网络上的动力学行为等均紧密依赖于复杂网络的度分布。进一步说,由于复杂网络的无标度特性,复杂网络的度分布服从幂律分布,因而度分布完全由其幂指数[度分布指数(degree exponent)λ]确定。

2. 平均路径长度

平均路径长度 L 也称为网络的平均距离,指网络中所有节点对之间的平均最短距离。网络中两个节点 i 和 j 之间的距离 d_{ij} 定义为连接这两个节点的最短路径上的边数。对所有节点对的距离求平均值,可以得到网络的平均路径长度。该特征值描述了网络中节点的分离程度,体现的是网络的全局性质。

需要说明的是,网络中任意两个节点之间的最长距离称为网络的直径。

3. 聚类系数

节点的聚类系数是指该节点同所有相邻节点之间连边的数目与可能的最大连边数目的比值,也称为聚类系数/簇系数 C。C 值越大,表明该节点的区位条件越好,与周边节点构成的子网络越容易形成区域集聚,更容易形成货运集散中心。整个网络的聚类系数 C 为所有节点聚类系数的算术平均值。

4. 拥堵因子

网络的拥堵因子 J 是指网络在一定流量下达到 UE 均衡状态时的拥堵路段数与总路段数的比值。

5. 系统总费用

李志华等在研究物流网络设计建模与求解算法时,考虑网络边的建设费用和运输费用,对系统总费用进行了设定。由于建设费用属于沉没成本,且物流路径依附于城市道路,城市道路并不专门为物流系统所用,故可以不考虑网络边的建设费用。姚志刚等在研究公路货运网络优化时,也忽略了网络边的建设费用,综合考虑网络边的运输费用与枢纽的年均建设费用及运营费用,对系统总费用(TC)进行了设定,并忽略了年均建设费用及运营费用的影响。

6. 有效性

根据 Latora 和 Marchiori(2001)的定义,两个节点 i 和 j 之间的有效性 ε_{ij} 定义为两个节点之间最短距离的倒数,即 $\varepsilon_{ij}=1/d_{ij}$。当 i 和 j 之间没有路径时,$\varepsilon_{ij}=0$。网络 G 的全局有效性 E 定义为

$$E(G) = \frac{2\sum_{i \neq j \in G} \varepsilon_{ij}}{N(N-1)} = \frac{2}{N(N-1)} \sum_{i \neq j \in G} \frac{1}{d_{ij}}$$

局部有效性 E_{lo} 为局部范围网络 G' 内 n 个节点的有效性的平均值,即

$$E_{lo} = \frac{2\sum_{i \neq j \in G'} \varepsilon_{ij}}{n(n-1)} = \frac{2}{n(n-1)} \sum_{i \neq j \in G'} \frac{1}{d_{ij}}$$

Wu 等(2006)分析了北京交通网络的有效性,认为在一定条件下,全局有效性 $E \approx \frac{1}{L}$(L 为平均路径长度),局部有效性 $E_{lo} \approx C$。

1.1.3 基于节点吸引力的复杂网络演化研究现状

自从 1999 年 Barabási 和 Albert 发现真实网络的无标度性质以来,对真实网络中各种宏观性质的微观生成机制以及网络演化规律等一系列问题的研究已成为科学家广泛关注的热点。BA 模型首次从网络演化角度来研究网络的一些宏观性质起源,开辟了网络研究的新纪元。研究认为,一个网络的性能在很大程度上取决于其结构,而结构又往往跟演化机制有关。节点吸引因子对网络的演化有一定影响。复杂网络的研究中认为节点间的连接关系是由节点本身的性质决定的,网络的演化特征取决于节点的特征。在网络结构的演化中,节点的吸引力被认为与节点自身的规模、特征和位置有关。综合说来,也就是出生时间越早拥有越高度的节点对

与其同类型、距离较近的节点有越强的吸引力,它们更可能相互连接。Jeong认为,网络中存在的每个节点对加入的新节点或其他节点都有一定的吸引力,并构造了具有节点吸引力的成长演化算法。周健等在点权有限网络模型的基础上,增加考虑了节点吸引力因素,构造了一种全新的、符合实际的加权复杂网络演化模型,并通过研究发现,该模型与BBV模型相比,节点的强度概率密度分布是有变化的,而且更接近实际网络。

1.1.4 基于物流节点吸引力的货运网络演化的研究现状

对货运网络演化的研究相对较少。Cidell研究了郊区新建国家多式联运配送中心带来的货运网络结构和空间变化。Barrat等指出在之前建立的加权演化模型中,新加入节点会与枢纽节点连接,但在真实的运输网络中,这种直接连接可能会在权衡运输费用之后,变为与邻近的节点连接从而间接连上枢纽节点。段爱媛等从货运资源空间布局演化出发,分析了城市货运的网络层次结构、网络流量及动力机制。武云霞和何世伟以路网条件和快捷货物运输需求为关键影响因素,建立了基于节点吸引力的快捷货运服务网络结构演化模型。单婧婷和段爱媛对已有的BBV模型进行了改进,为城市货运网络演化模型引入了幂律形式的距离参数,更真实地模拟空间网络演化过程,并对演化过程中节点和网络结构的变化进行了分析。陈志忠和李引珍对货运网络中主要的两种类型物流节点(需求节点和供应节点)考虑了不同的增长方式,并进行了演化分析。Yang等基于复杂加权网络,在择优连接机制中考虑了货运需求量和空间距离因素,构建了货运网络演化模型。Li和Negenborn等分析了多式联运网络,构建了基于时间依赖性和集装箱流在节点和路径的演化下的一种通用的多式联运网络模型。

1.1.5 基于复杂网络理论的交通网络拓扑结构优化的研究现状

优化是系统科学中十分重要的问题,系统优化与系统演化存在相互关系,没有离开演化的优化。复杂网络是一个庞大而复杂的系统,数学家、系统工程师和交通学家一直在寻找最优化的复杂网络结构形式。

随着经济不断发展,货运需求规模不断扩大,社会对货物运输网络和交通运输网络的时效性、便捷性和安全性等也提出了越来越高的要求,因此关于货运网络拓扑结构和交通运输网络拓扑结构的设计与优化也逐渐得到学者的重视。高自友等研究了城市公交网络的无标度特性,从度分布角度出发,重点探讨了交通网络的复杂性,为提高城市公交网络的稳定性、有效性给出了具体思路和研究方向。Estrada从复杂网络的扩展性角度研究了当节点度分布发生变化时对网络鲁棒性造成的影响,为提高现实中复杂网络的鲁棒性开辟了一条新的途径。Lordan等从复杂网络的视角研究了航空运输网络的拓扑结构和鲁棒性。Wu 等对小世界网络上的交通拥堵进行了研究,发现度分布指数对网络的拥堵因子影响并不是很明显。Coogan 和 Arcak 构建了交通动态网络优化模型,并分析了网络的动力学行为。

1.2 研究的必要性

1.2.1 城市货运网络拓扑结构

城市作为一个复杂巨系统,它的正常运转往往需要依赖于各种生产物资的输入和输出,即物资流动。在这物资流动中,既包括有形的物资流,如与生产、居民生活和城市建设相关的原材料、半成品、燃料、食品、电子产品、医药品等各种物资,也包括各种无形的物资流,比如资金和电子信息等。城市的货运活动就是支持各种有形和无形的物资流动。城市货运网络主要是指以城市道路为主所形成的道路线网为连接路径,以物流园区、物流中心、配送中心等具体设施为网络衔接点,通过多种运输方式,并利用现代化信息沟通渠道、业务关系等综合形成的配送货运网络,而且这种网络规模一般仅局限于某城市范围内。

货运网络规划与客运网络规划具有不同的特点,进行合理地城市货运网络规划势在必行,而物流节点对货运网络的形成和发展起到至关重要的作用。物流的关键要素之一是其系统性,物流的过程是一环紧扣一环的链条式作业流程,因此物流节点必然形成系统而完整的体系。由于整个货运网络拓扑结构错综复杂,为了简化研究目标,抓住主要问题,在本书的研究中,货运网络拓扑结构是由一级、二级以及三级物流节点构成的。

1.2.2 本研究的意义

随着城市物流的发展以及物流节点的兴建,物流节点会吸引城市货运向其集聚,完成一定的物流功能之后,再向货运网络其他节点处疏散。物流节点的吸引力如果发生变化,相关物流节点之间的连接状态也会随之发生变化,新建的物流节点会使其辐射范围内的城市货运网络拓扑结构发生演化。而不同的物流节点对货运交通的吸引力又有强弱之分,使物流节点辐射范围内的货运网络拓扑结构发生不同的演化。当前许多城市把物流节点的建设纳入未来的城市规划之中,使得货运网络中的物流节点不断增加,网络规模也在不断扩大。但目前在实际工作中存在着物流节点盲目投资的现象,尤其在物流节点投资建设决策及相应的投资额度预算方面主观因素偏多。

物流节点吸引力的大小变化是由其影响因素共同作用决定的,由于影响因素的复杂性，不能根据单一影响因素的分析而认定整个系统的特征。本项目结合城市货运需求、物流节点的类型、辐射半径和投资额度、当地交通条件以及对货运组织在通行时间和车种方面的限制、城市形态、城市经济发展水平、产业空间布局等多种因素研究了物流节点吸引力的影响因素，计算了物流节点的吸引力，模拟分析了具有不同吸引度的新建物流节点对现有城市货运网络拓扑结构造成的影响。本研究通过分析城市货运网络演化机理，利用复杂网络分析方法，结合复杂网络的统计属性和货运网络自身所具有的特征，对典型的货运网络拓扑结构进行比较分析，从数学拓扑和物理网络结构角度出发，建立了货运网络拓扑结构演化模型。由于系统优化与系统演化存在相互关系，没有离开演化的优化，在判断是否需要兴建物流节点以及具有多大的投资额度才能使货运网络拓扑结构更加优化的问题上，需要基于货运网络拓扑结构演化的研究对其进行系统的分析。而网络效率、网络可靠性等与网络的平均路径长度、网络可达性密切相关，这些都由特定的网络拓扑结构决定，需要更加深入地研究如何使货运网络拓扑结构更加完善以促进城市物流的发展。本研究拟在建立基于物流节点吸引力的货运网络拓扑结构演化模型基础之上从优化货运网络拓扑结构的角度出发，分析是否兴建物流节点以及计算新建物流节点的投资额度。

货运网络规划与建设是城市综合交通系统的一个部分，是政府职能，而物流节点投资建设是市场行为。这些研究工作一方面可以为物流企业的物流节点投资建设决策及相应的投资额度预算提供理论依据，避免盲目的市场行为所导致的资源浪费和经济损失；另一方面也可以使政府在货运网络规划和物流节点建设相关审批工作中科学决策，发挥政府在调控经济和监督管理方面的职能。

2 物流节点及物流节点吸引力定义

2.1 城市物流节点

2.1.1 城市物流节点定义

城市物流节点是城市物流网络中连接物流通道的接点之处。城市物流网络系统中所有的物流活动都是在通道和节点上进行的,通道上进行的物流活动主要是运输,包括干线运输、配送运输等。物流功能的其他要素,都是在物流节点上完成的。所以,城市物流网络系统节点是城市物流网络系统的重要组成部分,是组织各种城市物流活动、完成城市物流功能以及提供城市物流服务的重要场所。现代物流更加重视系统的协调、顺畅,而节点正处在能联结系统的位置上,并且系统的总体运作水平往往通过节点体现,如果离了节点,整个系统内的活动就必然陷入瘫痪。因此,物流节点对优化整个物流网络起着重要作用,从发展来看,它不仅执行一般的物流职能,而且越来越多地执行指挥调度、传达信息等神经中枢的职能,是整个物流网络的灵魂所在。

城市物流节点有广义和狭义之分。广义的物流节点是指所有进行物资中转、集散和储运的节点,包括港口、空港、公路枢纽、火车货运站、大型公共仓库及现代物流(配送)中心、物流园区等。狭义的物流节点仅指具有现代物流意义的物流园区、物流中心和配送中心等。本书中提出的相关研究方法和体系也可以应用到广义的物流节点及经济生活的其他方面。由于研究时间及精力有限,本书主要的研究对象是狭义的物流节点,并列举了相关研究实例。本书对港口货运拓扑网络也进行了相关的探索,希望能够抛砖引玉。

2.1.2 城市物流节点的层次与种类划分

(一)城市物流节点的三个层次

城市物流节点根据其服务需求、服务功能以及服务范围等要素不同,可以形成不同类型、不同层次的特征。原则上有三个层次的城市物流节点,即城市物流园区、城市物流中心和城市配送中心(见表2-1)。

1. 城市物流园区

城市物流园区是集众多的物流企业和物流中心于一处的场所,同时它具有综合的服务功能和相当大的规模,是社会化的公共物流园区,是多种运输方式的汇集,是城市物流产业聚集发展的大型物流转运枢纽。城市物流园区按照功能特征分类属于国际枢纽城市物流节点或区域性城市物流节点,属于综合型城市物流节点。

2. 城市物流中心

城市物流中心是具有专业性质的面向公众开放的城市物流节点。城市物流中心辐射范围大,处理能力强。该层次的城市物流节点一般属于国际枢纽城市物流节点或区域型城市物流节点。城市物流中心可以是多个物流企业的集结节点,也可以是独立的经济实体。

3. 城市配送中心

城市配送中心的主要特点是针对用户服务,具有健全的配送功能,辐射范围小。城市配送中心一般是大型企业和行业的城市物流中心,往往是单独的经济实体,是功能齐全、专业化配送水平高的大型城市物流企业。该层次的物流节点一般属于区域配送型的城市物流节点。

表 2-1 物流园区、物流中心与配送中心的区别比较

比较项目	物流园区	物流中心	配送中心
功能	多式联运、综合运输、干线终端运输	分销或货物中转,以配送为主	较单一,按市场需求布设
规模	大	分布在局部,较大	可大可小
位置	处于供应链中下游,是配送中心、物流中心上游	一般在物流园区下游、配送中心上游	处于下游,最接近客户端
物流特点	多品种、大批量、多供应商	少品种、大批量、少批次、少供应商	多品种、小批量、多批次、多供应商
服务对象	比较广泛	通常提供第三方服务	物流对象一般比较单一
辐射范围	服务于国际与省际物流	主要服务于城市产业集中区	主要服务于城市生活
基础设施	具有综合性设施	较齐全	设施较单一

(二)城市物流节点的种类

在整个城市物流网络系统中,城市物流节点起着相当大的作用,但根据整个系

统目标和节点在网络中的位置不同,城市物流节点的主要作用也不尽相同。根据其所起的主要作用可把城市物流节点分成四种类型,如表2-2所示。

表2-2 城市物流节点功能分类

类型	主要职能和特点	说明
转运型	处于运输线上,连接不同运输方式,以大批量货物中转为主要职能,货物停滞时间较短	铁路线上的货站、编组站,水运线上的港口、码头,空港、公路主枢纽、联运站等都属于这类节点
储存型	以存放、储备货物为主要职能,货物在这类节点上停滞时间较长	储备仓库、营业仓库、货栈等都属于这类节点
流通型	以组织物资在系统中运动为主要职能的节点,在社会系统中则是一种以组织物资流通为主要职能的节点	现代物流中的流通仓库
综合型	在一个节点实现两种以上主要功能,并且非独立完成各自功能,有完善的基础设施、有效衔接和协调作业的集约型节点	物流园区、物流基地和大型物流中心就属于此类节点,这种节点是适应物流规模化、集成化和社会化的要求而出现的,是现代物流系统节点发展的方向

(三)城市物流节点的功能与作用

城市物流节点和通道构成了城市物流网络,城市物流网络中的物流节点又对保证整个物流网络的顺利运转起到巨大的作用。总的来说,城市物流节点具有以下几个功能:

1. 物流处理功能

城市物流网络系统中物流活动的主要发源地是城市物流节点,它是物流环节中的仓储、流通加工与物流集疏的重要场所,是提供物流服务和完成各种物流功能的重要场所,例如储存保管功能、流通加工功能和运力调节功能。

2. 衔接、集散功能

物流的运作过程是由众多运动和相对停顿过程组成的。物流中心利用各种技术和管理方法,通过优化和联结物流线路,以实现物流中心在物流网络中的运输衔接功能和产生一些其他方式运输功能。衔接功能是指城市物流节点将物流通道连成一个大的系统,使物流系统运转得更为流畅。衔接的具体关系表面上是实现通道与节点的衔接,实际上也将节点与节点有机地衔接起来。例如,物流中心可以为运输的货物提供场地转换货物的运输方式,可以提供一定的加工服务来衔接干线物流及配送物流等不同目的的物流,可以提供储存服务以衔接供应物流和需求物流等不同时间的物流,还可以把不同的运输方式,如港口、航空、铁路和公路衔接在一起,从而实现"快速运输+门到门服务"的一体化。

3. 管理功能

物流节点包含城市物流网络系统中的管理和指挥机构,城市物流节点具有管理、调度、物流处理等能力。整个城市物流网络系统的运转是否有序化合理化,城市物流网络系统的效率和水平是否最大化,很大程度上取决于城市物流节点的管理水平。

4. 信息功能

城市物流网络系统节点是整个城市物流网络系统的信息中转站,起到传递、处理与发送信息的功能,这种信息处理在现代城市物流网络系统中起着非常重要的作用。在现代城市物流网络系统中,每一个节点都是城市物流信息发生的点,这些点是物流信息产生、收集、分析、处理与传输的主要发源地、集中地和处理场所。

2.2 物流节点吸引力

事实上,节点吸引力的研究是早于复杂网络研究的。美国学者 W. J. Reilly 根据牛顿力学的万有引力定律总结出城市人口与零售网络中节点吸引力的相互关系,并在节点选址模型中充分考虑节点吸引力的作用,研究发现零售网络中节点吸引力对顾客购物行为是有一定的影响的。Reilly 的这项研究,被后人称为雷利法则(Reilly's Law)。之后,K. E. Haynes 和 A. S. Fotheringham 将变量设置为指数型参数,对雷利法则进行了完善;1960 年,Huff 等将 Reilly 早先提出的确定性模型改进为概率模型,也就是后来为世人所熟知的重力模型。

目前,节点吸引力的说法在国内外文献出现得并不多,尚未有统一的定义。Papadopoulos 认为节点的吸引力包含流行性和相似性,而且相似的节点和出生较早的节点有更高的连接概率。田生文认为节点吸引力可以分为初始吸引力和发展吸引力,初始吸引力是指节点加入网络时所具有的能力,而后者可看作节点在网络中表现出的能力。另外基于复杂网络理论的运输网络研究中,也有一些关于节点吸引力的研究。白煜超认为港口吸引力由港口的规模和功能共同决定,其相对货源点是一个质量物体,从而导致腹地范围内的空间扭曲,港口吸引力表示吸引货源向其运动的能力。港口吸引强度的大小取决于其规模和功能,可以体现为港口的货物吞吐量。武云霞在快捷货运网络研究中认为,节点的度和货运需求量是影响节点之间连接的重要因素,并将节点的度和货运需求量的作用统称为节点吸引力。此外,一些学者在其著作中使用了"节点吸引力"的概念,但并未对其给出确切的定义。

研究中比较常见的是节点选址问题。在节点选址模型中最早引入吸引力作用的是 Reilly,他研究了零售网络中节点吸引力改变对顾客行为的影响。之后 Huff 等将 Reilly 的确定性模型优化为概率模型,成为著名的重力模型,Drezne 等最早将吸引力模型应用于航空网络的节点分析问题中。

物流节点的吸引半径研究中重要的一类问题是货运枢纽的选址问题,它最早由 O'Kelly 提出,这个领域的研究成果颇丰。也有一些学者着重分析了货运枢纽的吸引力半径问题。例如,Vidović 等认为吸引力半径是随速度变化的节点 2 小时或 3 小时可达的范围半径。

一些学者主要从货运网络拓扑结构角度进行研究。例如,单婧婷和段爱媛将物流节点吸引力分为初始吸引力(初始强度)和在演化过程中逐渐形成的累积吸引力(累积强度)两个部分,构建了物流节点吸引力指标体系,并建立了物流节点吸引力强度模型来衡量初始物流节点的吸引度,接着利用优化的引力模型计算物流节点之间的吸引力。余朵苟和何世伟用节点吸引力的影响因素之一货运量来量化原模型中节点吸引度。也有学者从特定的物流节点或通信网络角度进行吸引力强度的研究。例如,Marianov 等将新落成的货运节点以更低的交通花费从网络中已有的竞争节点处吸引特定 OD 对之间的客/货流的问题表示为 HCUL 模型。田生文等提出一种基于聚类效应节点吸引力的复杂网络模型(CALW),将节点的吸引力定义为随时间变化的函数。

综合上述研究,物流节点吸引力可以理解为物流节点在实际情况如流通加工作业能力、仓储能力、配送效率、道路水平等因素影响下,各个物流节点之间的吸引力大小以及吸引范围,代表物流节点对城市货物的吸引集聚、加工存储、疏散等物流工作的能力。在网络中存在的每个节点对加入的新节点都有一定的吸引力,将节点具有的对新节点的吸引力定义为吸引因子。

因此,物流节点吸引力可以这样定义:物流节点通过自身的功能和规模等相对优势,吸引货运网络中其他的物流节点与之建立连接关系,并产生货运业务和货运流动的能力。从静态的角度,物流节点吸引力的强弱体现在两方面:与之相连的物流节点数多少和与之产生流通的货物流量大小。从动态的角度,物流节点吸引力的强弱体现在两方面:与之相连接的物流节点数的增长率和与之产生流通的货物流量的增长率。

3 物流节点吸引力影响因素指标体系

3.1 物流节点吸引力影响因素分析

3.1.1 物流节点吸引力影响因素研究

中华人民共和国国家质量监督检验检疫总局[①]和中国国家标准化管理委员会于 2008 年联合发布了《社会物流统计指标体系及方法（征求意见稿）》，其中包括宏观统计指标和企业统计指标两个类别，下设一级指标、二级指标和三级指标，从宏观和微观两个角度给出了物流指标的评价方法。其他国家也发布了各自的物流指标和统计方法，如《美国联邦物流分析年鉴》《新世纪英国运输白皮书》《新综合物流施政大纲》《物流行动议程》等。我国各城市也分别发布了地方性物流指标和数据，如《深圳市物流业统计报告》《南京物流指数研究报告》等。此外，研究者们也从不同的角度提出了自己对物流指标的观点。

需要指出的是，物流指标的研究与本书中物流节点吸引力的研究有相似之处，如部分测度指标相同，但也有不同之处。

其一是研究对象不同。物流指标的研究对象包括企业、城市、区域、国家。而本书的研究对象是单个物流节点。

其二是物流指标的研究是相对静态的，是某年某地区的物流发展水平或物流能力，不考虑对象的子集之间的相互作用。而物流节点吸引力研究服务于网络的演化，要考虑节点之间相互吸引的作用。

物流节点的吸引力从宏观上来说受所在地区经济、交通等发展水平的影响，大型城市各行政区域的发展水平存在一定的差异，因此在测度物流节点吸引力的时候应该考虑物流节点所在区域的实际情况。

影响物流节点吸引力的因素主要包括以下几方面。

1. 工商业发展水平

工商企业是物流的主要服务对象，区域工商业越发达，对物流服务的需求（或潜在需求）越大。此外，工商业和物流节点的发展可以相互促进，因此，可采用物流

---

① 编者注：已改革重组成其他机构。

节点所在行政区的规模以上工业企业数和社会消费品零售总额加以衡量。

2.货运需求大小

货运量和货运周转量是传统的测度物流需求的指标,运输距离越长,货运周转量就越高。运输距离的长短和货运OD点之间的远近成正比。这两个指标忽略了一个问题:货运量、货运方式等取决于货物的种类和数量。不同行业的货物需求不同,如钢铁工业园和生鲜大市场的货运需求水平难以靠货运量和货运周转量两个指标来进行统一的测度。因此,可采用货运需求集中度(或货运集散地临近度)和相关的行业两个指标来测度,相关指标见表3-1和表3-2。

表3-1 货运需求集中度(或货运集散地临近度)指标

分项指标	都市工业园区	经济技术开发区	高新技术开发区	保税区	出口加工区	批发市场	大型购物中心
分值	5	5	5	3	3	2	2

表3-2 相关行业指标

分项指标	钢铁	化工	汽车及零件	空运	机电	生资*	(光)电子	建材	农副产品	医药
分值	2	2	2	2	2	1	1	1	1	1

* 注:表中生资表示生产生活资料,包括日常用品、小商品、服饰、生产资料等。

3.交通基础设施水平

交通通道具有时空压缩的效应,即相同距离下,交通方式、道路等级不同,货运时间也不同。从另一个角度来看,交通水平不同,相同时间内可以达到的范围的大小不同,节点之间的相对临近程度就不同。物流节点多设在城市交通枢纽[如铁路编组站(或货运场站)、民航机场、港口和公路货运站等]附近。不同区域的公路和城市道路的里程也有差别。当同时依托多种交通设施时,按最高分值取值。交通基础设施临近性指标见表3-3。

表3-3 交通基础设施临近性指标

分项指标	依托民航机场	依托铁路编组站(或货运场站)	依托港口	依托公路货运站	依托高速公路
分值	8	10	5	5	2

4.用地条件

物流节点的建设需要占地,土地价格和面积的可获得性直接影响物流节点的规模大小。以武汉市为例,可设物流节点的选址在外环线和三环线之间时取值为3;在三环线和二环线之间时取值为2;在二环线以内时取值为1。

5. 物流节点的等级

通常来说，高等级的物流节点包含低等级的物流节点的功能，并有更高级的功能，能够提供物流服务的范围也更大。物流园区、物流中心和配送中心这三个等级的取值分别为8、5、2。

6. 物流节点间的相似度

节点的吸引力不仅包含节点的强度，也包含节点间的相似度。货运的属性部分取决于货物的属性。确定了货物的类型就可以推知部分货运信息。货物种类不同，采用的运输工具、运输方式等都不相同，如大白菜和工业乙烯的运输就存在很大差异。运输货物的种类相同或相似，物流节点的相似度就高。有些物流节点服务于多种货物的运输，当它们的货运种类有重叠时，认为这两个货运节点相似，否则认为这两个节点不相似。

这里只列举了共性的、主要的影响因素，但影响因素错综复杂，在对具体问题进行分析时，需要结合实际情况确定指标体系。

3.1.2　影响因素指标确定方法

在确定事物的影响因素指标时，无外乎使用这两种方法，即定性预测和定量预测。在工程实践和实际应用中，定性预测和定量预测往往并不是相互排斥的，而是可以相互补充的，在实际预测过程中可以把两者正确地结合起来使用。本章在确定物流节点吸引力影响因素指标时，也是通过将定性预测和定量预测相结合，来得到最后结果的。

其中定性预测是指预测者依靠熟悉业务知识、具有丰富经验和综合分析能力的人员与专家，根据已掌握的历史资料和直观材料，运用个人的经验和分析判断能力，对事物的未来发展做出性质和程度上的判断，然后，通过一定形式综合各方面的意见来预测未来的评判方法。这种方法在工程实践上被广泛使用，特别适合于对预测对象的数据资料(包括历史的和现实的)掌握不充分，或影响因素复杂，难以用数字描述，或对主要影响因素难以进行量化分析等情况。从某种角度来说，定性预测偏重对市场行情的发展方向和施工中各种影响施工项目成本因素的分析，能发挥专家经验优势，比较灵活，而且简便易行，可以较快地提出预测结果。但是在进行定性预测时，要尽可能地搜集数据，运用数学方法，其结果通常也是从数量上作出测算。定性预测的优点在于：注重于事物发展在性质方面的预测，具有较大的灵活性，易于充分发挥人的主观能动作用，且简单迅速，省时省费用。它的缺点在于：易受主观因素的影响，比较注重于人的经验和主观判断能力，从而易受人的知识、经验和能力的束缚和限制，尤其是对事物发展缺乏量化精确描述。

而定量预测，是使用历史数据或因素变量来预测需求的评判方法。该方法根据已掌握的比较完备的历史统计数据,运用一定的数学方法进行科学的加工整理,借以揭示有关变量之间的规律性联系,用于预测和推测未来发展变化情况。定量预测方法也称统计预测法,其主要特点是利用统计资料和数学模型来进行预测。然而,这并不意味着定量方法完全排除了主观因素,相反主观判断在定量方法中仍起着重要的作用,只不过与定性方法相比,各种主观因素所起的作用小一些罢了。定量预测偏重数量方面的分析,重视预测对象的变化程度,能对变化程度做出量化准确描述;它把历史统计数据和客观实际资料作为预测的主要依据,运用数学方法进行处理分析,受主观因素的影响较少;它可以利用现代化的计算方法来进行大量的计算工作和数据处理,进而求出适应工程进展的最佳数据曲线。但是,这种方法比较机械,不易灵活掌握,对信息资料质量要求较高。

3.2 专家初始测评题项集

这里通过对具体城市物流节点规划的举例,来说明物流节点的吸引力影响因素指标是如何确定的。在武汉市物流节点规划中,在确定物流节点的吸引力影响因素指标时,由于缺乏前期基础数据,本研究小组选择了定性预测的德尔菲专家预测法,并采用背对背的通信方式征询专家小组成员的预测意见。经过几轮征询,专家小组的预测意见趋于集中,初步确定物流节点的吸引力影响因素,形成专家调查问卷初始测评题项集。然后利用李克特表的七分制来表示被调查者对于所回答问题的赞同程度,进而确定物流节点的吸引力影响因素。

在专家问卷调查中,将陈述设计为"X 因素影响物流节点吸引力的重要性",每一种态度对应一种分值,设计分值为 7—极同意,6—同意,5—有些同意,4—中立,3—有些反对,2—反对,1—极反对。对每一道题的每个被调查者的分数进行加总,这一总分可说明被调查者对该陈述的认同程度或在这一量表上的不同态度。调查问卷部分截图如图3-1所示。

通过展开专家问卷调查,对问卷调查结果做统计分析,得到表3-4。

其中,辨别力评分的计算公式为

$$辨别力评分 = 得分最高三名平均分 - 得分最低三名平均分$$

舍去辨别力<1.0的陈述,即保留陈述1、2、3、4、5、6、7、8、9、10、12、13、14。

经过几轮征询,专家小组的预测意见趋于集中,最后得出武汉市物流节点吸引力影响因素指标主要体现在以下几个方面:

(1) 物流节点所在行政区的人口规模(单位:万人);

(2) 物流节点所在行政区的生产总值(单位:亿元);

(3) 物流节点所在行政区的规模以上企业数(单位:个);

图 3-1 调查问卷部分截图

(4) 物流节点所在行政区社会消费品零售额(单位:万元);

(5) 物流节点所在行政区城镇居民年人均可支配收入(单位:元);

(6) 物流节点所在行政区城镇居民年人均消费支出(单位:元);

(7) 物流节点所在行政区物流基础建设投资额度(单位:亿元);

(8) 物流节点所在行政区物流需求集散地密度(用物流节点所在行政区内企业个数与分区土地面积的比值来表示)(单位:个/平方公里);

(9) 物流节点所在行政区产业结构和产业空间布局;

(10) 交通通达度;

(11) 分区环境影响评价;

(12) 优惠政策;

(13) 物流节点所在行政区土地可利用面积(单位:平方公里);

(14) 物流节点的类型;

(15) 物流节点的辐射半径(单位:公里);

(16) 交通基础设施依托程度;

3 物流节点吸引力影响因素指标体系

表 3-4 专家调查问卷评分表

被调查者	问题序号															总分
	1	2	3	4	5	6	7	8	9	10	11	12	13	14	15	
样本8	6	6	7	7	6	6	7	7	7	6	6	6	7	7	7	98
样本4	6	7	6	7	5	6	7	7	7	7	6	6	7	7	6	96
样本6	7	7	7	6	6	6	6	6	6	7	7	7	6	6	6	96
样本2	6	7	7	7	7	6	6	4	6	7	6	4	5	7	7	92
样本3	6	6	5	6	5	6	5	6	6	7	6	6	7	7	6	90
样本9	5	6	6	6	3	3	7	6	6	7	6	5	7	5	6	87
样本5	6	4	6	4	5	5	5	2	6	4	7	5	6	5	6	87
样本7	6	6	7	5	3	4	4	4	4	6	6	4	5	7	7	72
样本1	4	6	4	5	3	3	5	6	4	4	6	3	5	5	4	68
得分最高三名平均分	6.3333	6.6667	6.6667	6.6667	5.6667	6	6.3333	6.6667	6.6667	6.6667	6.3333	6.3333	6.6667	6.6667	6.3333	
得分最低三名平均分	5.3333	5.3333	5.6667	5	3.6667	4	5.3333	4.3333	4.6667	5.6667	5.6667	4	5.6667	5.6667	5.6667	
辨别力评分	1	1.3333	1	1.6667	2	2	1	2.3333	2	1	0.6667	2.3333	1	1	0.6667	
结论	保留	保留	保留	保留	保留	保留	保留	保留	保留	保留	去掉	保留	保留	保留	去掉	

(17) 距离运输企业的远近；
(18) 城市货运网络的布局结构；
(19) 城市货运网络运输的货类品种复杂性；
(20) 政府政策管控导向；
(21) 核心物流企业培育；
(22) 城市规划的具体指引；
(23) 城市物流发展的历史传承性；
(24) 物流节点货运量（单位：万吨）；
(25) 交通运输设施的发展水平；
(26) 货运网络的网络规模；
(27) 城市货运网络的技术支持；
(28) 劳动力及生产力布局；
(29) 货物运输线路的合理性；
(30) 距离港口、机场和码头位置的远近；
(31) 消费需求；
(32) 成本因素（运输成本、营运成本、建筑成本、土地成本和固定成本）和非成本因素（原材料、劳动力和市场等）。

收集齐影响因素指标后，需要对这些指标进行一定处理。在处理指标时，当两个或多个指标之间有一定相关关系时，可以解释为这些指标反映的信息有一定的重叠。然而，在统计工作中选择合理的指标是对评价对象做出正确、客观评价的前提和基础，所选择的每项指标都应该尽可能地有效体现评价对象在某一方面的信息，除了具备全面性、代表性和可操作性外，各项指标之间还应尽量避免重复和相关性，使相互之间的冗余度达到最低，不存在冲突指标。例如，在上面收集的影响因素指标中，距离运输企业的远近（指标17）与货物运输线路的合理性（指标29），以及距离港口、机场和码头位置的远近（指标30）就有较高的相关性。在确定影响因素时，这些指标之间信息的高度重叠和高度相关性会给统计工作带来许多障碍。

在实际规划中，为了解决指标之间信息可能存在的高度重叠和相关性，最简单直接的解决方案是削减上述指标的个数，但盲目地削减指标很可能导致信息丢失和信息不完整等问题的产生。在武汉市物流节点影响因素指标体系构建时，研究小组引用主成分分析法，把多指标转化为少数几个综合指标，既大大减少了参与数据建模的变量个数，也不会造成信息的大量丢失。

3.3 建立物流节点吸引力影响因素指标体系

研究问题时尽可能多地收集资料，便于充分了解所要研究的问题，这样确实便于全面、精确地描述事物,但在实际数据建模中,有些变量不一定可以真正发挥作用,还可能加大计算工作量,所以要进行因子分析。通常收集到的变量数据之间存在一定的相关性,这给统计方法带来了操作困难。本文利用 SPSS 软件数据处理技术和主成分分析法在众多指标中做进一步的筛选。这里结合武汉市规划案例,来说明具体操作流程。

3.3.1 主成分分析法基本原理

主成分分析法(principal component analysis)就是考虑各指标之间的相互关系利用降维的方法将多个指标转换为少数几个互不相关的指标,从而使研究变得简单的一种统计方法。主成分分析法是由 Hotelling 于 1933 年首先提出的,他利用"降维"的思想,在损失很少信息的前提下把多个指标转化为几个综合指标(称为主成分)。

它的主要思想是用较少的变量去解释原来资料中的大部分变量,将许多相关性很高的变量转化成彼此独立或不相关的变量。通常是选出比原始变量个数少,能解释大部分资料中变量的几个新变量,即主成分,并可用以解释资料的综合性指标。

每个主成分均是原始变量的线性组合,且各个主成分之间互不相关,这就使得主成分比原始变量具有某些更优越的性能。主成分分析的结果不能直接作为研究的结果,而应该在主成分分析的基础上继续采用其他多元统计方法来解决实际问题。

在统计调查中,对于同一个变量,研究者往往用多个不同的问题来测量一个人的意见。这些不同的问题构成了所谓的"测度项",它们代表一个变量的不同方面。主成分分析法被用来对这些变量进行降维处理,使它们"浓缩"为一个变量,称为因子。在用主成分分析法进行因子求解时,最多可以得到与测度项个数一样多的因子。通过计算可以得到因子的大小排列,因子中的信息可以用特征根来表示,在主成分分析时往往留用特征根大于 1 的因子,即一个因子的特征根大于 1 就保留,否则就舍弃。通过这样取舍来达到降维的目的。

3.3.2 主成分分析法计算步骤

第一步:对原始数据进行标准化处理,消除量纲不同的影响;
第二步:计算样本矩阵的相关系数矩阵 R_x;
第三步:计算 R_x 的特征值和特征向量;
第四步:计算主成分的贡献率和累积贡献率。一般选取累积贡献率大于 85% 的若干特征值所对应的主成分,这样处理损失信息较少;

第五步：确定主成分的个数；

第六步：计算主成分载荷，其值大小反映了主成分因子对可测变量的影响程度；

第七步：对主成分因子的意义做解释，一般由权重较大的几个指标的综合意义来确定；

第八步：求各主成分的得分并计算综合得分，选取每个成分中载荷最大的几种因子，去除对主成分影响较小的其他因子。

3.3.3 初始因子成分矩阵

因子成分矩阵又称为因子载荷矩阵，它是各个原始变量的因子表达式的系数，表达提取的公因子对原始变量的影响程度。因子得分矩阵表示各项指标变量与提取的公因子之间的关系，在某一公因子上得分越高，表明该指标与该公因子之间关系越密切。

根据 SPSS 软件的因子分析功能，可以轻易得出初始因子成分矩阵。

3.3.4 因子旋转

建立因子分析模型的目的不仅是找出主因子，更重要的是知道每个主因子的意义，以便对实际问题进行分析。如果求出主因子的解后，各个主因子的典型代表变量不突出，还需要进行因子旋转，通过适当的旋转得到比较满意的主因子。

旋转的方法有很多，正交旋转（orthogonal rotation）和斜交旋转（oblique rotation）是因子旋转的两类方法。最常用的方法是最大方差正交旋转法（Varimax）。进行因子旋转，就是要使因子成分矩阵中因子载荷的平方值向 0 和 1 两个方向分化，使大的载荷更大，小的载荷更小。因子旋转过程中，如果因子对应轴相互正交，则称为正交旋转；如果因子对应轴相互间不是正交的，则称为斜交旋转。常用的斜交旋转方法有 Promax 法等。

3.3.5 因子得分系数矩阵

使用 SPSS 软件因子分析功能，利用回归法（regression），得出因子得分系数矩阵即成分得分系数矩阵，具体内容可参考后面的案例。

3.3.6 物流节点综合得分及排序

结合成分得分系数矩阵表和各指标因素标准值图，通过总得分公式计算城市物流节点综合得分并根据得分高低进行排序。

$$总得分 = 成分1的方差贡献率 \times 成分1的得分 + 成分2的方差贡献率 \times$$
$$成分2的得分 + 成分3的方差贡献率 \times 成分3的得分 + \cdots\cdots +$$
$$成分n的方差贡献率 \times 成分n的得分$$
$$成分的得分 FAC = X_1 \times a_1 + X_2 \times a_2 + \cdots + X_n \times a_n$$

式中,X_n为标准化的值,a_n为成分在成分得分系数矩阵中的系数。其中,成分的方差贡献率为旋转后的方差贡献率,可以通过SPSS软件进行因子分析得出。

3.3.7 建立物流节点吸引力影响因素指标体系

主成分分析法中,主成分个数提取的原则为主成分对应的特征值大于1,取前m个主成分,即特征值在某种程度上可以被看成是表示主成分影响力度大小的指标,如果特征值小于1,说明该主成分的解释力度还不如直接引入一个原变量的平均解释力度大,因此一般将主成分对应的特征值大于1作为纳入标准。

每个成分中系数越大的因子在该成分中占据的因子载荷越大,选取每个成分中载荷最大的几种因子,去除其他对主成分影响较小的因子,结合专家分析法,作为节点吸引度计算的因素指标。

3.4 量表效度的检验

效度即有效性,它是指测量工具或手段能够准确测出所需测量的事物的程度。效度是指所测量到的结果反映所想要考察内容的程度,测量结果与要考察的内容越吻合,则效度越高;反之,效度越低。效度分为三种类型:内容效度、结构效度和关联效度。

3.4.1 内容效度

内容效度是指一个测量实际测到的内容与所要测量的内容之间的吻合程度,也称为表面效度或逻辑效度。对内容效度常采用逻辑分析与统计分析相结合的方法进行评价。

3.4.2 结构效度

结构效度又称为建构效度或构建效度,是指测量结果体现出来的某种结构与测值之间的对应程度。结构效度分析所采用的方法是因子分析。结构效度最关心的问题是量表实际测量的是哪些特征。在评价建构效度时,调研人员要试图解释"量表为什么有效"这一理论问题以及考虑从这一理论问题中能得出什么推论。结构效度的评价方法有因子分析法和结构方程法。

3.4.3 关联效度

关联效度是指测评结果与某种标准结果的一致性程度,根据效标(效标是用来衡量测评有效性的参照标准)是否与测评结果同时获得,可以划分为同时效度与预测效度。如果作为效标的结果与测评结果是同时获得的,那么这种效度叫作同时效度。同时效度很高的素质测评,不但说明它的测评结果比较客观、公正,而且启示我们可以用一个较为简单的测评代替另一个复杂的测评。

4 物流节点吸引度和吸引力计算

4.1 节点吸引度计算

4.1.1 节点吸引度的概念和计算

为了便于研究物流节点之间的吸引力,此处提出物流节点吸引度的概念。物流节点吸引度就是物流节点自身具备的、由其影响因素决定的吸引其他物流节点与之产生货运往来的可能性大小,数值表现为经过无量纲化处理的吸引度综合评判值。计算公式为

$$Z_j = 100 \times \sum_{i=1}^{n} r_{ij} W_j \tag{4-1}$$

式中,Z_j——吸引度综合评判值;

n——吸引力影响因素评价指标个数;

r_{ij}——各评价指标经过无量纲化处理之后的评判值;

W_j——各评价指标的熵权值。

4.1.2 计算指标熵权值

(一)数据变换处理

熵权法原理是把评价中各个待评价单元的信息进行量化与综合。采用熵权法对各因子赋权,可以简化评价过程。因此,本书采用熵值法对指标的权值进行确定。

在多指标评价体系中,由于各评价指标的性质不同,通常具有不同的量纲和数量级。当各指标间的水平相差很大时,如果直接用原始指标值进行分析,就会突出数值较高的指标在综合分析中的作用,相对削弱数值水平较低指标的作用。因此,为了保证结果的可靠性,克服原始数据由于计量单位和数量级的不同对聚类分析结果的不合理影响,需要对原始指标数据进行变换处理。

数据变换,就是将原始数据矩阵中的每个元素,按照某种特定的运算,把它变为一个新值,而且数值的变化不依赖于原始数据集合中其他数据的新值。本书对原始指标值 x_{ij} 采用规格化变化进行处理。

对 x_{ij} 规格化处理公式如下:

$$r_{ij} = \frac{x_{ij} - \min\limits_{1 \leqslant i \leqslant m} x_{ij}}{\max\limits_{1 \leqslant i \leqslant m} x_{ij} - \min\limits_{1 \leqslant i \leqslant m} x_{ij}} \tag{4-2}$$

(二)指标熵权确定

对 r_{ij} 依次做如下变化:

$$P_{ij} = \frac{r_{ij}}{\sum\limits_{i=1}^{m} r_{ij}} \tag{4-3}$$

当 $r_{ij} = 0$ 时,上式应为

$$P_{ij} = \frac{1 + r_{ij}}{\sum\limits_{i=1}^{m}(1 + r_{ij})} \tag{4-4}$$

指标 F_j 的熵值 E_j:

$$E_j = -(\ln m)^{-1} \sum\limits_{i=1}^{m} P_{ij} \ln P_{ij} \tag{4-5}$$

指标 F_j 的熵权值 W_j:

$$W_j = \frac{1 - E_j}{\sum\limits_{j=1}^{n}(1 - E_j)} \tag{4-6}$$

4.2 节点吸引力计算

由引力模型可得:两地间的相互引力与两地质量的乘积成正比,与两地间的距离成反比。在引力模型运用中,质量参数和距离参数的设定是影响模型准确性的关键因素。结合物流节点的实际情况,得到以下修正模型来计算物流节点之间的吸引力:

$$F_{ik} = \frac{GKZ_i Z_k}{d_{ik}^2} \tag{4-7}$$

式中,F_{ik}——物流节点 i 与物流节点 k 之间的吸引力;

G——吸引力系数,平衡等式两端的量纲,其数值为 1;

K——产业相关系数,由两节点主营产业的相关性确定;

Z_i——物流节点 i 的吸引度综合评判值;

Z_k——物流节点 k 的吸引度综合评判值;

d_{ik}——物流节点 i 与 k 的距离。

5 城市货运网络拓扑结构演化

5.1 演化机理

5.1.1 复杂网络演化形式

5.1.1.1 按照不同演化部分划分

1. 基于点、边的网络演化模型

基于点、边的网络演化模型表示在整个演化进程中,允许随意地增加或去除网络的边和节点的演化模型。Barabási Albert-László 和 Albert Réka 为了解释幂率定律提出了无标度模型,这个模型是典型的基于节点和边的网络演化模型。在该模型中,新添加的节点会将新加入的边连接到该模型中已有的边上。虽然该网络符合幂率定律,但是有些特性并不符合真实网络的测度结果。故在此模型提出以后,许多在此模型基础上有所改进的模型相继提出。

在许多真实网络的演化过程中都会有新的节点加入,因此该演化模型是现在研究网络演化中运用较为广泛的模型。

2. 基于边的网络演化模型

基于边的网络演化模型是指在网络的演化过程当中,保持加点的数目和相对位置不变,添加或者删除网络中的边的网络演化模型。随机网络和小世界网络的生成中多采用基于边的网络演化模型。随机网络是在给定的节点之间随机连接边生成,小世界网络是在给定的节点之间采用随机加边或者重连边生成。

在网络模型的研究中,究竟采用基于边、节点的网络演化模型,还是采用基于边的网络演化模型需要视实际情况而定。

5.1.1.2 按照是否考虑权重划分

1. 无权网络演化模型

无权网络演化模型是指在网络的演化过程中,网络中的边没有被赋予权重。三大基本网络(随机网络、无标度网络、小世界网络)都是采用无权网络演化模型生成的。无权网络演化模型主要研究网络的拓扑结构而基本不考虑网络的功能、所承载的业务等因素,因此该演化模型与实际网络的演化有一定的差距。

2. 加权网络演化模型

相对无权网络演化模型,加权网络演化模型顾名思义是指,在网络的演化过程中,赋予不同的边不同的权重进行演化。现实中几乎所有的网络的边都有一定的权重,因此研究加权网络的演化具有重大的意义。

5.1.1.3 按照是否动态变化划分

1. 静态网络演化模型

静态网络演化模型是指在两个相邻的时间步长内,网络中节点和边的关系一直保持不变。在目前的研究中,网络的演化模型基本都采用此类模型。

2. 动态网络演化模型

在两个相邻的时间步长内,网络中的节点和边的关系具有可变性,即称该网络为动态网络演化模型。在动态网络的演化过程中,节点的状态与网络的拓扑结构之间存在相互影响。

5.1.2 基于复杂网络理论的城市货运网络拓扑结构演化

5.1.2.1 城市货运网络演化机制分析

现实中,由于城市的经济、产业结构的不断发展和调整,以及土地资源利用和环境保护的影响,城市货运需求在不断发生变化。根据货运网络的演化过程可以分析得出,网络节点数目在不断增加,节点之间的连接(即边)关系也在不断调整,总的网络规模亦在不断增长和变化。整个演化过程中,网络里节点的增长机制十分复杂,节点之间的连接机制也是复杂的,因此对网络的演化机制应做更全面的考虑。

1. 城市货运网络的增长机制

复杂网络在演化的过程中,增长机制主要包括这两个方面:节点规模的增长和网络规模的增长。其中,节点规模的增长主要包括节点自身的度的增长;而网络规模的增长则包括节点和边的数目的增长。

城市货运网络中物流节点产生的原因可以归纳为这几点:一是集散需要。为了实现规模效应,区域内各地的物资需要先汇集于物流节点,再实现物资向外部的规模化运输。二是储存需要。区域内的物资先集中转运到物流节点进行存储,以避免成本过高的分散储存。三是转运需要。综合性物流节点往往会集中多种运输方式于一身,以便在物流节点能够快速实现运输方式的转换,从而可以利用最经济适用的运输手段，满足物流需求。四是综合作业需要。物流节点在人员、信息、设备等方面都能提供更专业的服务，通过物流节点与外部进行物流活动，可以节约成本，提高效率。

城市货运网络中节点的增长规则有许多，这里重点阐述两个方面：

（1）节点数目随时间增长。

事实上，当城市某个区域的经济、文化发展到一定程度后，必然会产生与外界的物流需求。在城市货运网络中，物流节点的建设需要一定的时间。高等级的物流综合园区的建成时间往往要比低等级节点多得多。此外，根据目前全国各城市的物流节点分布情况来看，各等级物流节点的数目与其等级的高低均成反比，即低等级物流节点的数目多于高等级物流节点的数目。在这种增长机制中，各等级物流节点的数量组成呈金字塔型，低等级的物流节点的数量和出现概率大于高等级的物流节点。

（2）新加节点的类型设定。

另外，城市货运网络的建设深受政策因素的影响。当新增节点位置大致确定下来后，新增物流节点的具体等级并不是随便选取的。前面提到过，建成时间较晚的节点往往更具有规模优势和更强的吸引力，这类节点的等级在选取时往往需要考虑城市总体发展规划、城市区位战略发展规划、该区域经济发展状况、人均消费水平、交通条件、需求结构以及新加节点对当前现有网络结构带来哪些影响等诸多因素。

2. 城市货运网络的连接机制

复杂网络的增长规则定义了网络演化中的数量变化，择优连接机制则定义了网络演化中的结构变化。对于城市货运网络而言，网络中物流节点之间的连接机制与复杂网络的择优连接机制有一定的相似之处。

城市物流节点可以划分为3个层次，即物流园区、物流中心、配送中心。从宏观上来看，由上述3种物流节点构成的城市货运网络会存在以下几种连接状态（或配置模式）：

（1）一元模式。

在这种模式下，物流配送通过单一类型的物流节点（往往是配送中心）来完成，其他物流节点之间不直接连接，如图5-1所示。一元模式仅适用于物流发展滞后的小城市和一些三四线的地级市或县城。

（2）二元模式。

在这种模式下，物流配送由2种不同的物流节点来共同完成，如图5-2所示。二元模式中的前两种［见图5-2(a)和图5-2(b)］主要适用于一些物流发展较好的中小城市，而在一些大城市或城市群中以图5-2(c)所示模式为主。

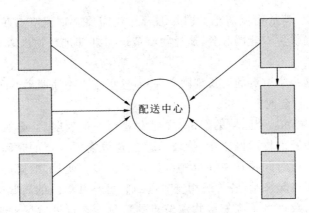

图 5-1 物流节点一元连接模式

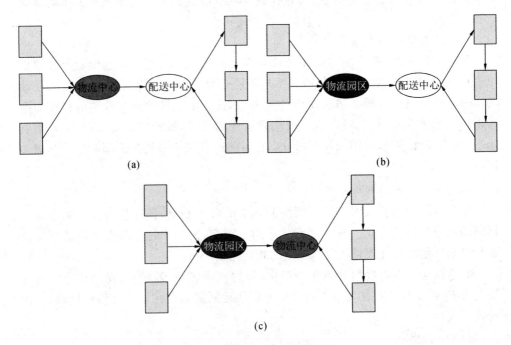

图 5-2 物流节点二元连接模式

(3) 三元模式。

这是一种较为完善和理性的物流节点连接模式,由 3 种不同类型的物流来共同完成物流配送任务,如图 5-3 所示。三元模式主要适用于大城市货运网络。

(4) 多元复合型。

这是一种最为复杂的物流节点连接模式,由多种不同的物流节点互相协调来完成物流配送任务,如图 5-4 所示。在这种模式下,物流节点配置充分利用各种

5 城市货运网络拓扑结构演化

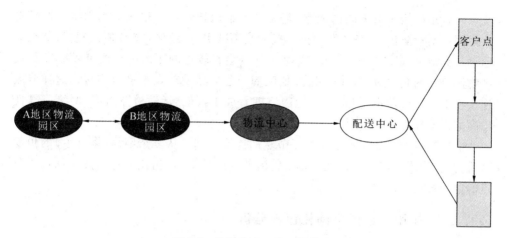

图 5-3 物流节点三元配置模式

不同类型的物流节点的优点、不同类型的交通运输方式的技术优势,是一种复合配送网络,它具有配送效率高、配送成本较低且整个配送网络可靠性较高的优点。

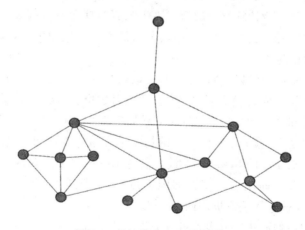

图 5-4 物流节点多元配置模式

前面提到过,货运网络最初时是以点状开始的,这些点是相对比较孤立,点与点之间的联系松散。随着时间的推移,各区域经济快速增长和现实生活中网络购物越来越频繁,进一步加速了新的物流节点的产生。为了降低物流成本,物流节点通过加强与其他节点之间的联系,形成了节点之间的对接,进而形成了物流网络的初始边。物流网络初始边往往会选择路线最短、成本最低的路线来实现,使节点以最近的距离进行直接连接。但是也会出现例外,当距离过远的 A 地区和 B 地区之间有经济往来和货运业务,有时候还可能是针对某种特殊货物或资源只能由 B 地区供应 A 地区的,为了完成货物运输,需要选择两地物流节点进行直接对接。这种节点间长距离运输带来的高成本,毫无疑问给运营者带来很多不利因素。但随着货运网络不断演化,这种长距离的连接会逐渐减少,A地区(或B地区)物流节点会通过与其他节点连接进行中转,或者A地区会在较近的距离内寻找可以取代B地区物流节点的其他节点,抑或在A地区周边建立新的节点来进行连接。这样节点连接将更趋于合理化,使整个货运网络朝着成本最低、运输效益最高、网络可靠性最高的方向前进。

上述基本上是从宏观上描述了节点的连接机制。从复杂网络(微观上)的角度来看,其实物流节点的连接规则是由物流节点的吸引力、物流节点的强度和物流节点的空间布局共同驱动的。

5.1.2.2 城市货运网络演化过程分析

城市货运网络的演化是一个动态过程,经历着时间上的产生、发展和演变的过程,具有明显的实时动态演进的特征。它的动态演化主要表现为节点的规模变化、空间位置变迁以及部分节点的连接关系。例如,随着城市各区域物流需求和成本的变化,现有的物流节点可能无法满足需求,需要增加新的物流节点、扩大原有节点规模或关闭一些不能持续发展的节点来满足城市社会经济的发展需求。总的来说,城市货运网络的演化就是货运网络内节点的规模和地理位置,以及节点间的连接关系不断优化的过程。

城市货运网络最初是以点状开始的,货运网络中的物流节点相对比较孤立,点与点之间的联系较少或者没有联系,其主要作用是集散、储存、转运。但随着城市经济的快速发展和网络购物越来越频繁,物流节点产生和发展的速度越来越快,节点之间慢慢建立联系,形成了物流网络的初始边。随着货运网络进一步发展,网络与外界环境发生相互影响和相互作用,人们意识到网络节点之间的连接需要考虑运输效益、成本、节点间距以及多方面因素,进而不断适应、调节网络的结构和功能,使得节点之间的连接关系更趋向合理化。

城市货运网络的演化历程大致可分成以下几个阶段:

1. 呈单纯的点状分布(点分布阶段)

这个时期是货运网络的初始阶段,物流节点数量较少,且孤立地分散在城市的不同地区,节点之间缺乏有效的物流线路连接,各物流节点的服务范围狭小。在这一时期,城市各地区的经济发展处在自给自足的封闭时期,城市各区域之间经济往来几乎不存在。

2. 线状结构(连线阶段)

该时期,货运网络内部分物流节点实现了有效的连接,但所有物流节点之间还尚未形成圈。随着城市经济的发展和各区域之间联系度的加强,以及物流线路的规划建设,分布在不同区域的物流节点之间的联系得到加强。此时,城市经济朝着一体化方向发展,特别是各区域之间经济往来不断加深,物流节点的腹地范围扩大,某些纵深的物流线路与物流节点连接起来。

3. 单网络状结构(联网阶段)

该时期,城市各区域经济一体化程度继续得到加强,部分物流节点开始实现跨区域连接。以"物流节点"为依托的各区域经济经过扩散作用和辐射作用,从最初的"点"到"面",由"点"连成"线",进一步发展成"网"形态,即各物流节点和线路以规则的方式连接成网,网络中各物流节点与其邻近的节点基本实现了点到点的连接。该阶段城市货运网络拓扑结构实现了物流节点和线路的规则连接,呈简单的网络状结构。

4. 复杂网络状结构

经历了上述三个时期后,此时城市货运网络已经发展得较为成熟了,且具备了相当规模的物流节点,部分节点之间也形成了有效连接。随着进一步的发展,每个节点之间都可能频繁发生物流业务,这时各物流节点和线路开始以较随机的方式连接成网,且呈不定期的变化。这个时期,网络中新增节点或线路连接改变都可能对拓扑结构造成改变。同时,网络通过自组织作用,朝着更高级的有序化方向发展,促使货运网络不断涌现出复杂网络的特征。该阶段代表着城市货运网络拓扑结构未来发展的方向。

这四个阶段,基本上反映了城市货运网络的动态演化过程。这也是伴随着物流节点数量不断增长和节点连接关系不断改变的过程。随着各物流节点和线路向各个区域的延伸,城市各区域之间的经济联系加强,整个城市货运网络从点阶段演化发展到联网阶段。处在城市货运网络中战略枢纽地位的节点迅速发展成物流枢纽节点(类似 hub 节点),并同时向外扩展联系范围,使货运网络拓扑结构逐步向复杂网络化方向发展。

5.1.3 BA 模型和 BBV 模型在货运网络拓扑结构演化中的应用分析

5.1.3.1 BA 模型

在复杂网络研究的历程中,BA 模型的提出对复杂网络的发展具有划时代的意义,它将现实中的实际复杂网络的无标度特性归结于增长和优先连接这两个非常简单明了的机制。无论是从实际网络着眼的货运网络演化研究还是从抽象物理网络着眼的复杂网络演化研究,都是为了对网络结构的演化过程建立模型,并对模型进行修正,以接近现实网络生长演化的过程。常见的 BA 模型主要包括三个模块:

(1) 网络初始状态设定：节点数目和其他连接关系。

(2) 网络规模生长设定：节点数目和连线数目随时间增长规律。

(3) 节点择优连接规则设定：网络中所有节点之间连接的概率。

BA 模型与现实网络还是有许多差别的。研究发现，现实网络的度指数分布在 1～4 之间，而 BA 模型的度指数接近于 3，这和 BA 模型的演化机制有关。首先，BA 模型假设度的增长是平稳的，即新节点与旧节点在每个时间步长之间的连接都增长 Δm，但现实网络并非如此；其次，BA 模型假设择优连接是线性的，这与现实网络并不相符。

另外，在大多数 BA 扩展模型里，节点的分布都服从带指数 γ 的幂律分布 $P(k) \sim k^{-\gamma}$，平均路径长度取决于 $\log N$，但在空间网络中，距离是一个重要参数，在城市货运网络中，节点间的距离是影响运输成本的重要因素，且长路径通常与枢纽节点连接。大多数 BA 扩展模型并未考虑节点间的距离。

5.1.3.2 BBV 模型

BA 模型及其一系列无权网络演化模型虽然揭示了网络的许多特性，由于现实中许多网络都是有权重的，因此，在 BA 模型的基础上又出现了权重网络演化模型。早期的权重网络演化模型多认为权重和拓扑是不相关的。这与实际网络的情况不符，比如说，如果一个连接两个机场的新航线被建立了，那么会对两个机场现有的交通量产生刺激，进而逐渐对这两个机场的邻居节点的交通量产生刺激，从而使网络中更多航线上的交通量发生改变。通常来说，运输活动将根据网络的整体特征和局部动态出现一个增长。这种增长效应可以通过在网络演化模型中加入强度择优连接机制和权重动态分布机制得以体现。在 Barrat 等人建立的 BBV 模型（加权无标度网络模型）中，这两个机制得到了很好的体现。

城市货运网络是一种加权网络，尽管其与 BBV 模型有些许相似，但是 BBV 模型与现实世界的城市货运网络有以下几点不同：

(1) BBV 模型并未体现空间网络的特征，和 BA 模型一样，未考虑距离因素。

(2) BBV 模型中权重虽然是动态变化的，但权重的变化率是一定的，每个时间步长总增长量为 δ_i。然而现实世界中的货运网络并不是这样的。

(3) BBV 模型中初始状态设定为 N_0 个节点以等权重 w_0 的边相互连接，这是一种理想化的全耦合状态。

BA 模型和 BBV 模型在货运网络演化的研究中有一定的借鉴作用，本书后面构造的模型，综合了 BA 模型和 BBV 模型的部分演化机制，并针对它们和现实世界的货运网络的差异，做出了一定修正和改进。

5.2 基于物流节点吸引力的城市货运网络拓扑结构演化模型

5.2.1 无权演化模型

5.2.1.1 模型的构造原理

1. 构造算法

这里以 BA 模型为基础构建模型。BA 模型的构造算法如下：

(1) 增长：从一个具有 n_0 个节点的网络开始，每次引入一个新的节点，并且连到 M_e 个已存在的节点上，这里 $M_e \leq n_0$。

(2) 择优连接：一个新节点 i 与一个原有网络节点 j 的连接概率 $\prod_i$ 与节点 i 的度数 k_i、节点 j 的度数 k_j 之间满足如下关系：

$$\prod_i = \frac{k_i}{\sum_j k_j} \tag{5-1}$$

2. 构造思想

但是 BA 模型的缺点是每次都选择度最大的节点连边，使其他节点没有机会获得新边。所以将节点赋予属性值（即节点的吸引度）——属性值表示原节点吸引新节点的能力，多个属性值构成了节点的权值以及网络节点度的饱和值 k_{max}，节点度达到饱和值 k_{max} 时就不再与其他节点相连，通过节点吸引度以及节点间的距离计算出节点间的吸引力，再通过设置节点度与节点间吸引力的权重参数确定节点间连接的概率，从而使网络的优先连接更接近现实网络的演化连接，具体思想如下：

(1) 只考虑节点的度。新节点 i 与已存在节点 j 相连接的概率 H_i 与节点 j 的度 k_j 之间满足如下关系：

$$H_i = \frac{k_j}{\sum_j k_j} \tag{5-2}$$

式中，k_j——网络原有节点 j 的度，即节点 j 的度越大，则新节点 i 与其连接的概率越大。

(2) 考虑物流节点间吸引力的大小。吸引力 F_{ij} 根据式(4-7)计算得到，新加入的节点 i 与原有节点 j 间的吸引力 F_{ij} 越大，则两者的连接概率越大。

综合以上两个方面，得到改造后的偏好连接概率 φ_i 的算法公式：

$$\varphi_i = \frac{k_j{}^\alpha F_{ij}{}^\beta}{\sum_j k_j{}^\alpha F_{ij}{}^\beta} \tag{5-3}$$

参数 α、β 是用来调节节点度与物流吸引力之间的比例权重的。其中 α 是根据原有节点等级不同而取值的,原有节点等级越高,α 取值越大,因为较高等级节点的度的影响会比低等级节点大,比如物流园区下面还连接了很多的物流中心和配送中心,所以拥有相同度的物流园区和配送中心,物流园区与新节点会有更大的连接概率。β 是根据新节点的等级不同而取值的,新加入的节点等级越高,β 取值越大,如果新加入的节点是较高等级的节点,吸引力也会较大。

要说明的一点是,这里参数 α、β 需要根据不同的城市货运网络取较为接近实际网络演化的数值,以便使虚拟网络更接近实际网络。在后面的案例中,当原有节点 i 是一级节点时,α 取值为 1,二级节点时取值为 0.5,三级节点时取值为 0.2。β 根据新节点的等级而取值不同,当新节点 i 是一级节点时,β 取值为 2,二级节点时取值为 1,三级节点时取值为 0.5。

5.2.1.2 演化模型的建立与算法步骤

因为一般的虚拟网络与现实网络总会存在一定的差异性,所以虚拟网络的模型在模拟现实网络上就有可能产生演化偏差,甚至产生错误的演化结果。因此,考虑到模型的实用性和准确性,在模型的建立上加入现实网络中的变量,从而更好地模拟现实网络的演化。

1. 演化模型的建立

构建基于节点吸引力的货运拓扑网络演化模型如下:

(1) 建立初始网络。

假设初始网络中有 n_0 个节点,形成不完全连接网络。

(2) 选择新节点。

从初始网络开始,每次引入一个新的节点,并且连到 M_e 个已存在的节点上,新节点 i 与已存在节点 j 的偏好连接概率为 φ_i,每个节点不允许与自身连接。

(3) 优先连接。

根据偏好连接概率 φ_i,按从大到小的顺序取前 M_f 个原有网络的节点与新节点进行优先连接,从而确定网络的最新连接情况。

需要说明的是,参数的取值是会影响最终演化结果的。为了防止节点度过大而造成节点之间的堵塞或者节点度过小而造成节点资源的空闲浪费,可以根据网络规模的大小和节点度的连接概率对参数进行调节。

一般来说,当网络规模比较小时,参数 α 取较大的数;当网络规模比较大,并且网络中节点度的差距比较大时,此时为了防止部分节点的度过大或者过小就必须

将 α 调节为较小的值。

在该模型中,由节点的度和节点之间吸引力共同决定该节点与其他节点的连接概率。即使一个节点仅具有很少的连接,但具有很大的吸引力的话,也能获得较高的连接概率;即使一个节点有很大的吸引力,但是度很小的话也可能获得较小的连接概率。所以说,最终连接概率的大小由两者共同来决定。

2. 算法步骤

Step1:初始化。确定网络的初始节点个数 n_0 以及各节点度数 k_j,任意节点的吸引度 Z_i,确定优先连接的节点数 M_f,确定节点的饱和度 k_{max}。

Step2:确定优先连接。随机选择新节点 i,计算网络中节点对新加入节点的偏好连接概率 φ_i,并按降序排列,得到优先连接序列 $\{\varphi_1,\varphi_2,\varphi_3,\cdots,\varphi_{n0}\}$。

Step3:连接节点。从优先连接序列中选择偏好连接概率大的前 m 个节点与新节点连接。

Step4:更新网络。根据节点连接状况更新网络。

Step5:$k_i = k_{max}$ 的物流节点不参加后续的演化连接。

Step6:演化判定。若网络中演化节点数 $t < n_0$,则转至 Step2 继续演化计算;否则停止演化,转至 Step7。

Step7:结果统计。统计网络中节点的网络基本统计属性特征,分析网络状况。

5.2.2 加权演化模型

相对于无权演化,加权演化更符合实际货运拓扑网络的演化,所以在研究中尝试使用了不同的加权演化模型,最后筛选出和实际演化过程拟合度较好的三种加权演化模型。

5.2.2.1 加权演化模型一

结合 BA 模型与 BBV 模型共同作用,其中以 BA 模型来确定节点之间连接概率(同无权演化模型),以 BBV 模型来构造节点之间的权重演化。

1. 增长

初始时,网络具有 n_0 个节点,形成不完全连接网络。每次引入一个新的节点,并且连接到 M_e 个已存在的节点上,其中 $M_e \leqslant n_0$。

2. 择优连接

一个新节点 i 与一个原有网络节点 j 的连接概率 $\prod_i$ 可用式(5-1)计算。

引入新节点与原有节点之间的吸引力 F_{ij} 后,可用式(5-3)计算偏好连接概率 φ_i。

3. 权重更新步骤

① 结合运输通道等级和节点间距离，给出权重初值：

$$w_0 = \frac{H}{\overline{E} * \overline{d}} \tag{5-4}$$

式中，w_0——权重初值；

H——平衡等式两端的量纲，其数值为 1；

$\overline{E}$——运输通道等级平均值，其中，一级节点与一级节点连接值为 1，一级节点与二级节点连接值为 2，二级节点与二级节点连接值为 3，三级节点与一、二、三级节点连接值为 4；

$\overline{d}$——两节点之间距离的平均值，由两点间的坐标计算得到。

② 权重演化：

$$w_{ij} \to w_{ij} + \Delta w_{ij}$$

其中，左边 w_{ij} 为变化后的权重，右边 w_{ij} 为变化前的权重，Δw_{ij} 为变化的权重。

$$\Delta w_{ij} = \delta_1 \frac{w_{ij}}{W_i} \tag{5-5}$$

式中，δ_1——新节点 n（与节点 i 相连，改变与 i 节点相连的其他边的权重）加入后引起的总节点吸引度和边权的变化之和，等于 $Z_i + w_0$；

W_i——与 i 节点连接的各边（ni 边除外）的边权之和，等于 $\sum_j w_{ij}$。

权重变化只会发生在新节点与原节点连接后，与原节点相连的边的边权被赋予新值。

5.2.2.2 加权演化模型二

参考 BA 模型来确定节点之间连接概率，借鉴 BBV 模型来实现节点之间的权重演化。所构建的模型演化机制如下：

1. 增长

初始时，网络具有 n_0 个节点，形成不完全连接网络。每次引入一个新的节点，并且连到 M_e 个已存在的节点上，其中 $M_e \leq n_0$。

2. 择优连接

一个新节点 i 与一个原有网络节点 j 的连接概率 $\prod_i$ 可用式(5-1)计算。

引入新节点与原有节点之间的吸引力 F_{ij} 后，可用式(5-3)计算偏好连接概率 φ_i。

3. 权重演化

时间每增长一个步长,引入一个新的物流节点 n 与原有网络中的节点 i 相连。新加入的边 ni 被赋予权重初值 w_0。新的边加入会导致节点 i 的相邻边的权重发生变化(不包括与 n 连接的边)。

加入新节点 n,新节点 n 与旧节点 i 相连后,会引起原先与节点 i 相连接的边的权重 w_{ij} 变化,即 $w_{ij} \to w_{ij} + \Delta w_{ij}$。同时,节点 n 加入后,网络赋予 ni 边的权重 $w_{in} = w_0$;在构建权重货运网络时,这里最能合理反映出边的权重应该是由两物流节点之间的货运往来(货运量)来表示。由于无法有效获取各物流节点间的货运往来,因此这里在对新生边的权重进行赋值时,主要考虑节点的物流吸引度(Z)、两节点间运输通道等级(E)以及两点之间的距离(d)。此时,可得到

$$w_0 = \frac{Z_n + Z_i}{2 \times E \times d} \tag{5-6}$$

考虑到一级节点往往会选址在城市外围,大部分二级节点在城区郊区,三级节点在城市内部,而且现在城市大部分快速路和主干路都对大货车采取限时段限行或直接禁止大货车通行,这里对 E 赋值采取以下规则:

a. 一级节点与一级节点间的货运往来通过城市外环线来完成,E 取值为2;

b. 一级节点与二级节点间的货运往来通过快速路来完成,E 取值为1;

c. 二级节点与二级节点间的货运往来通过主干路来完成,E 取值为2;

d. 二级节点与三级节点间的货运往来通过次干路来完成,E 值取为3;

e. 一级节点与三级节点间的货运往来通过次干路来完成,E 值取为3;

变化的边权按式(5-5)取值,其中,δ_2 为新节点 n(与节点 i 相连,改变与 i 节点相连的其他边的权重)加入后引起的总节点吸引度变化,计算公式为

$$\delta_2 = \frac{Z_0}{m} \tag{5-7}$$

在加入新节点 n 前,s_i 表示与 i 节点连接的各边(ni 边除外)的边权之和(即节点 i 的点权):

$$s_i = \sum_i w_{ij}$$

加入新节点 n 后,与 i 节点相连接的各边(包括与 n)的各边边权之和(即节点 i 的点权)s_i 变化如下:

$$s_i \to s_i + \delta_2 + w$$

值得注意的是,加入新节点 n 后,原先与节点 i 相连的节点 j 的边权 w_{ij} 也会发生变化,所以节点 j 的点权 s_j 也会发生变化:

$$s_j \to s_j + \Delta w_{ij}$$

5.2.2.3 加权演化模型三

(一) 演化模型改进思路

1. 增长

在传统 BA 网络模型中,节点的类型或者说其内在属性没有纳入考量,BA 模型中较早加入网络中的节点必然会具有更高的度,城市货运网络的节点可大致分为物流园区、物流中心和配送中心,后建成的物流中心也会在短时间内拥有超过已建成的配送中心的度,因为后建成的物流中心具备更好的配套设施条件、更高的服务水平与物流能力,换言之,其发展潜力或者说增长速度更大,这个节点不同的特性应当作为重要增长机制被纳入模型之中。

2. 择优连接

在传统 BA 网络模型中,新节点总是倾向于和节点度更大的节点建立连接,而在城市货运网络中,两物流节点之间建立货运来往是由多因素决定的,如业务种类、所在行政区经济水平、运输成本等。连接概率仅由度来决定是不符合城市货运网络的现实情况的。本书所建立的模型,将综合考虑货运业务匹配程度、货运站点基础设施建设水平、区位等因素对连接概率进行改进。

3. 城市货运网络的独特属性

① 物流节点连接数会有上限,因为各个物流节点运输能力都是有限的,不可能无限建立新的连接。在模型中体现为节点饱和度 k_{max}。

② 货物往往是有方向性的,常为较高等级的货运站点向较低等级的货运站点运输货物、同级别物流节点之间互相转运等。本书所构建的模型为无向加权模型,在建立连接时考虑到货运站点之间的货运业务往来情况,即近等级物流节点间业务往来较密切;跨级节点间的业务往来稍少;业务最少的是同级物流节点之间,而配送中心由于与目的地直接连接,故彼此之间一般不存在转运情况。本书只在此层面上考虑了有向性,更精准的模型应当确切反映 OD 点情况,这也是本书的不足之处。

③ 网络结构不仅会因为新加入的物流节点而改变,也会在等待新物流节点建设的时间内自演化改变。在模型中体现为网络自演化建立连接。

(二) 网络的增长机制与连接机制分析

在实际状况中,随着城市产业结构持续发展、货运交通环境及物流基础设施不断变化,货运需求也一直处在动态的演变过程中,总的货运网络规模和网络中的物流节点和货运通道不断地调整,细化到某个区域中,随着经济产业的不断发展,多个大小不同的物流节点会产生并形成多个物流圈(可以理解为物流节点的影响范围)。随着电子商务时代的兴起,区域内必定会不断产生物流需求,进而聚集物流节点,自组织发展形成多个物流圈。

1. 增长机制

在城市货运网络的演化历程中,增长机制包含数目(number)与规模(scale)的增长。其中数目的增长包含物流节点数与货运通道数的增长,规模的增长包含物流节点的度、吸引度及连接边的权重变化(货物运输量)。

(1) 数目的增长。

数目的增长作为重要的演化机制之一,还需要补充设定物流节点的增长规则,包含新增物流节点何时建成、节点类型及位置。

在城市货运网络中,建设不同等级的物流节点往往需要资金支持,还需要符合土地规划条件等。相关研究表明,一个城市中物流园区、物流中心与配送中心的数量关系从上至下呈金字塔形,这和大树的生长有些类似,物流园区为树干,通过密密麻麻的树根汲取养分,再通过树枝(物流中心/转运中心)将养分输送到树叶(配送中心)。下面引入三级物流节点空间布局数量关系理论,又被称为β关系体系。

不同层级的物流节点之间大致存在着一定数量的比例关系,即1个第m级别的物流节点地域内包括几个第$m-1, m-2, \cdots, i(1 \leqslant i \leqslant m)$层的物流节点。中心地理论中提出的等级数量关系相当于β-3关系。

王国花等认为建立β-4关系体系比较符合现实,例如武汉市现有规划中的物流节点数目就较符合β-4关系体系(7个物流园区和28个物流中心)。因此,本研究小组按照β-4关系设置节点数目的增长,即1个物流园区区域内建设4个物流中心,1个物流中心区域内建立4个配送中心。

在常规网络演化模型中,新增节点的位置是随机选取的,不符合城市货运网络演化的实际情况。本文中所有节点的坐标为其实际地理坐标(通过经纬度确定),模型采取预先设定的方式,根据节点建设落成顺序,将节点依次加入网络之中并与旧节点建立连接。

(2) 规模的增长。

某个物流节点的度、吸引力及连接边的权重变化都受其与其他物流节点之间的连接的影响,于是本文定义了偏好连接概率,其详细的分析计算过程在后续"连接机制"中阐述。

度变化较容易理解,这里介绍完成连接后引起的相应权重变化:

新节点n加入原有网络中并与旧节点i建立连接后,一方面网络新增了连接边$n \rightarrow i$,网络赋予该边的权重$w_{in} = w_0$,在本文中边权重指代货运量,而第一手货运量数据较难获取,故本文在赋权时主要考虑节点的吸引度、节点间的货运通道类型及距离衰减因素,得到

$$w_0 = \frac{Z_n + Z_i}{2 \times E \times d} \tag{5-8}$$

式中，Z_n、Z_i——节点 n、i 的吸引度；

E——运输通道等级。取值受货运通道类型影响，考虑到各等级货运站点的建设区位，城市大部分主干路或快速路都会对大货车采取限时通行或禁止通行政策，E 的具体赋值如下：

a. 一级节点与一级节点间的业务建立通过城市外环线来进行，E 取值为 2；
b. 一级节点与二级节点间的业务建立通过快速路来进行，E 取值为 1；
c. 二级节点与二级节点间的业务建立通过主干路来进行，E 取值为 2；
d. 二级节点与三级节点间的业务建立通过次干路来进行，E 值取为 3；
e. 一级节点与三级节点间的业务建立通过次干路来进行，E 值取为 3。

d——节点间空间距离，计算如下：

$$d = R \times \arccos\left[\cos\left(\frac{x_i \times \pi}{180} - \frac{x_n \times \pi}{180}\right)\right] \times \cos\left(\frac{y_i \times \pi}{180} - \frac{y_n \times \pi}{180}\right) \tag{5-9}$$

式中，R——地球半径，取值 6371 km。

另一方面，新节点 n 会导致旧节点 i 的边权变化，假设节点 j 为与旧节点 i 相连的另外一个旧节点，则 ij 连接边的权重变化为

$$\Delta w_{ij} = \Delta s_i \frac{w_{ij}}{s_i} \tag{5-10}$$

式中，Δw_{ij}——新节点 n 加入网络中引起的 ij 连接边的权重变化；

w_{ij}——ij 连接边的权重；

Δs_i——新节点 n 加入网络中引起的节点 i 的点权变化；

s_i——节点 i 的点权。

相应地，节点 i 在建立与节点 n 的连接后的点权变化如下：

$$s_i \to s_i + w_{in} + \Delta s_i$$

节点 j 在节点 i 建立与节点 n 的连接后的点权变化如下：

$$s_j \to s_j + \Delta w_{ij}$$

图 5-5 所示是建立连接示意图。

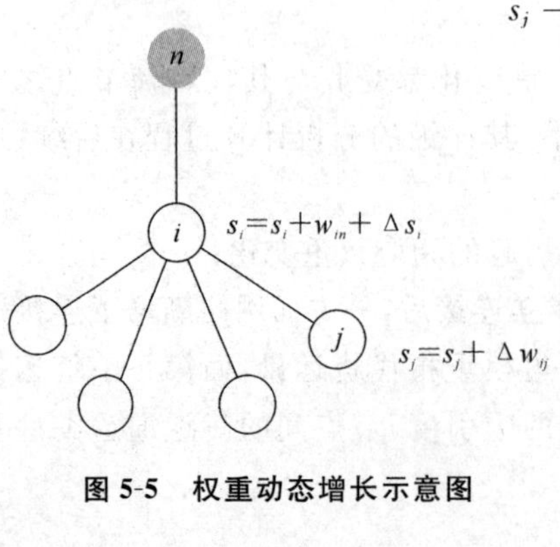

在城市货运网络中，一方面货物运输通道的运输距离和运输费用不同，另一方面运输通道依附于城市各等级道路，通行能力大小不一，新的货运通道的建立在带来新货运业务的同时也会影响原有货运业务。在考虑一次直接影响和一次间接影响的情况下，认为交通量变化发生在节点 i 和节点 n 以

图 5-5 权重动态增长示意图

及节点 i 和其邻接节点之间,这里需要指出的是,货物运输量并不是恒定的,即不会因为节点 i 新建立了与节点 n 的连接就减少节点 i 与其他节点之间的货运业务,倾向认为需求产生在前,建立货运通道满足了需求,即带动了货运量的增长。

2. 连接机制

已有研究表明,城市中的物流节点间建立连接的可能性大小受多因素影响,包括节点所在地区的经济、各节点所处的地理位置及相应地区的道路交通条件等。吸引力是影响两物流节点间偏好连接概率的重要因素。

针对城市货运网络物流节点特性,结合城市货物运输网络及货运站点的实际情况,给出以下模型,定义节点 ij 间的吸引力 F_{ij}:

$$F_{ij} = \frac{GP\,M_i\,M_j}{d_{ij}} \tag{5-11}$$

式中,G——引力系数;

P——产业相关系数;

M_i——通过上述吸引度指标评价体系得到的吸引度与边权之和,$M_i = Z_i + \sum_n w_{in}$;

Z_i——物流节点吸引度;

w_{in}——节点 i 的边权;

d_{ij}——节点 ij 之间的距离。

注意,计算节点间吸引力的过程也反映了节点吸引度、点权、节点间距离、运输通道等级等对吸引力的影响。

BA 模型中新节点每次总是会选择度最大的节点建立连接,而城市货运网络与 BA 模型中网络有一个显著不同,除了上述提到的吸引力外,物流节点发展存在"后来居上"的特性,货运网络节点和货运通道的构建深受政策因素的影响,如果建设较晚的物流节点具备更完善的基础设施条件、更高水平的服务能力和更强的地理区位优势,那么该物流节点在吸引区域内物流节点同其建立连接的可能性将更大,换言之,该物流节点可以在更短的时间内获得大量连接,规模增长速度会超过建设时间早的物流节点。这种规模优势和增长潜力是 BA 模型中没有体现的,同样应当被纳入模型中进行计算,由此定义连接速率 v_i,表示节点 i 单位时间内吸引其他节点与其建立连接的数量。

$$v_i = \frac{n_i}{t} \tag{5-12}$$

式中,t——计算时间;

n_i——计算时间 t 内与节点 i 建立连接的节点数量。

综合考虑以上城市货运网络的特性,对原 BA 模型的偏好连接概率公式进行修

正得出新的公式,得到

$$\varphi_i = \frac{(k_i + v_i)^\alpha F_{ij}^\beta}{\sum_j (k_j + v_j)^\alpha F_{ij}^\beta}$$ (5-13)

式中,k_i——节点 i 的度;

v_i——节点 i 吸引其他节点与其建立连接的连接速率;

F_{ij}——节点 i 与节点 j 间的吸引力。

α、β——调节参数,用以调节$(k_i + v_i)$ 与 F_{ij} 之间的比例权重。

α 根据货运网络节点的种类不同而取值不同,具体取值如下:

a. 旧物流节点为一级节点时,α 取 1;

b. 旧物流节点为二级节点时,α 取 0.6;

c. 旧物流节点为三级节点时,α 取 0.5。

β 的取值取决于城市货运网络拓扑结构,或者说物流节点之间的货运业务,相关研究表明,近等级物流节点间业务往来较密切;紧随其后的是跨级节点间;业务较少的是同级物流节点之间,而配送中心由于与目的地直接连接,故彼此之间一般不存在转运情况,β 的具体取值如下:

a. 节点连接为物流园区和物流中心时,β 取 2.5;

b. 节点连接为物流中心和物流中心时,β 取 2;

c. 节点连接为物流园区和物流中心时,β 取 1;

d. 节点连接为物流园区和物流园区时,β 取 0.8;

e. 节点连接为物流中心和物流中心时,β 取 0.8;

f. 节点连接为物流中心和物流中心时,β 取 0。

(三)网络模型演化步骤

1. 建立初始状态

$T=0$,假设网络中有 N_0 个节点,彼此形成不完全连接网络。

2. 引入新节点及网络自演化

Step1(新节点与旧节点):$T=T+1$,网络新增一个节点,连接到 m(初始代码中为 3)个旧节点上,连接概率为 φ_i;

Step2(自演化建立连接):$T=T+1$,时间增加,随机选择网络中已存在的一个节点按照最大连接概率进行一次连接。

上述两个步骤往复循环。

3. 更新网络

每完成一次连接,进行一次权重迭代,迭代完成后继续完成下次连接,直至 m 个连接均完成,再进行自演化建立连接并进行一次权重更新,至此一次网络演化完成。

$k_i = k_{\max}$(节点饱和度)的节点不再继续新增连接,节点个数达到 $N_{\max}$ 时,整个网络演化完成。

6 基于物流节点吸引力的货运网络拓扑结构优化

6.1 货运网络拓扑结构优化分析

优化是系统科学中十分重要的问题,系统优化与系统演化存在相互关系,没有离开演化的优化。越来越多的研究从网络的拓扑性质入手,去研究网络的功能与结构,希望通过调整拓扑结构,进而达到优化网络的目的,在尽可能地提高网络的鲁棒性和有效性的同时,降低网络系统的总费用。

6.1.1 优化思路

在对货运网络拓扑结构演化研究的基础之上,运用科学方法,分析复杂网络优化指标和参数,研究给定条件下的最优平均度,从而得到在一定条件下的最优城市货运网络拓扑结构。

首先,分析最优平均和现有平均度之间的关系,预估现有货运网络拓扑结构是否需要优化,借此确定是否兴建物流节点。

然后,以计算分析得出的最优平均度相对应的演化模型代码中节点连接个数作为优化模型代码中节点连接个数,把具有不同吸引度的新建一级物流节点分别代入优化模型。分析比较演化之后网络的平均度与最优平均度的关系,若仍有较大的优化空间,则改变新节点的吸引度进行再次演化,判断新建节点在何种吸引度之下能使网络拓扑结构更加优化,从而得到该节点吸引度。

6.1.2 优化步骤

第一,在计算机上模拟货物运输拓扑网络结构的演化过程,得出基于物流节点吸引力的城市初始货运网络拓扑结构演化图。

第二,通过多次更改模型代码,更改每个节点连接其他节点的个数,进而改变网络的平均度,通过演化模型可以得到节点数目不变、网络结构类型不变的具有不同平均度的新网络的基本网络参数。

第三,在得到这些新网络和所需的网络参数后,对这些数据分别进行横向、纵向比对,找出各个参数随平均度增减而变化的趋势,总结各参数与平均度的对应关系。然后在这众多新的网络拓扑结构中找出最优的网络拓扑结构。

第四,得到最优的网络拓扑结构所对应的平均度后,分析最优的平均度和现有货运网络的平均度的关系,预估现有货运网络拓扑结构是否需要进一步优化,借此确定是否兴建物流节点。

第五,若需要新建物流节点,我们可以先分析新节点的相关属性,为新物流节点赋予一个初始吸引度,使网络拓扑结构按照之前建立的演化模型进行演化。分析比较演化之后网络的平均度与最优平均度的关系,若仍有较大的优化空间,则改变新节点的吸引度进行再次演化,判断新建节点在何种吸引度之下能使网络拓扑结构更加优化,从而得到该节点吸引度。

6.2 优化指标及其参数分析

6.2.1 鲁棒性

近年来,国内外学术界对于鲁棒性的研究明显增加,不同学科领域的学者都不约而同地使用"鲁棒性"这一术语来描述所研究系统的不确定性。鲁棒性是 Robustness 音译过来的,原是统计学中的一个专门术语,自 20 世纪 70 年代开始在控制理论的研究中流行起来,尤其近年来,鲁棒性作为复杂系统的一种属性,已经成为学者关注的一个热点议题。在不确定性出现的情况下,鲁棒性已经成为系统继续生存的关键指标。鲁棒性的应用非常广泛,主要应用于生物、生态、物理、工程、社会学、自然的活动。

目前在供应链的研究领域比较公认的定义认为,鲁棒性是一个系统在面临着内部结构或外部环境的改变的条件下能够维持其功能的能力。在复杂网络中,鲁棒性是指当网络中的部分边或节点遇到外界的蓄意或偶然破坏时,能够继续维持其正常功能的能力。为了简化研究问题,在这里主要从静态鲁棒性角度对网络的鲁棒性进行研究。

静态鲁棒性研究是通过统计分析的方法对网络进行验证解析从而判断网络的连通性能的,既没有考虑网络中节点(边)的负载,也没有考虑节点(边)失效时产生的动态关联。由于平均路径长度可以代表一个网络在面临破坏时的反应时间和反应速度,因此在物流网络的鲁棒性分析中,以网络平均路径长度(L)作为其中一个衡量指标是合理的。这里选用平均路径长度这一参数来分析路网在各种模型中的静态鲁棒性,其计算公式为

$$L = \frac{2}{N(N-1)} \sum_{i>j} d_{ij} \tag{6-1}$$

6.2.2 有效性

自从 Albert R 等发现集散节点(hub)的存在使无标度网络对随机性的故障和错误有较强的鲁棒性,而对选择性的攻击表现出其脆弱性的一面,对于网络抗毁性和可靠性的研究也逐渐引起诸多学者的关注。网络可靠性水平对网络能否正常运转起着至关重要的作用,网络一旦发生故障,可能造成灾难性的影响。物流网络作为一个复杂动态发展的网络,随着时间的推移,网络中的物流节点必然会发生新的变化。引入新的物流节点、删除旧的物流节点,以及改变节点彼此间的连接状态,这些都可能使网络发生变化进而影响到网络拓扑结构。然而网络的性能在很大程度上取决于其结构,当网络发生改变时,也势必会对网络可靠性造成一定影响。有效性作为可靠性评价的重要指标,作为基于业务性能的可靠性,主要反映了网络在运行过程中或在系统的部件失效情况下满足业务性能要求的程度。在物流网络中,有效性可以用来衡量网络的通行能力,网络的有效性越大,网络的运行效率越高。有效性对于研究网络的抗攻击性和鲁棒性也具有非常重要的意义。

这里,借鉴 Wu(2006)对北京交通网络的局部有效性和全局有效性研究,我们将物流网络有效性分为全局有效性和局部有效性,其计算公式如下:

全局有效性:

$$E \approx \frac{1}{L} \tag{6-2}$$

局部有效性:

$$E_{lo} \approx C \tag{6-3}$$

6.2.3 系统总费用

在实际物流网络中,节点和边的变动会给物流网络增加新的成本,导致花费大量的人力物力。然而在构建实际物流运输网络中,系统工程总费用不可能无限制地增大,要想在满足总费用限定的前提条件下,最大限度地提高系统的可靠度,需要对各项工作、各种资源进行合理配置。通过对复杂网络系统各个子系统所需资源进行优化配置,在满足系统总费用限定的条件下,求得系统最高可靠度。

本书借鉴姚志刚等对系统总费用的定义,并忽略枢纽点和集散点的异质性,得到如下简化公式:

$$TC = \sum_{i \neq j, \forall i,j}^{n} d_{ij} u_{ij} \tag{6-4}$$

式中,TC——系统总费用;

d_{ij}——节点 i 到节点 j 的距离;

u_{ij}——节点 i 到节点 j 的单位距离建设费用。

考虑到本书优化方法中费用比较都是相对的,忽略单位距离建设费用。在此基础上,本书主要考虑的是网络拓扑结构的优化,加上网络边总长度与网络边的数目正相关,故本书取网络边的数目表征系统总费用。

6.2.4 拥堵因子

国内外对交通拥堵的研究主要集中在拥堵的产生、分布和传播规律,交通拥堵管理与控制策略以及交通拥堵评价方法三方面。

货运网络具有拥堵效应,而且不同拓扑结构上的拥堵及其传播和消散规律也有着很大的区别。在以往复杂网络的研究中,传统的流量分配一般是按度或介数进行分配的,且不需要考虑边上的拥堵效应。但是,由于城市货运网络存在拥堵效应,货运网络的流量分配机制便不同于传统的其他复杂网络。如果所有的出行者(或者货运)都选择初始出行时间最小的路径,这条路径上的出行阻抗将会随着流量的增加而增大,进而产生拥堵。随着流量的增大,它将不再是最经济的出行路径,而被其他最小的出行阻抗的路径代替。部分出行者将会选择这条路径出行,而且随着流量的增大,还会出现其他的最经济出行路径。这样流量反复地在货运网络上进行分配,如果每个出行者都选择自己认为最短的路径出行,最后达到 UE 均衡状态。为了便于计算,假设每个时间步所有 OD 对之间有 1 个单位的货运流量产生,城市货运网络中流量通过用户均衡最终达到均衡状态。

(一)城市交通小区划分

计算拥堵因子首先需要科学合理地划分交通小区。

进行交通规划需要全面了解交通源与交通源之间的交通流,但交通源一般是大量的,不可能对每个交通源进行单独研究。因此在交通规划的过程中,需要将交通源合并成若干个小区,这些小区统称为交通小区。

交通小区既是交通调查的基本单元,交通预测的基本单元,也是整个交通规划的基本单元。城市交通流的产生,客、货车的出行和居民的出行是在交通小区之间形成的,交通小区是城市交通的发生点与吸引点,是客流、货流出行的起讫点。因此,交通小区的划分自然涉交通的源和流、交通设施,以及与交通有关的社会、经济、自然条件、土地利用等多个方面。

交通小区的土地使用性质是由城市用地功能决定的,通常有商业中心区、居住区、一般就业区、文化娱乐区、工业仓储区以及综合区等。不同土地使用性质的交通小区,出行活动有较大的差异。理论上要求交通小区为一块土地使用性质单一、使用强度均匀的用地。在交通小区划分时,应尽可能地保持每一交通小区的同质性,或至少以某种土地使用性质为主。但是,这种要求在实际操作中是难以满足的。因为在城市漫长的发展过程中,为适应人们工作、生活的多样性、便捷性,城市分区的土地使用渐渐地趋向于综合发展的性质,很少存在性质单一、使用强度均匀的用地。这就给交通小区的划分带来很大的难度。所以在实际划分交通小区时,在很多情况下,不得不弱化这种理论上对交通小区土地使用性质的要求。一般而言,所划分的交通小区应突出其用地性质(包括现状和规划),并综合考虑人口、面积、行政单位、交通特点和自然条件,反映出交通调查与交通规划的目的。

交通小区的划分应该遵守以下原则:

(1) 同质性:为了交通分析、预测的方便,交通小区内的用地性质、经济、社会等特性应尽量一致。要求交通小区的土地使用性质单一,使用强度均匀,居民出行活动特性相同。这就要求分区内应有一种主要的土地使用性质,如以工业用地为主,或以商业用地为主,或以居住用地为主,或以文化用地为主等。分区内居民出行特性应尽量一致,如居住分区一般以上班、上学、购物出行为主,商业分区以吸引购物出行或其他消费出行为主,就业分区以吸引上班、业务出行为主等。各分区发生和吸引的出行最好大致接近,保持区内出入之完整,且小区内部的出行应尽量少。

(2) 行政区域城市规划:由于各种基础资料,如经济、人口等,一般都是按行政区划调查、统计、规划的,为了便于基础资料的收集,最好利用行政区政府现成的统计资料(如人口、房屋等调查资料),因此,交通小区一般不应打破行政区划。尽量配合行政区的划分,尤其是公安派出所区划,这样便于对居住人口、住宅面积等分区土地使用强度指标加以统计。尽可能与人口调查或与城市规划的划区相协调,以便综合利用一个交通小区的土地使用和出行生成的各项资料,减少工作量。

(3) 自然条件:在研究交通小区之间的交通流时,交通小区被作为一个质点交通源。因此,当交通小区划分的区域内有河流、铁路等天然分隔带或人工构造物时,应充分利用,将它们作为交通小区的分区界限。尽量迁就自然或人工界线,如以河流、山脉、铁路、道路等天然屏障作为分区界限。

(4) 道路网络:交通小区的重心代表同一交通小区内所有出行端点(即出行起讫点)的某一集中点,是交通小区交通源的中心,它不一定是交通小区的几何中心。在分区的过程中,应考虑路网的构成,区内质心可取为路网中节点。

(5) 交通小区的大小:交通小区的大小是依据所调查的区域面积、人口密度、调查目的以及数据项目决定的。通常情况下,城市中心区和交通密集地区的小区面积较小,城市周边近郊或交通稀疏地区的小区面积较大。国外通常规定小区范围应以驾驶时间在 3~5 min 为界。交通小区划分的均匀性是由中心向外逐渐增大。在城市中心区,交通小区面积宜取小值;但在城市近郊,交通小区宜取大值。

(6) 出行量:划分的小区越大,则区内的交通流量越大,区际的流量越小。小区划分越细,情况就相反。划分小区的原则是,使这个小区的出行次数不超过全区总出行数的10%~15%。

(7) 交通设施：当交通小区内存在地铁站点、大型公共交通枢纽点、车站、高速公路闸道时，应尽量保证这个设施处于相应交通小区的内部，避免被不同交通小区分割。

划分交通小区是为了对城市网络中交通起讫点的位置进行定义，以及预测交通小区之间的出行量。从我国的经济社会发展来看，老城区土地使用多存在混合发展的特点且用地强度差异性大，保证交通小区的同质性难度较大，而新建城区或政府规划的特色发展区域的土地性质比较相似，交通小区易于实现同质性。很多城市经济的发展早已打破行政划分的束缚，很多新的行政区出现，存在从旧行政区获得的背景资料与区域未来发展不相符合的问题，交通小区划分应根据具体情况对背景资料进行分析，为区域未来发展服务而不能固守原则。

目前交通小区的划分方法主要有三种：基于聚类分析的交通小区划分方法、基于区内出行比例的交通小区划分方法和面向控制的交通小区划分方法。随着手机使用的普及，又出现了一种基于手机话务量的聚类分析的交通小区划分方法。四种交通小区划分方法的优缺点如表6-1所示。

表6-1 四种交通小区划分方法的优缺点

划分方法	优点	缺点
基于聚类分析	交通调查、分析与预测的工作量和成本大大减少，也能满足精度要求	计算比较复杂，数据的统计工作量较大
基于区内出行比例	通过确定交通小区半径，将区内出行比例控制在适当范围内，从而有效地反映了交通源的流向状况	研究均是在理想情况下进行的，未考虑其他因素对交通小区划分的影响
面向控制	充分考虑了交叉口之间的物理关联和交通流的路径关联，有效地将静态划分与动态划分相结合	在对交通小区影响因素分析上有缺漏
基于手机话务量的聚类分析	利用手机话务量的时间分布特征来分析城市活动，划分土地利用特性	基于若干假设展开，需要进一步研究

在针对武汉市规划案例中，主要运用聚类分析中的模糊聚类方法对武汉市划分交通小区。聚类分析方法是由传统的分析方法拓展出来的，是按照特定要求对事物进行分类的数学方法。实际生活中，要解决的问题往往具有模糊性。实际上，对于一个事物是否属于某一类、一组事物是否能并为一类等问题，不能明确回答"是"或"否"，这是一个隶属程度的问题，即只能做出"某种程度上是或不是"的回答，这就是模糊聚类分析。

(二)拥堵因子计算相关软件基础

1. AutoCAD 及其辅助实现交通小区划分

(1) 划分大区。若有规划区的 CAD 图,则可直接在其之上划分大区。一般而言,大区的边界与规划区的行政区划图基本一致。同时,为每个大区命名。

(2) 确定小区划分原则。一般而言,在地广人稀的非人口、经济或文化集聚地,小区划分以县城、乡镇或者街道为个体划分。而在经济文化集聚地,人口密度大,应该以主干道、次干道为小区边界,以一个或几个街区为个体进行划分。

(3) 在划分小区时,使用 CAD 的"多段线"功能和"捕捉"功能,保证整张图内不出现断头线,也不出现线路直接交叉(特别是在线路末端、连接区域边界时,很容易出现线路交叉,这样会导致多余小区的出现,后期将很难修改)。同时,需要注意划分小区的数目与该区域的经济文化发展程度和人口密集程度成呈相关。在小区划分时,请注意为每一个大区内的小区建立不同的图层,方便之后的绘图过程。

2. TransCAD 及其辅助实现交通小区划分

(1) 在小区划分完成之后,需要将其保存为 AUTO CAD R12/LT2 dxf 格式,并将该 dxf 文件导入 TransCAD 中。在弹出选项中,选择 ALL LAYERS,点击 coordinate 按钮,在 Class 选项中,选择高斯坐标系 。输入文件名,保存。

(2) 在工具栏的 Geographic Utilities 中,选择 Line/Area Conversion,勾选 Add Layers to Map 选项,单击 OK 按钮,如图 6-1 所示。

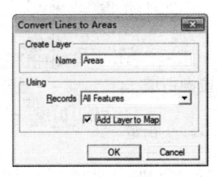

图 6-1 对话框

(3) 此时,将得到一张绿色线路的小区图。仔细检查图中所有线段,若出现灰色线段,则证明该条线段有问题(未闭合,线路交叉,小区不能识别等)。此时,需要在原 CAD 文件中修改该条线路。找到所有灰色线段后,重复步骤(1)和步骤(2)。直到得到的小区图全部为绿色线路。(以深圳市为例,见图 6-2)

(4) 在 TransCAD 中将图层选择 Areas 图层 ,再点击编号按钮 ,在 Field 中选择 ID 。

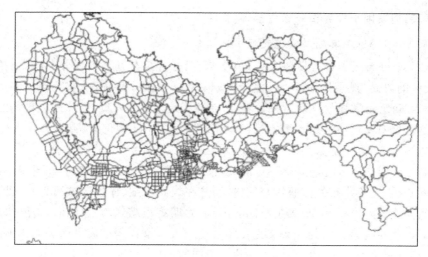

图 6-2 TransCAD 中的交通小区示例

(5)确认后得到带有编号的小区地图(见图 6-3)。仔细检查每一个小区编号,若在大区边界、小区边界、线路交叉以及其他非小区地区出现编号,则证明该处出现了"多余小区",仔细检查原 CAD 文件是否在该处出现问题,修改后再重复前面 4 个步骤。

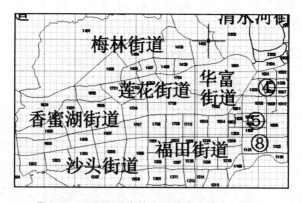

图 6-3 AutoCAD 中的小区编号和命名(局部)

(6)在确保没有错误之后,在 CAD 中对不同小区进行编号,编号规则自定,最后得到如图 6-4 所示的 CAD 图纸。

(三)拥堵因子计算

拥堵因子是评价网络通行能力的重要指标。网络的拥堵因子是指网络在一定流量下达到 UE 均衡状态时的拥堵路段数与总路段数的比值。通过 TransCAD 交通分配,就可以得到拥堵路段数,从而计算出拥堵因子。网络拥堵因子越大,网络

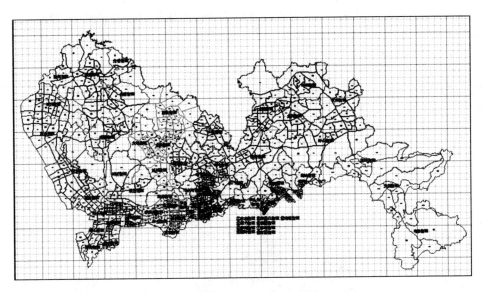

图6-4　AutoCAD中的小区编号和命名(全图)

阻塞情况越严重。$J=0$，表明网络中没有拥堵路段产生，$J=1$则表明网络中所有路段都发生了拥堵。

城市货运网络的拥堵因子按如下步骤计算：

1. 定义网络图层

在定义网络图层时发现随着网络中每个节点连接节点的个数的增加，网络中边的数目也在不断增加，导致定义网络图层的工作量大大增加，AutoCAD中错综复杂的边划分起来十分困难。

经过不断的探索以及多番小组讨论，发现可以在Excel软件中输入网络边的连接状态，通过一系列的筛选、定义，所有一级节点和一级节点之间的边形成图层"主"，一级节点和二级节点之间的边形成图层"次"，二级节点和二级节点之间的边形成图层"支"，凡是与三级节点相连的边形成图层"末"。把该连接状态文件另存为csv格式文件，并导入Gephi软件中，从而形成的网络中的边就会有"主""次""支""末"等图层。

把演化模型得到的网络图另存为dwg格式文件，并把该文件导入AutoCAD软件。在AutoCAD里对图层进行定义，在此基础上按照城市行政区划边界画出交通小区边界，并把边界定义为图层"zone"。文件另存为R12的dxf格式文件。

2. 导入网络

把上述操作得到的R12.dxf文件导入TransCAD：先以line结构导入图层"主""次""支"和"末"，形成map1，再以zone结构导入图层"zone"形成map2，再将图层

"zone"导入map1。图6-5所示为武汉市物流节点规划案例的初始网络边和交通小区。

图6-5 Transcad中的map1
（武汉市初始网络边和交通小区）

3. 网络边属性输入

在"line"图层属性中输入车速（int类型）、通行能力（int类型）和行程时间（real类型），输入情况如表6-2所示。

表6-2 网络边属性输入情况

图层	车速	通行能力	行程时间
主	60	3600	
次	40	2400	3.6×路程/车速
支	30	1200	
末	20	800	

4. 输入小区编号

以"101""102""103""104""105""106"…的形式对网络里全部交通小区进行

编号。

5. 建立型心连杆

在线层和点层属性中加入"小区编号",并通过小区 ID 与面层相连。建立型心连杆后,型心连杆以"末"的属性输入,即车速 20、通行能力 800。

6. 计算阻抗矩阵

根据行程时间计算阻抗矩阵。

7. OD 预测

以交通小区社会消费品零售总额代替货运量,并作为小区交通发生量和吸引量,导入到 TransCAD 中。打开阻抗矩阵,更改矩阵索引为小区 ID,从而形成 OD 分布。将 OD 分布导出为 dbf 格式文件,并用 Excel 打开。

8. 期望线图

形成 OD 分布期望线图。

9. 交通分配,计算网络拥堵因子

打开 OD 分布矩阵,更改索引为节点 ID,从而形成交通分配数据,计算车速与通行能力之比(VC 比),也可以画出流量图直观地表示网络流量。

6.2.5 聚类系数

聚类系数分为节点聚类系数和网络聚类系数。

1. 节点聚类系数

节点聚类系数是指一个节点与其周围节点的实际连接数与其最大连接数的比值。节点的聚类系数用来描述网络节点的聚集情况,是指该节点与所有相邻节点之间连边的数目与可能的最大连边数目的比值,也称为簇系数。簇系数表现的是网络的局部性质,是用来衡量网络节点局部聚类情况的参数,体现的是网络的集团化程度。节点聚类系数越大,则表示相邻节点间的内部联系的紧密程度越高,节点在子网络中的沟通性越强,说明该节点的区位条件越好,更容易形成集散中心。

一般地,假设网络中的一个节点 i 与 N_i 个其他节点相接,这 N_i 个节点就称为与节点 i 相邻的节点。显然,在这 N_i 个节点之间最多可能有 $N_i(N_i-1)/2$ 条边。设 N_i 个节点之间实际存在的边为 e_i,其与总的可能边数 $N_i(N_i-1)/2$ 之比就定义为节点的聚类系数 C_i。C_i 可用下式计算:

$$C_i = \frac{2e_i}{N_i(N_i-1)} \tag{6-5}$$

C_i 的值越大,则说明该节点与周边其他节点构成的子网络越容易形成区域集聚,该节点的区位条件就更好。在整个运输网络中,某个物流节点的区位条件优越,该站点就更容易形成货运集散中心。

2. 网络聚类系数

网络聚类系数表示各个节点之间的短距离的连通程度。网络聚类系数越大,表示节点之间的短距离连通程度越大,这对于货运物流的"快""通""达"提供了有利的基础与支持。网络的聚类系数 C 取为所有节点的聚类系数的平均值:

$$C = \frac{1}{N}\sum_{i=1}^{n} C_i \qquad (6-6)$$

C 越大,表示整个网络中各点之间形成短距离连通的程度越大,同时整个网络呈现明显的区域子网集团化趋势。这为货运网络中货源集结以及货物终端配送的快捷性提供了有力的保障和支持。另外聚类系数也可作为反映鲁棒性的辅助指标。

6.3 货运网络拓扑结构优化

6.3.1 货运网络效率优化策略

本书构建的网络模型,还存在一些不确定因素,如节点加入顺序、参数设置,以及节点间边的权重由吸引度反映是否合理等,这些因素的存在都可能对结果造成一定影响。本书针对这些因素提出几个方向来实现对网络效率的优化。

1. 更新加入节点择优连接次数,即参数 m

通过调节参数 m,改变新加入节点每次连接次数,进而改变拓扑网络结构。若拓扑结构优化得当,货运网络最长运距可以减小,网络的全局有效性、局部有效性以及整个网络的聚类系数亦都能得到改善。

2. 通过调整节点之间的权重分布来优化网络效率

从复杂网络的角度出发,物流节点之间的货运流量应该最能反映货运网络的权重分布。已有研究表明,在权重网络中,网络的效率也会受权重分布的影响。对于那些现实中难以改变拓扑结构的网络而言,通过调整权重分布来进一步提高整个网络的运行效率,的确是一种可行的方法。但是在现实的货运网络中,物流节点之间的货运量统计是一项繁杂的工作。

目前,在众多网络优化的研究中,改变权重的分布形式是调整网络性质的一种重要途径。有研究表明,维持网络现有的拓扑结构,仅对权重进行随机化的调整,虽然网络在演化过程中可能出现小世界效应,但能相应提高网络的效率。

3. 正确规划各物流节点的层级,优化 hub 节点的选址

网络中节点的层级化有助于网络建设成本的下降以及运输效率的提升。如果一个高等级的物流节点选址不当,那么在后期演化过程中,就会出现与其他节点间

的总体距离过长或者周边存在着同一级别的高等级节点,从而造成网络运输效率的降低或高等级节点物流功能的闲置。因此,在货运网络规划时,正确地规划构建高等级物流节点,并使少部分节点逐渐演变成网络中的 hub 节点,使网络结构得到逐步优化,对城市货物运输的良好发挥和社会经济效应的实现都具有重大意义。

6.3.2 货运网络的鲁棒性、有效性、系统总费用与平均度的关系

目前有关网络拓扑结构的鲁棒性、有效性以及系统总费用与网络平均度之间的关系的研究相对较少,至于货运网络的鲁棒性、有效性、系统总费用与平均度的关系的研究,更是近乎为空白。因此我们在分析货运网络这些指标彼此间的关系时,并不仅局限于货运网络本身,可以放眼整个复杂网络,从其拓扑结构研究中总结出鲁棒性、有效性以及系统总费用与网络平均度之间的联系。

1. 鲁棒性与平均度的关系

Estrada E 从复杂网络的扩展性角度研究了当节点度分布发生变化时对网络鲁棒性造成的影响,为提高现实中的复杂网络鲁棒性开辟了一条新途径。Alison J 等将生物链中的食物网抽象为复杂网络,基于改变度分布对鲁棒性造成的影响这一角度,分析了食物网中某物种消失对整个生物链造成的影响。邓贵仕等通过对航运网络的节点度分布和鲁棒性的分析,发现度值较大的节点对整个网络的影响较大。程书恒等基于复杂网络理论研究了集装箱海运网络,通过随机和蓄意攻击海运港口节点,分析了网络度分布变化等对整个网络鲁棒性造成的影响。刘建国等将逾渗理论和优化方法相结合,分别给出了在一定网络平均度约束下无标度网络对随机破坏和蓄意攻击的鲁棒性优化策略。数值结果发现,当无标度网络只面对随机破坏并且平均度介于2~3之间时,如果最小节点度为1,那么在平均度一定的情况下网络的鲁棒性达到最佳。当网络面对随机破坏、蓄意攻击时,如果平均度等于3,那么最小节点度为1时,网络的鲁棒性最好;如果平均度大于等于4,那么最小节点度越大鲁棒性越好。

丁琳等基于现实网络中流的分布式传输方式、边的负载-容量关系,运用可调权重参数模型,依据新的度量网络鲁棒性指标探讨了 BA 无标度网络和 ER 随机网络由蓄意边攻击而引发的级联失效行为。发现这两种拓扑网络结构和平均度均对网络鲁棒性产生了影响,并且在其他条件不变的情况下,平均度与鲁棒性均呈正相关。

在研究佛山市货运网络时我们发现,无论是无权网络还是加权网络,随着网络平均度的增加,网络的反应时间减少,网络的鲁棒性增加,网络的节点之间的传递性增强。这对于城市货运网络而言,就是货物在城市物流节点之间的运送时间变短,货物运送的效率变高。

2. 有效性与平均度的关系

在复杂网络研究中,针对不同的网络,其网络有效性的具体现实意义和衡量标准各不相同,因此关于复杂网络的有效性研究相对较少。而本书在分析货运网络的有效性时,选择以参数平均路径长度(L)和聚类系数(C)来分别衡量物流网络的全局有效性和局部有效性,这里我们可以通过研究复杂网络的平均度与平均路径长度、聚类系数的关系来分析物流网络的平均度与平均路径长度、聚类系数的关系,进而预测物流网络中平均度与有效性的潜在联系。

高自友等研究了城市公交网络的无标度特性,从度分布角度出发,重点探讨了交通网络的复杂性,为提高城市公交网络的稳定性、有效性给出了具体思路和研究方向。吴建军等指出当系统总量一定时,不同度分布指数网络的有效性截然不同。房艳君建立了基于不确定理论的无标度网络演化模型并导出度分布函数,分析了在经济网络演化过程中拓扑结构的动态有效性。

3. 系统总费用与平均度的关系

网络的性能在很大程度上取决于其结构,当平均度发生改变时,也势必会对网络性能产生一定影响。同时,这些节点和边的变动也会给物流网络增加新的成本,导致花费大量的人力物力。然而在构建实际物流运输网络中,系统工程总费用不可能无限制地增大,要想在满足总费用限定的前提条件下,最大限度地提高系统的可靠度,需要对各项工作、各种资源进行合理配置。通过对复杂网络系统各个子系统所需资源进行优化配置,在满足系统总费用限定的条件下,求得系统最高可靠度。

本书提出从平均度和系统总费用这一角度来进行优化,构建系统最优的拓扑结构。目前国内外基于平均度和系统总费用对网络进行优化的研究相对较少。黄建华等研究了物流快递企业的配送网络,从成本费用的优化角度,提出通过改变配送网络中的配送节点以及网络中的配送路径,来对网络进行优化的方法。祝彪从效率和成本角度出发,将节点和边当作成本加到网络中,改变拓扑结构的度分布,对随机网络、小世界网络和无标度网络在增加系统成本时效率的变化做了深入研究,得到了在不增加节点随机连接、不增加节点连接、增加节点随机连接、增加节点优先连接四种不同增加系统成本的方式下三种网络整体效率的变化情况。王冰从优化的角度在给定系统网络总费用条件下,对服从任何度分布网络的容错能力进行研究,探讨了如何设计出容错能力最强的网络。

从国内外研究现状可以看出,基于系统总费用与平均度角度对网络拓扑结构优化的研究尚处于初级阶段。这里基于以上学者对复杂网络的度分布和系统总费用的研究,可以窥探出系统总费用与平均度存在着一定联系。

在研究深圳市、武汉市无权网络及加权网络时发现,系统总费用和平均度呈线性正相关。

6.3.3　货运网络最优平均度的选择

首先在计算机上模拟货物运输网络拓扑结构的演化过程,得出基于物流节点吸引力的城市货运网络拓扑结构演化图。然后通过更改演化模型的代码得到多个节点不变、网络结构类型不变的具有不同平均度的新网络。计算出这些新网络的基本网络参数,将这些新网络和旧网络按照平均度大小排序,并统计出各个网络的基本参数。再通过纵向比较,观察随着平均度的增减,聚类系数、平均路径长度和系统总费用会有哪些变化,找出参数间的变化规律,分析得出随着平均度的变化,网络的鲁棒性、有效性以及系统总费用会有哪些变化。最后在这些网络中,选择有效性、鲁棒性相对较优,系统总费用相对较小的网络,这个网络就是最优的网络,它的平均度便是最优平均度。

6.3.4　判断是否兴建物流节点

在对货运网络拓扑结构演化研究的基础之上,运用科学方法,从复杂网络有效性、鲁棒性和系统总费用等角度,研究在给定条件下的最优平均度,从而得到在给定条件下最优的城市货运网络拓扑结构。分析最优的平均度和现有货运拓扑网络的平均度的关系,预估现有货运网络拓扑结构是否需要进一步优化,由此确定是否兴建新的物流节点。

6.3.5　确定新建物流节点的吸引度

如果确定需要兴建新的物流节点,首先通过分析新节点的相关属性为新物流节点赋予一个初始吸引度,使拓扑网络结构按照之前建立的演化模型进行演化。分析比较演化之后网络的平均度与最优平均度的关系,若仍有较大的优化空间,则继续改变新建节点的吸引度进行再次演化,判断新建节点在何种吸引度之下能使网络拓扑结构更加优化,从而得到该节点的吸引度。

7 确定新建节点投资额度

7.1 新建物流节点的确定

物流节点的规划是指在已知已有物流节点的分布情况和运营状况的前提下,确定需要新建物流节点的个数和类别,选择合适的布局地点,并计算出合理的建设规模。在具体的规划过程中,往往需要结合所在区位的特性、物资流量和流向,来协调好不同节点之间的关系以及节点和实际区域物流需求之间的关系,从而提高城市物流网络体系的运作效率,降低运作成本,实现物流资源配置的最优化。

新建物流节点的布局往往是一项庞大的系统工程。在具体规划设计中,应遵循以下几项基本原则:

1. 与城市规划相协调原则

城市物流节点是城市物流系统建设的一部分,因此其规划也是城市发展规划的一部分。需以城市的土地利用总体规划和产业功能布局为依托,结合城市的近景和远景发展目标,统筹安排,统一规划城市的物流用地,使节点的分布与城市不同地域的分工协作相契合。在新建物流节点时,必须在战略层面上认识城市的物流业发展问题以及城市物流服务体系的建设与发展的战略地位问题。

2. 合理分工、有机衔接原则

不同类型的城市物流节点承担着不同的功能,因此物流节点的有机衔接、合理分工是实现城市物流顺畅发展的前提。城市物流节点的规划布局并非单纯地最优化每个节点功能,而应从系统网络的角度出发,全局考虑所有节点的协同性,以降低系统总费用并提高网络的有效性和鲁棒性等为出发点,按照科学布局、优势互补、资源整合、良性循环的思路,促进城市整体物流系统得到平衡发展。

3. 经济合理性原则

城市物流节点规划成功与否的关键在于是否能吸引物流企业入驻。所以在确定物流节点的类型和具体地点时,必须依据城市的物流现状,综合考虑各种影响物流企业布局的因素,来选择最佳布局地点。一般来说,选址方面可考虑选择交通枢纽的中心地带,尽量靠近城市道路网的外环线附近,至少与两种运输方式相连接,并拥有数量充足的劳动力条件。

4. 突出城市特色的原则

城市物流节点的建设应当从该市发展现代物流业的优势出发,结合城市的区位优势、经济优势和特色产业的发展,重点发展具有本市特色的现代物流节点规划,从而增强城市现代物流业发展的综合竞争力。

5. 环境合理性原则

城市物流节点合理的规划布局能缓解大量的物资流动给城市带来的交通压力,以及对环境的不利影响。因此,在规划各类物流节点时,应尽量远离交通拥挤、人口密集的中心城区,这也是城市可持续发展的需求。

总而言之,城市物流节点的布局规划是一项前瞻性的宏观课题,需要综合考虑多方面因素。在满足城市新建物流节点原则的基础上,依托城市物流系统建设的基本情况和城市产业布局以及城市经济社会发展纲要,确定城市物流节点的战略选址。此外,依照不同节点的层次定位,结合货运网络结构分析,确定城市未来需要规划的物流节点数量,结合产业和货运网络进行合理地选址。

7.2 逆推法计算新建物流节点投资额度

如果确定需要兴建物流节点,则通过网络拓扑优化分析确定新建物流节点的最优吸引度 Z_m,进一步运用逆推熵权法得出新建物流节点投资额度。逆推过程如下:

① 以演化模型代码中不同的节点连接个数为纵坐标,以物流节点吸引力影响因素为横坐标,构成矩阵,再由式 $r_{ij} = \dfrac{x_{ij} - \min\limits_{1 \leqslant i \leqslant m} x_{ij}}{\max\limits_{1 \leqslant i \leqslant m} x_{ij} - \min\limits_{1 \leqslant i \leqslant m} x_{ij}}$ 计算出 r_{ij} 的取值矩阵;

② 由式 $P_{ij} = \dfrac{r_{ij}}{\sum\limits_{i=1}^{m} r_{ij}}$ 求 r_{ij} 的取值矩阵中每个节点对指标 r_{ij} 的特征比重;

③ 由式 $E_j = -(\ln m)^{-1} \sum\limits_{i=1}^{m} P_{ij} \ln P_{ij}$ 得出其他物流节点吸引力影响因素熵值及以新建物流节点投资额度为未知数的影响因素投资额度的熵值 E_x、E_j 的表达式,导出含有未知数的等式 $W_x = (1 - E_x) / \sum\limits_{j=1}^{n} (1 - E_j)$;

④ 由已知新建物流节点的最优吸引度 Z_m 的值和式 $Z_j = 100 \times \sum\limits_{i=1}^{n} r_{ij} W_j$ 得到含有未知数的等式,利用数学软件 Maple 求出新建物流节点投资额度的参考值。

8 城市货运网络拓扑结构优化案例分析

8.1 武汉市货运网络拓扑结构优化

作为华中地区的区域中心城市,发展现代物流业是加快建立现代制造业基地和现代物流业基地,提高城市综合竞争能力的重要战略举措。武汉市作为一个现代化物流中心城市,其未来的发展目标:成为依托综合运输基础设施及物流信息两大平台,面向国际、立足中部、辐射沿海,以区域物流为重点,以配送物流为支撑的大型区域性物流中心。

8.1.1 武汉市新建物流节点的确定

8.1.1.1 武汉市物流节点现状分析

通过《武汉市物流业空间发展规划(2012—2020年)》和《武汉新港总体规划(修编)》等相关文件和资料,得知了武汉市现有的物流节点和各节点的性质、布局等相关信息,现总结如下:

武汉市物流园区有"一港六园":江南机场国际物流港、天河空港综合物流园、阳逻港综合物流园、汉口北综合物流园、东西湖综合物流园、郑店综合物流园和花山港综合物流园。

按照国家相关标准和规划,以及物流园区和物流中心在功能上的关系,将武汉市的物流节点按照物流园区、物流中心、配送中心划分为三个层次。物流园区为一级节点,共 7 个;物流中心为二级节点,共 31 个;配送中心为三级节点,共 148 个。由于三级节点数目较多,这里仅列举一、二级节点的具体名称,如表 8-1 所示。

表 8-1 武汉市物流节点列表

一级节点及所属分区	二级节点及所属分区
1 江南机场国际物流港(江夏)	(1) 滠口货运站—黄陂 (2) 第二汽车运输物流中心—青山 (3) 汉口北物流中心—黄陂 (4) 青山物流中心—青山

续表

一级节点及所属分区	二级节点及所属分区
2 汉口北综合物流园(黄陂)	(5) 汉正街都市工业区电子商务基地—东西湖 (6) 硚口市场—硚口 (7) 东湖保税物流中心—江夏 (8) 天河机场空港保税物流区—黄陂
3 天河空港综合物流园(黄陂)	(9) 京广铁路货运站场—江汉 (10) 横店公路货运站—黄陂 (11) 古龙物流中心—蔡甸 (12) 白浒山港区—洪山 (13) 北湖物流中心—洪山
4 阳逻港综合物流园(新洲)	(14) 东西湖保税物流中心—东西湖 (15) 舵落口大市场—东西湖 (16) 蔡甸星光国际建材物流中心—蔡甸 (17) 汉西装饰建材及日用商品物流中心—硚口
5 东西湖综合物流园(东西湖)	(18) 汉阳医药物流港—汉阳 (19) 龙阳大道汽车物流中心—汉阳 (20) 沌口汽车及机电物流中心—蔡甸 (21) 武汉经济技术开发区出口加工区—蔡甸
6 郑店综合物流园(江夏)	(22) 朱家湾物流中心—新洲 (23) 常福物流中心—江夏 (24) 郭徐岭物流中心—蔡甸 (25) 金口港区—江夏 (26) 纱帽物流中心—汉南
7 花山港综合物流园(洪山)	(27) 光谷生物城及医药产业聚集区—洪山 (28) 白沙洲大市场物流中心—江夏 (29) 关山高新技术类物流中心—洪山 (30) 园高物流园—洪山 (31) 武汉联合物流中心—江夏

所有物流节点在地图上的位置分布如图 8-1 所示。

8.1.1.2 武汉市新建物流节点的选址

根据武汉市的整体规划,在推进先进制造业集聚化布局方面应加快推进远城区新型工业化,形成"环城工业带＋四大产业集聚区"的布局。在沿三环线至外环线区域建设由重点产业集群、工业园区和功能组团构成的环城工业带。打造光电子信息及生物产业集聚区(东湖新技术开发区—洪山—江夏)、汽车及机电产业集

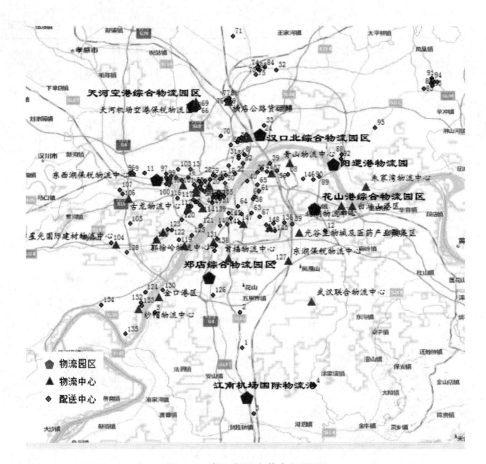

图 8-1 武汉市物流节点位置图

聚区(武汉经济技术开发区—蔡甸—汉南)、钢铁化工及装备制造业集聚区(青山—武汉化学工业区—阳逻)及食品轻工产业集聚区(吴家山经济技术开发区—黄金口—黄陂)等四大产业集聚区。

在武汉建设国家中心城市的征途中,蔡甸区处于武汉1+8都市圈的大汉阳板块,是武汉西南部重要的桥头堡。蔡甸区正全力打造中等规模、功能完善、特色鲜明的新城,必将成为国家中心城市不可或缺的重要组成部分和大武汉的前庭后院及疏解人口的承接地。蔡甸从产业形态上可分东、南、西三大板块:南部,与沌口整体联动,发展先进制造业,打造"中国车都";西部,发挥沉湖省级湿地自然保护区和九真山、嵩阳山两个国家级森林公园的生态优势,发展生态旅游业和现代都市农业;东部,围绕后官湖水系约200平方公里的区域,形成独立成市的生态山水之城。

此外,省级武汉重点发展的通用航空及制造基地,已明确布局蔡甸。众邦威蓝控股集团公司与中国商用飞机有限责任公司共同出资100亿元在蔡甸区打造华中最完善的通用航空及制造基地。正在建设中的武汉国际新光源产业城项目启动区占地面积 1000 亩,总投资 270 亿元。电子商务及物流配送基地和现代都市农业基地,则将成为蔡甸区建设"中等规模快捷"的重要产业支撑。

目前,在蔡甸物流园区内虽然有很多物流节点但都是二级物流节点,在其中选择一个具有发展前景和优势地位的物流节点,在原先基础上发展成为一级节点或者新建一个一级节点是可行的。另外从地理位置上看,蔡甸区的北部和南部分别分布着东西湖综合物流园和郑店综合物流园,在蔡甸建立一个同等规模的综合园可以将之前的二级物流节点串联起来,可以更好地发挥每个节点的效用。

8.1.2 武汉市物流节点吸引力影响因素指标体系

8.1.2.1 物流节点吸引力影响因素

本研究选择定性预测的德尔菲专家预测法,并采用背对背的通信方式征询专家小组成员的预测意见。经过几轮征询,专家小组的预测意见趋于集中,初步确定物流节点吸引力影响因素,形成专家调查问卷初始测评题项集。然后利用李克特表的七分制来表示被调查者对于所回答问题的赞同程度,确定物流节点吸引力影响因素如下:

(1) 物流节点所在行政区的人口规模(单位:万人);
(2) 物流节点所在行政区的生产总值(单位:亿元);
(3) 物流节点所在行政区的规模以上企业数(单位:个);
(4) 物流节点所在行政区社会消费品零售额(单位:万元);
(5) 物流节点所在行政区城镇居民年人均可支配收入(单位:元);
(6) 物流节点所在行政区城镇居民年人均消费支出(单位:元);
(7) 物流节点所在行政区物流基础建设投资额度(单位:亿元);
(8) 物流节点所在行政区物流需求集散地密度(用物流节点所在行政区内企业个数与分区土地面积的比值来表示)(单位:个/平方公里);
(9) 物流节点所在行政区产业结构和产业空间布局;
(10) 交通通达度;
(11) 分区环境影响评价;
(12) 优惠政策;
(13) 物流节点所在行政区土地可利用面积(单位:平方公里);
(14) 物流节点的类型;
(15) 物流节点的辐射半径(单位:公里);
(16) 交通基础设施依托程度;
(17) 距离运输企业的远近;

(18) 城市货运网络的布局结构;

(19) 城市货运网络运输的货类品种复杂性;

(20) 政府政策管控导向;

(21) 核心物流企业培育;

(22) 城市规划的具体指引;

(23) 城市物流发展的历史传承性;

(24) 物流节点货运量(单位:万吨);

(25) 交通运输设施的发展水平;

(26) 货运网络的网络规模;

(27) 城市货运网络的技术支持;

(28) 劳动力及生产力布局;

(29) 货物运输线路的合理性;

(30) 距离港口、机场和码头位置的远近;

(31) 消费需求;

(32) 成本因素(运输成本、营运成本、建筑成本、土地成本和固定成本)和非成本因素(原材料、劳动力、市场等)。

8.1.2.2 物流节点吸引力影响因素指标数据资料收集

根据确定的影响因素,将其依次命名为 X_1、X_2、…、X_{32}。查阅《武汉市统计年鉴2013》及相关资料得到如下数据:

X_1:物流节点所在行政区的人口规模(单位:万人)

把 38 个物流节点所在分区的人口规模作为指标数据,以阳逻港综合物流园为例,其所在的新洲区人口规模为 85.42 万人。

X_2:物流节点所在行政区的生产总值(单位:亿元)

把 38 个物流节点所在分区的生产总值作为指标数据,以阳逻港综合物流园区为例,其所在的新洲区生产总值为 384.42 亿元。

X_3:物流节点所在行政区的规模以上企业数(单位:个)

把 38 个物流节点所在分区的规模以上企业数作为指标数据,以阳逻港综合物流园区为例,其所在的新洲区的规模以上企业数为 150 个。

X_4:物流节点所在行政区社会消费品零售额(单位:万元)

把 38 个物流节点所在分区的社会消费品零售额作为指标数据,以阳逻港综合物流园为例,其所在的新洲区社会消费品零售额为 1361026 万元。

X_5:物流节点所在行政区城镇居民年人均可支配收入(单位:元)

把 38 个物流节点所在分区的城镇居民年人均可支配收入作为指标数据,以阳逻港综合物流园为例,其所在的新洲区的居民年人均可支配收入为16915元。

X_6:物流节点所在行政区城镇居民年人均消费支出(单位:元)

把38个物流节点所在分区的居民年人均消费支出作为指标数据,以阳逻港综合物流园为例,其所在的新洲区的年人均消费支出为10183元。

X_7:物流节点所在行政区物流基础建设投资额度(单位:亿元)

以38个物流节点所在的分区的固定投资额为指标数据,以阳逻港综合物流园为例,其所在的新洲区社会固定资产投资额为329.11亿元,乘以基建百分比21.7%可以得出该节点相关基建投资额为71.42亿元。

X_8:物流节点所在行政区物流需求集散地密度(单位:个/平方公里)

该指标用物流节点所在分区内企业个数与分区土地面积的比值来表示。

分别查找38个物流节点所在分区的企业个数和土地面积,以阳逻港综合物流园为例,其所在的新洲区企业个数为150个,土地面积为1500平方公里,所以集散地密度为0.1个/平方公里。

X_9:物流节点所在行政区产业结构和产业空间布局

不同产业结构和空间布局对物流节点的影响不同,因此可以采用评分的方法对物流节点所在分区的产业结构进行评价,评分标准参考表8-2。

表8-2 产业结构和布局分值分布

分项指标	钢铁	化工	日用品及服装	汽车及零部件	光电子	机电
分值	2	2	1	2	1	2
分项指标	建材装饰	农副产品	医药产品	空运	生产资料	
分值	2	1	1	2	1	

以阳逻港综合物流园为例,根据《武汉市总体规划2010—2020年》,查到新洲区有以阳逻国际集装箱转运有限公司、华中钢铁交易中心为代表的物流产业集群;以武钢江北加工基地、一冶钢构项目为代表的钢材深加工产业集群;以西门子、阿海珐输配电项目为代表的电力设备制造产业集群;以重冶连铸、中冶连铸项目为代表的重工机械设备产业集群;以亚东水泥、北新建材项目为代表的新型建材产业集群;以武汉一棉、江南集团为代表的纺织服装产业集群;以中百食品、升阳食品为代表的食品加工产业集群。综合考虑,新洲区的产业结构和产业空间布局得分为8。

X_{10}:交通通达度

该指标用物流节点所在分区的道路面积率来衡量,查得武汉市人均道路面积为12平方米(12×10^{-6}平方公里),根据公式:

$$道路面积率 = \frac{人均道路面积率 \times 分区人口数量}{分区土地面积}$$

即
$$道路面积率＝人均道路面积率×人口密度$$

计算38个物流节点所在分区道路面积率作为指标,以阳逻港综合物流园为例,其所在的新洲区分区人口密度为569人/平方公里,所以道路面积率为0.006828。

X_{11}:分区环境影响评价

一般来说,物流节点越远离市中心对城市生活环境影响越小,越环保。可采用评分标准来评分,评分标准见表8-3。

表8-3 关于城市各区域的环保分值分布

分项指标	市区	城郊	远郊/郊区
分值	1	2	3

X_{12}:优惠政策

由于政策因素无直接量化指标,因此根据物流节点实际情况结合评分指标对物流节点政策因素影响进行评分,评分标准见表8-4。

表8-4 关于政策因素的分值分布

分项指标	重点建设	物流园区	物流中心	其他
分值	10	7	5	2

X_{13}:物流节点所在行政区土地可利用面积(单位:平方公里)

物流节点的建设需要占用大面积的土地,所以土地价格的高低和大面积土地的可获得性将直接影响物流节点的规模大小和功能。

X_{14}:物流节点的类型

物流节点分为一、二、三级节点,级别不同,节点吸引力不同,由于节点类型因素无直接量化指标,因此根据物流节点实际情况结合评分指标对物流节点类型因素影响进行评分,评分标准见表8-5。

表8-5 物流节点类型的分值分布

分项指标	一级节点	二级节点	三级节点
分值	7	5	2

X_{15}:物流节点的辐射半径(单位:公里)

物流节点可以对相邻区域的发展产生深刻的影响,这种影响由于节点规模的不同而不同,并随着距离的增加而逐渐有减弱的迹象。也就是说,节点对周边的辐射力也存在距离衰减。

X_{16}:交通基础设施依托程度

物流基础设施的内容主要包括物流节点的数量、位置和货运通道的布局等。

不同布局的基础设施对物流节点的影响不同,因此可以采用评分的方法对物流节点交通基础设施依托程度进行评价,评分标准参考表8-6。

表8-6 交通基础设施依托程度分值分布

分项指标	信息化水平	服务能力	支持能力	空间布局
分值	3	3	2	2
分项指标	功能完善	规划协调	资源整合	建设水平
分值	3	2	2	3

以阳逻港综合物流园为例,阳逻港园区对交通基础设施的信息化水平、服务能力、支持能力、空间布局、功能完善、规划协调、资源整合以及建设水平都有较高的要求,其评分为20。

X_{17}:距离运输企业的远近

物流节点对运输设备的依赖程度很高,有些大型物流园区自行配备了大型运输器材和设施,但有些时候,出于成本考虑也会租用外部运输企业的设备,有些中小型物流节点则依托于专门的运输公司,因此,距离运输企业的远近会影响到物流节点的运作成本等,从而影响物流节点的吸引度。与运输企业的距离远近不同,则对物流节点的影响不同,因此可以采用评分的方法对物流节点距离运输企业的远近程度进行评价,评分标准参考表8-7。

表8-7 距离运输企业的远近分值分布

分项指标	1 km 以内	1~5 km	5~10 km	10 km 以上
分值	7	5	3	1

以阳逻港综合物流园为例,阳逻港园区配有自己的大型运输设备,其1000 m内有多家物流企业,因此其评分为7。

X_{18}:城市货运网络的布局结构

城市货运网络的布局结构是否合理影响到节点的吸引度,每个节点受到货运网络的影响是不同的。以阳逻港综合物流园为例,阳逻港园区作为大型物流节点,辐射范围较广,城市货运网络的布局结构完善,因此其评分为7,评分标准参考表8-8。

表8-8 城市货运网络布局分值分布

分项指标	完善	良好	合理	一般
分值	7	5	3	1

X_{19}:城市货运网络运输的货类品种复杂性

不同物流节点运输的货物品种具有差异,不同的物流节点会吸引不同类型的货物,而不同的货物也会受不同物流节点的吸引,因此,城市货运网络运输的货类品种复杂性对物流节点吸引力有影响,评分标准参考表8-9。

表8-9 货类品种复杂性分值分布

分项指标	钢铁	化工	日用品及服装	汽车及零部件	光电子	机电
分值	2	2	1	2	1	2
分项指标	建材装饰	农副产品	医药产品	空运	生产资料	
分值	2	1	1	2	1	

X_{20}:政府政策管控导向

政府政策对物流节点有着重要的影响,由于政策因素无直接量化指标,根据物流节点实际情况结合评分指标对物流节点政策因素影响进行评分,评分标准见表8-10。

表8-10 政策管控导向的分值分布

分项指标	重点建设	物流园区	物流中心	其他
分值	10	7	5	2

X_{21}:核心物流企业培育

政府对不同类型的企业的扶持力度不同,根据《武汉市现代物流业发展十二五规划》,武汉市加快核心物流企业培育行动,加大物流企业引进力度。加大政策扶持力度,积极引进国内外大型航空物流企业、物流整合商、物流地产商、第三方物流企业和快递企业等在汉落地并加大投资力度,引导知名物流企业在汉建立区域性总部。强化本土物流企业培育。因企制宜,加大"一事一议"等特殊政策的倾斜支持力度,大力培育包括中央、省在汉企业在内的武汉本土的"种子选手"和领军物流企业。加大对重点物流企业投资建设项目的扶持力度,促进物流市场资源要素向重点企业聚集,培育一批大型龙头物流企业;鼓励生产企业和商贸企业剥离物流资产及从业人员,实施物流业务外包。根据扶持力度不同制定的评分标准见表8-11。

表8-11 核心企业培育分值分布

分项指标	核心企业	扶持企业	中型企业	小型企业
分值	10	7	5	2

X_{22}:城市规划的具体指引

根据《武汉市城市总体规划2010—2020年》,武汉市重点建设汉口北、阳逻、青山以及汉西。阳逻要发挥长江的水运优势,建设集装箱转运枢纽;北湖应利用良好的水域建港条件,结合武汉重化工工业基地建设,逐步形成化工型港口;蔡甸是蔡甸区政府所在地,拟发展电子、轻工以及服装加工等工业;纸坊是江夏区政府所在地,拟发展机电、轻工、建材和高技术产业,相应发展交通运输、旅游等第三产业,强化综合服务职能;金口应充分发挥港口、公路优势,建设地区性水陆联运枢纽和大宗产品交易市场、城镇。根据规划指引制定的评分标准见表 8-12。

表 8-12 城市规划的具体指引分值分布

分项指标	重点建设	大力扶持	鼓励建设	一般建设
分值	10	7	5	2

X_{23}：城市物流发展的历史传承性

城市发展离不开商贸和物流两大要素，这两要素也是带动城市经济腾飞的翅膀。在我国内陆交通还没能充分发展的时期，倚着长江和汉江的汉口码头就因水而生，俗称"货到汉口活"。鸦片战争后，汉口开埠、外商涌入、洋行设立以及与外贸密切相关的外资企业兴办，促使汉口成为中国内地闻名遐迩的大商埠、大码头。如今，改革开放已有 40 余载，铁路、公路和航空的快速发展带动武汉摆脱了从前欠发展的陆路交通运输的局面。

武汉的物流发展有着悠久的历史，并且有着很高的的历史传承性，根据历史传承性长短制定的评分标准见表 8-13。

表 8-13 城市物流发展的历史传承性分值分布

投用时间	15 年及以上	5～15 年	5 年及以下
分值	10	5	2

X_{24}：物流节点货运量（单位：万吨）

货运量是反映运输生产成果的指标，体现着运输业为国民经济服务的数量。物流节点的货运量大小在一定程度上反映了每个节点的吸引力。一般根据经验对各物流节点货运量进行分配，如阳逻港货运量为 1130 万吨。

X_{25}：交通运输设施的发展水平

武汉市加快推进交通运输基础设施和物流园区建设，以及物流标准化建设步伐，努力引进与培养物流人才，为推动物流业发展提供有力支撑。武汉在全国的重要铁路枢纽地位进一步增强，长江中游航运中心建设加快，公路形成环形放射状网络，武汉天河机场第二航站楼和国际航站楼相继建成使用，武汉综合交通运输体系不断完善；重点物流园区投资不断增加，物流服务专业化、自动化水平不断提高，一批专业化区域性物流中心正在形成；一批高等院校相继开设物流专业，企业积极配合国家有关部门推进物流标准等，这些都有力支撑了物流业的发展。根据交通运输设施的发展水平制定的评分标准见表 8-14。

表 8-14 交通运输设施发展水平分值分布

分项指标	完善	良好	一般	较差
分值	10	7	5	2

X_{26}：货运网络的网络规模

武汉市充分考虑全市产业布局、大型交通基础设施建设，依据未来的城市主导发展方向和空间形态，形成围绕"一圈两带"的物流业布局结构。一圈：由四环线与外环线形成的中心城区外围物流业布局；两带：长江水路通道的东西横向物流发展带以及沿107国道、京港澳高速公路通道的南北纵向物流发展带。

依托经济区、商务区，在中心城区优先发展物流总部基地；依托综合交通枢纽，在主城区外围合理建设6个综合型物流园；依托开发区、产业聚集区及大型专业市场等，在主城区及城市外围配套建设8类专业物流中心；依托商业密集区、重点产业区等，在全市范围内规划建设100个左右物流配送站，形成对外物流辐射和对内高效配送的物流基础设施系统。

武汉市货运网络规模较大，各节点在网络中所处的位置不同，受到的影响也不同，根据货运网络规模大小制定的评分标准见表8-15。

表8-15 货运网络规模的分值分布

节点位置	重要	较为重要	一般
分值	10	7	5

X_{27}：城市货运网络的技术支持

武汉市积极搭建信息平台，提高物流整体智慧化水平，营造物流业提升发展环境。运用物联网、云计算以及智能交通等前沿信息技术，提高信息平台的技术水平，为中小物流企业提供信息化、智能化的平台支持。加强电子商务、电子政务、通信和金融等信息系统与物流信息平台的衔接，为依托信息平台实现物流服务创新和培育新的物流业态创造条件。推进物流信息交换标准、方式标准与架构标准的统一，重点加快建设商贸物流一体化发展的规模交易专业市场物流服务系统，以及航空、电子商务、医药和冷链物流系统，培育物流服务产业集群。

在货运网络的技术支持下，武汉市货运网络功能更加完善，网络中的各物流节点也能更好地吸引货运，根据对货运网络技术支持大小制定的评分标准见表8-16。

表8-16 货运网络的技术支持分值分布

技术支持	重要	较为重要	一般
分值	10	7	5

X_{28}：劳动力及生产力布局

不同劳动力和生产力布局对物流节点的影响不同，因此可以采用评分的方法对物流节点劳动力和生产力布局进行评价，评分标准参考表8-17。

表 8-17 劳动力及生产力布局分值分布

分项指标	钢铁	化工	日用品	汽车及零部件	光电子	机电
分值	2	2	1	2	1	2
分项指标	建材装饰	农副产品	医药产品	空运	生产资料	服装
分值	2	1	1	2	1	1

X_{29}：货物运输线路的合理性

货物运输线路的合理性会影响运输成本，进而影响物流节点的吸引度，根据对货物运输线路的合理性制定的评分标准见表 8-18。

表 8-18 运输线路的合理性分值分布

分项指标	完善	良好	一般	较差
分值	10	7	5	2

X_{30}：距离港口、机场和码头位置的远近

物流节点的选址合理性直接影响着城市经济运行质量和城市综合竞争力，距离港口、机场和码头位置的远近可以在一定程度上反映物流节点选址的合理性和可达性。可达性又称通达性，是指利用特定交通系统从某一给定地点到达活动地点的便利程度。可达性是度量交通网络结构的重要指标，也是评价区域（或地点）获取发展机会和市场控制能力的有效指标之一。根据距离港口、机场和码头位置的远近制定的评分标准见表 8-19。

表 8-19 距离港口、机场和码头位置远近的分值分布

分项指标	1 km 以内	1～5 km	5～10 km	10 km 以上
分值	7	5	3	1

X_{31}：消费需求

由于消费需求不同，企业或个人会选择不同规模的物流节点，消费需求会对物流节点吸引度产生影响，大型物流园区如阳逻港综合物流园会吸引大宗运输。根据消费需求不同制定的评分标准见表 8-20。

表 8-20 消费需求分值分布

消费需求	高	中	低
分值	10	7	5

X_{32}：成本因素（运输成本、营运成本、建筑成本、土地成本和固定成本）和非成本因素（原材料、劳动力和市场等）

物流节点的成本会影响它的正常运营，如物流节点的建设需要占用大面积的

土地,所以土地价格的高低将直接影响物流节点的规模大小。有的区域鼓励物流企业的发展,对在当地建设物流节点予以鼓励支持,土地的获得就相对容易,地价及地价以外的其他土地交易费用也可能比较低。非成本因素如市场和劳动力也可能影响它的正常运营,从而影响物流节点的吸引度。综合考虑成本和非成本因素,制定的评分标准见表8-21。

表8-21 成本与非成本因素分值分布

分项指标	高	中	低
分值	10	7	5

8.1.2.3 建立物流节点吸引力影响因素指标体系

由于32个指标反映的吸引力信息有一定的重叠,利用SPSS软件数据处理技术及主成分分析法对32个指标做进一步的筛选。

1. 初始数据

输入一、二级节点数据,得到描述统计量(详细数据见表8-22)。

表8-22 描述统计量(样本量 $N=38$)

指标	极小值	极大值	均值	标准差
X_1/万人	12.43	145.80	83.8597	31.72785
X_2/亿元	88.10	678.77	432.5261	118.13198
X_3/个	67.00	208.00	167.7105	26.56650
X_4/万元	158601.00	6016382.00	1873238.1579	1360348.20328
X_5/元	16915.00	27744.00	21203.6053	4356.39140
X_6/元	10183.00	21637.00	14320.0263	4029.86851
X_7/亿元	21.91	85.22	66.5729	14.59774
X_8/(个/平方公里)	0.07	2.80	0.5134	0.74132
X_9	2.00	8.00	4.0000	2.15607
X_{10}	0.00	0.25	0.0345	0.06173
X_{11}	1.00	3.00	1.7895	0.87481
X_{12}	5.00	10.00	6.6579	1.84942
X_{13}/平方公里	8.00	300.00	35.5984	53.99988
X_{14}	5.00	7.00	5.3684	0.78572

续表

指标	极小值	极大值	均值	标准差
X_{15}/公里	27.00	158.00	68.4474	35.46349
X_{16}	14.00	20.00	16.8158	2.02492
X_{17}	1.00	7.00	5.2105	1.96122
X_{18}	1.00	7.00	4.8421	1.82366
X_{19}	2.00	8.00	4.0000	2.15607
X_{20}	5.00	10.00	6.6579	1.84942
X_{21}	5.00	10.00	6.6579	1.84942
X_{22}	5.00	10.00	6.6579	1.84942
X_{23}	2.00	10.00	5.8421	2.73640
X_{24}/万吨	228.00	1130.00	554.4211	274.12590
X_{25}	2.00	10.00	6.8947	2.25160
X_{26}	5.00	10.00	7.6053	2.11225
X_{27}	5.00	10.00	7.6053	2.11225
X_{28}	2.00	8.00	4.0000	2.15607
X_{29}	2.00	10.00	6.8684	2.82049
X_{30}	1.00	7.00	5.2105	1.96122
X_{31}	5.00	10.00	7.4474	2.03612
X_{32}	5.00	10.00	7.0000	1.80090

2. 将数据进行标准化

使用描述统计功能,在原始变量的最后多了一列 Z 开头的新变量,这个变量就是标准化后的变量,如图 8-2 所示。

3. 求出 ZX1～ZX32 这 32 项指标的相关系数矩阵 R

使用软件中的变量相关性功能,得到两个变量的相关系数矩阵,由矩阵中两个变量间的相关性数值,可以得出以下结论:

X_1 与 X_2 在 0.01 水平(双侧)上显著相关;

X_1 与 X_4 在 0.01 水平(双侧)上显著相关;

X_1 与 X_6 在 0.01 水平(双侧)上显著相关;

X_1 与 X_7 在 0.01 水平(双侧)上显著相关;

……

ZX1	ZX2	ZX3	ZX4	ZX5	ZX6	ZX7	ZX8
-.05263	.37851	-.74193	-.59520	-.80815	-.68514	.11900	-.58466
.16170	-.32994	-.06439	-.24357	-.92522	-.93155	.80130	-.59815
.16170	-.32994	-.06439	-.24357	-.92522	-.93155	.80130	-.59815
.04918	-.40722	-.66665	-.37653	-.98444	-1.02659	.33204	-.55768
-1.09997	-.23572	1.32834	-.59708	.44564	-.02780	-.50439	-.07206
-.05263	.37851	-.21495	-.59520	-.76663	-.68514	.11900	-.58466
1.95224	1.08450	.87665	1.53986	1.39804	1.81569	1.27740	-.15300
.16170	-.32994	-.06439	-.24357	-.92522	-.93155	.80130	-.59815
-1.04860	.14174	-1.57004	-.45923	1.38013	1.19978	-2.39920	1.78949
.16170	-.32994	-.06439	-.24357	-.92522	-.93155	.80130	-.59815
.04918	-.40722	-.66665	-.37653	-.98444	-1.02659	.33204	-.55768
-1.09997	-.23572	1.32834	-.59708	.44564	-.02780	-.50439	-.07206
.01482	-.08335	-1.41948	1.23679	1.02135	.63947	-1.19216	3.08448
-.05263	.37851	-.21495	-.59520	-.76663	-.68514	.11900	-.58466
.16170	-.32994	-.06439	-.24357	-.92522	-.93155	.80130	-.59815
-.41099	2.08448	-3.79088	3.04565	1.50133	1.68243	-.87636	2.00532
.16170	-.32994	-.06439	-.24357	-.92522	-.93155	.80130	-.59815
-.58497	-1.42938	.12382	-.91741	-.67317	-.27843	-.78868	-.49024
1.95224	1.08450	.87665	1.53986	1.39804	1.81569	1.27740	-.15300
1.95224	1.08450	.87665	1.53986	1.39804	1.81569	1.27740	-.15300

图 8-2　标准化后的变量

由相关系数矩阵可以看出，32 个指标彼此存在一定的相关性，说明这 32 个指标反映的吸引力信息有一定的重叠。

4.计算矩阵 R 的特征值，求特征值的贡献率和累积贡献率

设 A 是 n 阶方阵，如果存在数 q 和非零 n 维列向量 x，使得 $Ax=qx$ 成立，则称 q 是 A 的一个特征值。在 SPSS 软件中使用因子分析功能，得到表 8-23。

表 8-23　解释的总方差

成分	初始特征值			提取平方和载入			旋转平方和载入		
	合计	方差百分比/(%)	累积贡献率/(%)	合计	方差百分比/(%)	累积贡献率/(%)	合计	方差百分比/(%)	累积贡献率/(%)
1	10.538	32.933	32.933	10.538	32.933	32.933	8.595	26.861	26.861
2	4.952	15.476	48.409	4.952	15.476	48.409	4.100	12.811	39.672
3	4.186	13.082	61.491	4.186	13.082	61.491	4.027	12.584	52.256
4	2.430	7.595	69.086	2.430	7.595	69.086	2.875	8.983	61.239
5	2.106	6.582	75.668	2.106	6.582	75.668	2.740	8.561	69.800
6	1.601	5.004	80.672	1.601	5.004	80.672	2.327	7.272	77.071
7	1.249	3.904	84.576	1.249	3.904	84.576	1.980	6.188	83.259
8	1.045	3.267	87.842	1.045	3.267	87.842	1.467	4.583	87.842
9	0.770	2.405	90.247						

续表

成分	初始特征值			提取平方和载入			旋转平方和载入		
	合计	方差百分比/(%)	累积贡献率/(%)	合计	方差百分比/(%)	累积贡献率/(%)	合计	方差百分比/(%)	累积贡献率/(%)
10	0.706	2.205	92.452						
11	0.519	1.621	94.073						
12	0.390	1.220	95.292						
13	0.302	0.943	96.236						
14	0.277	0.867	97.103						
15	0.237	0.742	97.845						
16	0.202	0.632	98.476						
17	0.146	0.457	98.933						
18	0.112	0.351	99.285						
19	0.097	0.302	99.586						
20	0.059	0.184	99.771						
21	0.034	0.105	99.876						
22	0.022	0.068	99.944						
23	0.012	0.039	99.983						
24	0.005	0.016	99.999						
25	0.000	0.001	100.000						
26	2.545×10^{-17}	7.952×10^{-17}	100.000						
27	1.981×10^{-17}	6.192×10^{-17}	100.000						
28	-5.658×10^{-18}	-1.768×10^{-17}	100.000						
29	-1.931×10^{-17}	-6.034×10^{-17}	100.000						
30	-4.749×10^{-17}	-1.484×10^{-16}	100.000						
31	-6.232×10^{-17}	-1.947×10^{-16}	100.000						
32	-1.537×10^{-16}	-4.802×10^{-16}	100.000						

结论：根据特征值大于1的提取原则，有8个成分符合原则，并且前8个成分的累积贡献率为87.842%（见图8-3），即前8个成分所解释的方差占总方差的87.842%，用这8个成分来反映物流节点货运吸引力所损失的信息不多，所以这8

个成分能够综合反映物流节点吸引度影响因素。

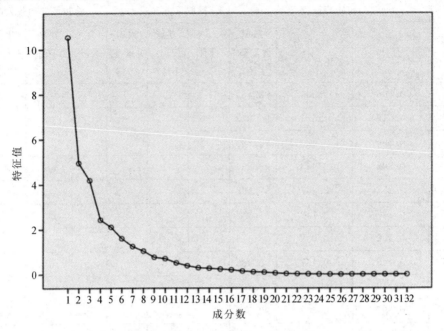

图 8-3 碎石图

5. 初始因子成分矩阵

建立因子分析模型的目的不仅是找出主因子,更重要的是知道每个主因子的意义。然而用上述方法求出的公因子解,各主因子的典型代表变量不是很突出,容易使因子的意义含糊不清,不便于对问题进行分析。因此选用最大方差正交旋转法对因子进行旋转。根据 SPSS 软件的因子分析功能得出初始因子成分矩阵,见表 8-24。

表 8-24 初始因子成分矩阵

	成分							
	1	2	3	4	5	6	7	8
$Zscore(X_{14})$	0.939	0.014	0.193	0.063	0.015	0.035	−0.014	−0.064
$Zscore(X_{24})$	0.900	−0.102	0.160	0.059	−0.066	0.061	−0.103	−0.066
$Zscore(X_{12})$	0.886	0.034	0.284	0.149	−0.106	−0.259	−0.062	0.025
$Zscore(X_{22})$	0.886	0.034	0.284	0.149	−0.106	−0.259	−0.062	0.025
$Zscore(X_{20})$	0.886	0.034	0.284	0.149	−0.106	−0.259	−0.062	0.025
$Zscore(X_{21})$	0.886	0.034	0.284	0.149	−0.106	−0.259	−0.062	0.025

续表

	成分							
	1	2	3	4	5	6	7	8
$Zscore(X_{15})$	0.870	0.007	0.200	0.034	0.095	0.333	−0.095	−0.056
$Zscore(X_{16})$	0.794	0.253	0.091	0.054	0.107	0.157	0.117	0.336
$Zscore(X_{18})$	0.647	−0.183	−0.020	−0.293	0.120	−0.171	−0.186	−0.117
$Zscore(X_{31})$	0.645	0.164	0.179	−0.256	0.044	0.170	−0.238	0.158
$Zscore(X_{26})$	0.641	−0.161	−0.315	−0.201	0.217	0.139	0.436	−0.338
$Zscore(X_{27})$	0.641	−0.161	−0.315	−0.201	0.217	0.139	0.436	−0.338
$Zscore(X_{25})$	0.611	−0.101	0.350	0.443	0.062	0.047	0.150	−0.257
$Zscore(X_{13})$	0.608	0.148	−0.105	0.312	0.250	0.012	−0.195	−0.122
$Zscore(X_{32})$	0.529	−0.130	−0.098	0.054	−0.257	0.373	0.341	−0.029
$Zscore(X_{29})$	0.480	−0.055	0.424	0.173	−0.194	0.069	0.211	0.254
$Zscore(X_{4})$	−0.182	0.832	0.404	−0.155	−0.110	0.064	−0.026	−0.115
$Zscore(X_{6})$	−0.227	0.814	0.211	−0.052	0.012	−0.203	0.358	0.004
$Zscore(X_{1})$	0.113	0.770	−0.150	−0.240	−0.392	0.207	−0.001	0.014
$Zscore(X_{5})$	−0.273	0.718	0.424	0.024	0.002	−0.256	0.335	−0.030
$Zscore(X_{2})$	−0.032	0.710	0.321	−0.191	−0.220	0.190	−0.128	−0.280
$Zscore(X_{11})$	0.329	0.591	−0.561	−0.220	0.127	−0.165	0.045	0.035
$Zscore(X_{10})$	−0.363	0.357	0.709	−0.006	0.425	0.095	−0.012	−0.042
$Zscore(X_{8})$	−0.378	0.250	0.705	0.075	0.460	−0.072	0.110	0.059
$Zscore(X_{19})$	0.228	0.571	−0.615	0.377	0.271	0.032	−0.071	0.080
$Zscore(X_{9})$	0.228	0.571	−0.615	0.377	0.271	0.032	−0.071	0.080
$Zscore(X_{28})$	0.228	0.571	−0.615	0.377	0.271	0.032	−0.071	0.080
$Zscore(X_{30})$	0.550	0.022	−0.060	−0.719	0.252	−0.046	0.030	0.261
$Zscore(X_{17})$	0.550	0.022	−0.060	−0.719	0.252	−0.046	0.030	0.261
$Zscore(X_{7})$	0.252	0.458	−0.174	−0.173	−0.693	0.267	−0.205	−0.125
$Zscore(X_{3})$	0.148	−0.030	−0.403	0.102	−0.544	−0.542	0.340	0.180
$Zscore(X_{23})$	−0.080	−0.116	0.188	0.307	−0.109	0.588	0.249	0.450

6. 因子旋转

在表 8-24 的基础上，用最大方差正交旋转法对因子进行旋转，得出表 8-25。

表 8-25 旋转成分矩阵

	成分							
	1	2	3	4	5	6	7	8
$Zscore(X_{12})$	0.965	−0.005	0.027	0.122	0.019	0.034	0.141	−0.065
$Zscore(X_{22})$	0.965	−0.005	0.027	0.122	0.019	0.034	0.141	−0.065
$Zscore(X_{20})$	0.965	−0.005	0.027	0.122	0.019	0.034	0.141	−0.065
$Zscore(X_{21})$	0.965	−0.005	0.027	0.122	0.019	0.034	0.141	−0.065
$Zscore(X_{14})$	0.892	−0.095	0.083	0.192	0.081	0.264	−0.066	0.032
$Zscore(X_{24})$	0.855	−0.237	0.014	0.155	0.109	0.213	−0.062	0.023
$Zscore(X_{15})$	0.785	−0.169	0.095	0.207	0.153	0.282	−0.320	0.173
$Zscore(X_{25})$	0.750	0.038	−0.016	−0.304	−0.150	0.302	−0.132	0.096
$Zscore(X_{16})$	0.684	0.072	0.317	0.380	0.068	0.134	−0.008	0.359
$Zscore(X_{29})$	0.601	0.105	−0.194	0.025	−0.012	0.017	0.112	0.415
$Zscore(X_{13})$	0.566	−0.127	0.467	−0.027	−0.038	0.118	−0.185	−0.103
$Zscore(X_{31})$	0.552	−0.056	0.060	0.471	0.254	−0.014	−0.225	0.067
$Zscore(X_{18})$	0.505	−0.269	−0.036	0.403	−0.021	0.180	−0.040	−0.323
$Zscore(X_{5})$	−0.049	0.950	0.035	−0.098	0.114	−0.104	0.095	−0.025
$Zscore(X_{6})$	−0.124	0.899	0.205	0.016	0.205	−0.026	0.146	−0.017
$Zscore(X_{4})$	−0.025	0.768	0.052	0.003	0.524	−0.175	−0.203	−0.052
$Zscore(X_{8})$	−0.058	0.730	−0.191	−0.062	−0.362	−0.236	−0.415	0.072
$Zscore(X_{10})$	−0.074	0.714	−0.173	−0.048	−0.152	−0.217	−0.577	0.048
$Zscore(X_{19})$	0.042	0.020	0.986	−0.026	0.081	0.045	0.037	−0.003
$Zscore(X_{9})$	0.042	0.020	0.986	−0.026	0.081	0.045	0.037	−0.003
$Zscore(X_{28})$	0.042	0.020	0.986	−0.026	0.081	0.045	0.037	−0.003
$Zscore(X_{11})$	0.020	0.133	0.681	0.415	0.265	0.182	0.231	−0.237
$Zscore(X_{30})$	0.239	−0.046	−0.007	0.924	0.023	0.194	−0.007	−0.078
$Zscore(X_{17})$	0.239	−0.046	−0.007	0.924	0.023	0.194	−0.007	−0.078
$Zscore(X_{7})$	0.142	−0.074	0.102	0.002	0.940	0.000	0.153	0.016

续表

	成分							
	1	2	3	4	5	6	7	8
$Zscore(X_1)$	−0.020	0.320	0.303	0.177	0.799	0.012	0.116	0.071
$Zscore(X_2)$	0.061	0.533	0.005	−0.033	0.671	−0.049	−0.263	−0.111
$Zscore(X_{26})$	0.284	−0.193	0.143	0.259	−0.062	0.855	0.040	−0.065
$Zscore(X_{27})$	0.284	−0.193	0.143	0.259	−0.062	0.855	0.040	−0.065
$Zscore(X_{32})$	0.349	−0.228	−0.010	0.013	0.214	0.494	0.132	0.387
$Zscore(X_3)$	0.080	−0.087	0.086	−0.054	0.048	0.029	0.950	−0.053
$Zscore(X_{23})$	−0.030	−0.040	−0.069	−0.140	−0.024	−0.039	−0.107	0.855

注：旋转在 7 次迭代后收敛。

根据每一成分对应每个变量的系数（其中负号表示向量的维度方向相反），由旋转后的成分矩阵,得出旋转空间中的成分图（见图 8-4）,可以有如下结论：

成分 1 主要反映的是 X_{12}、X_{22}、X_{20}、X_{21}、X_{14} 及 X_{24} 的影响；

成分 2 主要反映的是 X_5、X_6、X_4、X_8 及 X_{10} 的影响；

成分 3 主要反映的是 X_{19}、X_9、X_{28} 及 X_{11} 的影响；

成分 4 主要反映的是 X_{17}、X_{30} 的影响；

成分 5 主要反映的是 X_1、X_7 及 X_2 的影响；

成分 6 主要反映的是 X_{26}、X_{27} 及 X_{32} 的影响；

成分 7 主要反映的是 X_3 的影响；

成分 8 主要反映的是 X_{23} 的影响。

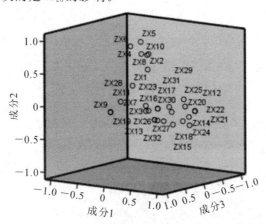

图 8-4 旋转空间中的成分图

7. 因子得分系数矩阵

使用 SPSS 软件的因子分析功能,利用 regression(回归法),得出因子得分系数矩阵即成分得分系数矩阵,见表 8-26。

表 8-26 成分得分系数矩阵

	成分							
	1	2	3	4	5	6	7	8
$Zscore(X_1)$	−0.036	0.029	0.009	0.044	0.276	0.011	0.034	0.075
$Zscore(X_2)$	0.012	0.062	−0.059	−0.090	0.276	0.072	−0.160	−0.131
$Zscore(X_3)$	0.025	0.085	−0.029	−0.004	−0.058	−0.022	0.532	0.029
$Zscore(X_4)$	0.009	0.146	−0.027	−0.018	0.166	0.012	−0.075	−0.055
$Zscore(X_5)$	0.017	0.302	−0.021	−0.025	−0.060	0.097	0.157	−0.007
$Zscore(X_6)$	−0.015	0.290	0.015	0.021	−0.039	0.117	0.167	0.023
$Zscore(X_7)$	0.005	−0.115	−0.057	−0.076	0.412	−0.026	−0.008	−0.017
$Zscore(X_8)$	0.025	0.204	0.001	0.040	−0.195	−0.016	−0.101	0.039
$Zscore(X_9)$	−0.004	−0.016	0.277	−0.025	−0.052	−0.052	−0.034	0.036
$Zscore(X_{10})$	0.015	0.157	−0.007	0.017	−0.083	0.002	−0.221	0.002
$Zscore(X_{11})$	−0.041	0.057	0.137	0.135	0.004	0.028	0.090	−0.084
$Zscore(X_{12})$	0.149	0.026	−0.013	−0.024	−0.031	−0.098	0.089	−0.071
$Zscore(X_{13})$	0.083	−0.052	0.134	−0.098	−0.029	−0.021	−0.151	−0.111
$Zscore(X_{14})$	0.099	0.000	−0.005	−0.024	0.017	0.044	−0.047	−0.014
$Zscore(X_{15})$	0.066	−0.062	0.013	−0.009	0.076	0.053	−0.202	0.073
$Zscore(X_{16})$	0.047	0.043	0.088	0.162	−0.060	−0.070	0.035	0.293
$Zscore(X_{17})$	−0.049	0.023	−0.021	0.396	−0.056	−0.045	0.024	0.050
$Zscore(X_{18})$	0.049	−0.060	−0.033	0.082	0.002	−0.015	−0.061	−0.226
$Zscore(X_{19})$	−0.004	−0.016	0.277	−0.025	−0.052	−0.052	−0.034	0.036
$Zscore(X_{20})$	0.149	0.026	−0.013	−0.024	−0.031	−0.098	0.089	−0.071
$Zscore(X_{21})$	0.149	0.026	−0.013	−0.024	−0.031	−0.098	0.089	−0.071
$Zscore(X_{22})$	0.149	0.026	−0.013	−0.024	−0.031	−0.098	0.089	−0.071
$Zscore(X_{23})$	−0.036	−0.019	0.031	0.058	−0.014	−0.039	0.005	0.611

续表

	成分							
	1	2	3	4	5	6	7	8
Zscore(X_{24})	0.101	−0.058	−0.020	−0.036	0.055	0.002	−0.063	−0.028
Zscore(X_{25})	0.112	0.066	−0.015	−0.241	−0.049	0.195	−0.064	−0.031
Zscore(X_{26})	−0.058	0.084	−0.029	−0.041	−0.033	0.494	−0.015	−0.057
Zscore(X_{27})	−0.058	0.084	−0.029	−0.041	−0.033	0.494	−0.015	−0.057
Zscore(X_{28})	−0.004	−0.016	0.277	−0.025	−0.052	−0.052	−0.034	0.036
Zscore(X_{29})	0.076	0.069	−0.051	0.030	−0.041	−0.042	0.132	0.284
Zscore(X_{30})	−0.049	0.023	−0.021	0.396	−0.056	−0.045	0.024	0.050
Zscore(X_{31})	0.044	−0.069	0.010	0.173	0.087	−0.153	−0.131	0.062
Zscore(X_{32})	−0.019	0.002	−0.050	−0.062	0.096	0.260	0.054	0.249

8. 物流节点综合得分及排序

通过总得分公式计算武汉市物流节点综合得分并根据得分高低进行排序,公式如下:

(1) 总得分＝成分 1 的方差贡献率×成分 1 的得分＋成分 2 的方差贡献率×成分 2 的得分＋成分 3 的方差贡献率×成分 3 的得分＋成分 4 的方差贡献率×成分 4 的得分＋成分 5 的方差贡献率×成分 5 的得分＋成分 6 的方差贡献率×成分 6 的得分＋成分 7 的方差贡献率×成分 7 的得分＋成分 8 的方差贡献率×成分 8 的得分。

(2) 成分的得分 $FAC = X_1 \times a_1 + X_2 \times a_2 + \cdots + X_n \times a_n$($X_n$ 为标准化后的值,a_n 为成分在成分得分系数矩阵中的系数)。

其中,成分的方差贡献率为旋转后的方差贡献率,可以通过 SPSS 软件的因子分析得出,见表 8-23。因子的得分可以在 SPSS 软件中直接得出。

9. 建立物流节点吸引力影响因素指标体系

主成分分析法中,主成分个数提取的原则为主成分对应的特征值大于 1,取前 m 个主成分,即特征值在某种程度上可以被看成是表示主成分影响力度大小的指标,如果特征值小于 1,说明该主成分的解释力度还不如直接引入一个原变量的平均解释力度大,因此一般将主成分对应的特征值大于 1 作为纳入标准。

从旋转成分矩阵(见表 8-25)可知 X_{12}、X_{22}、X_{20}、X_{21}、X_{14}、X_{24} 在第一主成分上有较高载荷,说明第一主成分基本反映了优惠政策、城市规划的具体指引及政府政策管控导向等指标的信息;X_5、X_6、X_4、X_8、X_{10} 在第二主成分上有较高载荷,说明第二主成分基本反映了人均可支配收入、人均消费支出、消费品零售额、物流需求集散地密度及交通通达度等指标的信息；X_{19}、X_9、X_{28}、X_{11}在第三主成分上有较高载荷，说明第三主成分基本反映了货类品种复杂性、物流节点所在行政区产业结构和产业空间布局、劳动力及生产力布局、分区环境影响评价等指标的信息。以此类推，每个成分中系数越大的因子在该成分中占据的因子载荷越大，去除其他对主成分影响较小的因子，结合专家分析法，选取每个成分中载荷最大的几种因子作为节点吸引度计算的因素指标，提取的13个因素如下：

X_1：物流节点所在行政区的人口规模(单位：万人)；

X_2：物流节点所在行政区的生产总值(单位：亿元)；

X_4：物流节点所在行政区社会消费品零售额(单位：万元)；

X_5：物流节点所在行政区城镇居民年人均可支配收入(单位：元)；

X_6：物流节点所在行政区城镇居民年人均消费支出(单位：元)；

X_7：物流节点所在行政区物流基础建设投资额度(单位：亿元)；

X_8：物流节点所在行政区物流需求集散地密度(单位：个/平方公里)；

X_9：物流节点所在行政区产业结构和产业空间布局；

X_{10}：交通通达度；

X_{19}：城市货运网络运输的货类品种复杂性；

X_{20}：政府政策管控导向；

X_{21}：核心物流企业培育；

X_{30}：距离港口、机场和码头位置的远近。

10. 量表效度的检验

对量表效度的检验主要是通过内容效度、结构效度、关联效度三个方面来衡量的。经检验，各因素标准值与总得分构成的量表效度较好。

8.1.3 武汉市初始货运拓扑网络演化模型建立

8.1.3.1 计算武汉市物流节点吸引度

对所建立的评价指标体系中的指标进行数据变换处理，计算指标熵权值，然后利用公式(4-1)，计算物流节点的吸引度综合评价值。其计算结果如表8-27所示。

表8-27 武汉市物流节点吸引度综合评价值

编号	一级节点						
	1	2	3	4	5	6	7
吸引度	95.4	88.21	88.21	95.57	88.89	90.48	91.52

续表

二级节点								
编号	1	2	3	4	5	6	7	8
吸引度	41.74	46.48	39.29	39.29	35.6	42.92	34.73	57.64
编号	9	10	11	12	13	14	15	16
吸引度	37.07	54.49	41.55	41.9	41.9	47.81	47.82	56.39
编号	17	18	19	20	21	22	23	24
吸引度	60.65	58.68	58.68	56.39	39.8	44.9	44.71	44.17
编号	25	26	27	28	29	30	31	
吸引度	44.71	64.55	62.8	64.98	64.8	64.8	47.16	

三级节点										
编号	1	2	3	4	5	6	7	8	9	10
吸引度	1.21	1.23	2.69	1.26	4.16	14.01	11.03	19.84	52.98	26.41
编号	11	12	13	14	15	16	17	18	19	20
吸引度	31.9	24.31	20.56	37.99	5.28	15.82	9.55	13.99	17.11	3.85
编号	21	22	23	24	25	26	27	28	29	30
吸引度	3.84	6.59	11.7	8.82	16.3	5.78	1.4	11.02	6.69	5.85
编号	31	32	33	34	35	36	37	38	39	40
吸引度	15.44	5.84	10.3	18.4	7.02	14.3	7.04	8.41	9.91	5.01
编号	41	42	43	44	45	46	47	48	49	50
吸引度	14.37	30.43	3.83	14.38	24.62	33.67	21.57	41.26	44.22	6.6
编号	51	52	53	54	55	56	57	58	59	60
吸引度	33.67	25.84	20.18	19.88	21.47	19.9	18.68	13.89	5.67	18.29
编号	61	62	63	64	65	66	67	68	69	70
吸引度	13.91	19.16	2.7	15.56	12.42	10.28	19.94	10.27	13.14	10.23
编号	71	72	73	74	75	76	77	78	79	80
吸引度	5.79	7.24	2.86	2.91	2.89	17.53	11.93	16.33	16.3	13.41
编号	81	82	83	84	85	86	87	88	89	90
吸引度	11.93	21.57	2.88	5.84	10.29	14.67	14.55	7.38	8.47	13.12

续表

编号	91	92	93	94	95	96	97	98	99	100
吸引度	1.42	5.77	5.8	5.79	8.8	28.76	15.78	39.85	27.21	15.81
编号	101	102	103	104	105	106	107	108	109	110
吸引度	31.89	16.94	33.38	31.89	9.43	19.88	19.81	17.11	26.05	15.83
编号	111	112	113	114	115	116	117	118	119	120
吸引度	34.08	33.88	17.99	17.96	16.31	26.55	16.31	13.34	17.07	19.97
编号	121	122	123	124	125	126	127	128	129	130
吸引度	19.15	5.11	5.11	32.39	11.03	13	10.07	5.04	24.47	12.45
编号	131	132	133	134	135	136	137	138	139	140
吸引度	1.26	0.79	0.79	0.81	21.86	5.67	24.98	13.25	19.92	18.79
编号	141	142	143	144	145	146	147	148		
吸引度	5.6	10.04	10.03	19.92	2.7	2.58	11.78	24.98		

8.1.3.2 武汉市货运拓扑网络无权演化

参照第 5 章建立的无权演化模型对武汉市的节点网络进行初始化,导入节点的坐标和吸引度,运行程序后得到如图 8-5 所示的节点连接情况。由于节点太多,只能截取部分图,第一、二列数据分别表示连接成边的节点序号,第三列数据表示节点间的连接概率。

```
181, 36, 408.7
181, 180, 265.2
181, 174, 104.2

182, 102, 907.3
182, 37, 673.4
182, 101, 646.5

183, 177, 40.7
183, 179, 28.9
183, 182, 8.1

184, 128, 11.2
184, 76, 4.2
184, 127, 4.1

185, 37, 1065.2
185, 182, 285.4
185, 183, 218.4

186, 36, 5035.1
186, 180, 1816.7
186, 105, 1018.2
```

图 8-5 程序运行结果部分截图

由设计程序输出节点连接关系的txt文件，部分截图如图8-6所示。

result.txt - 记事本
文件(F) 编辑(E) 格式(O) 查看(V) 帮助(H)

```
source,target,weight
2,1,19.3
3,2,239.8
3,1,15.2
4,2,243.0
4,3,65.3
4,1,25.3
5,3,197.7
5,2,101.7
5,4,41.1
6,5,112.4
6,1,88.1
6,2,61.0
7,4,621.7
7,2,166.6
7,6,87.9
8,2,2354.9
8,3,67.8
8,4,37.5
9,2,229.0
9,8,213.0
9,7,114.6
```

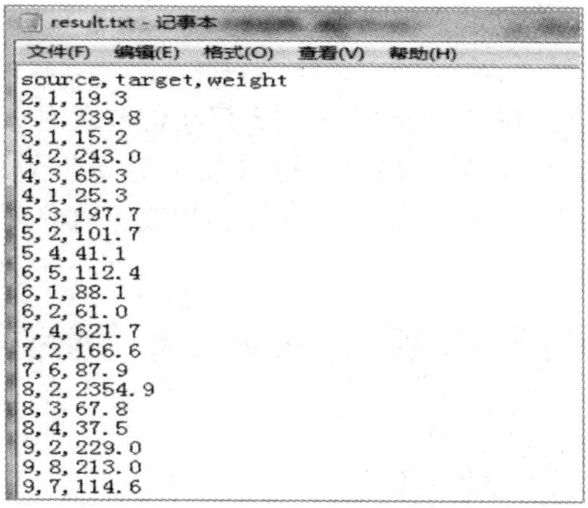

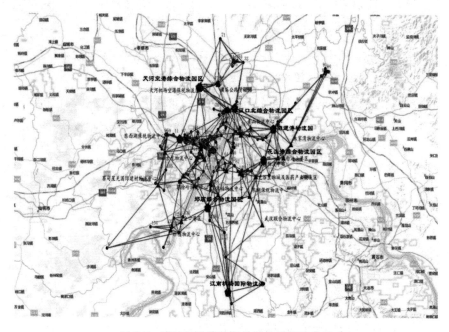

图8-6　程序运行结果的导出文件部分截图

然后将导出的txt文件转化为csv文件导入Gephi中，进行网络节点的动态演化。再使用Gephi导出网络节点要素和边要素的shapefile数据，并导入Arcgis中，如图8-7所示。

图8-7　武汉初始货运拓扑网络无权演化图

8.1.3.3 武汉市货运拓扑网络加权演化

1. 加权演化模型一

参照第 5 章建立的加权演化模型一,对武汉市的节点网络进行初始化,导入节点的坐标和吸引度,运行程序后得到如图 8-8 所示的节点连接情况。由于节点太多,只能截取部分图,第一、二列数据分别表示连接成边的节点序号,第三列数据表示节点间的连接权重。

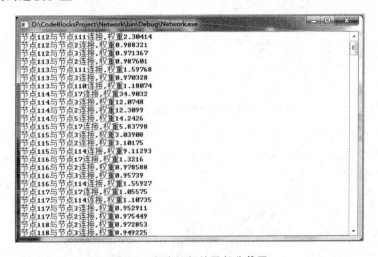

图 8-8　程序运行结果部分截图

由设计程序输出节点连接关系的 txt 文件和权重连接的 csv 文件,如图 8-9 所示。

(a) txt文件

8 城市货运网络拓扑结构优化案例分析

	A	B	C	D	E	F
1	source	target	weight			
2	2	1	2473.58			
3	3	2	1264			
4	3	1	566.565			
5	4	2	376.282			
6	4	1	191.934			
7	4	3	689.922			
8	5	2	476.367			
9	5	3	585.427			
10	5	1	251.989			
11	5	4	742.678			
12	6	1	9.52756			
13	6	2	18.2916			
14	6	3	19.0799			
15	6	5	52.7058			
16	7	2	154.99			
17	7	4	179.104			
18	7	1	81.2397			
19	7	3	148.944			
20	8	2	83.0952			

(b) CSV文件

图 8-9 程序运行结果的导出文件部分截图

然后将导出的 csv 文件导入 Gephi 中,进行网络节点的动态演化,动态演化结果在 Arcgis 中呈现,如图 8-10 所示。

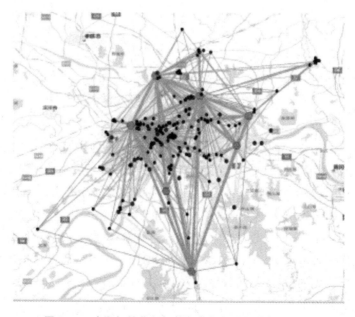

图 8-10 武汉初始货运拓扑网络加权演化模型一图示

2.加权演化模型二

(1)货运网络初始状态设置。

参照第5章建立的加权演化模型二,随机将少数物流节点数据先导入复杂网络分析软件Gephi中,布局方式采用Geolayout(地理布局)。然后在Gephi的图形工作区里定义边的连接状态并连接节点对,在数据资料栏里对边的权重赋值,最后得到初始网络连接状态,如图8-11所示。

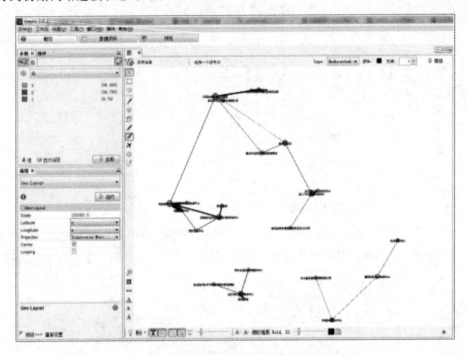

图8-11 初始网络(Gephi里边的粗细代表权重大小)

(2)基于GUI界面的货运网络动态可视化过程。

在构建武汉市货运网络时,物流节点加入顺序大致上遵从物流园区、物流中心、配送中心依次配置的原则。在货运网络中,考虑到各级别物流节点的规模、功能、辐射范围存在较大的差异,一级节点作为运输的端点节点度k_{max}设置最大,三级节点作为配送的末端节点度k_{max}最小,二级节点度k_{max}介于二者之间。在代码中,一级节点度k_{max}为15,二级节点度k_{max}为10,三级节点度k_{max}为5。将剩余的物流节点分先后顺序加入网络中,在Matlab自带的GUI界面里可以得到各个节点加入后网络拓扑结构演化的示意图,然后导入Arcgis中,如图8-12所示。

3.加权演化模型三

考虑货运网络连接状态时需要结合多方因素的影响,而不是单纯地将其抽象

8 城市货运网络拓扑结构优化案例分析

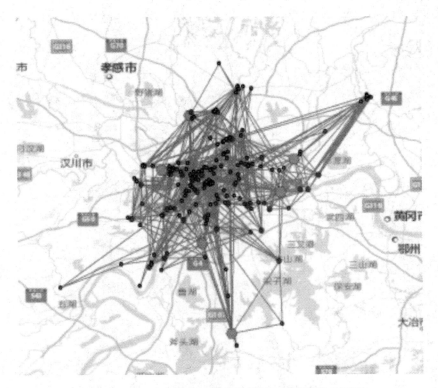

图 8-12　武汉市初始货运拓扑网络加权演化模型二图示

为纯粹物理结构。

首先,节点本身的区位、道路交通属性等直接影响到连接方式的确定,拓扑结构中节点间的距离与连接无关,即线段长度没有实际意义,而城市货运网络中的连接即为货物运输通道,连接同时依托货物运输方式和道路交通基础设施条件。

其次,节点的功能属性也会影响到节点间的连接方式。现代物流业不仅包含货物的转运,还涵盖了仓储、加工、包装等多个过程,为了优化效率,这些过程从生产企业中分离出来重组,演化形成物流业的一部分。由于各物流节点的类型及功能不尽相同,服务的货物属性千差万别,因此尽管区位和交通条件都相当合理,但若业务不符彼此之间也不会建立连接。

为了使演化模型尽可能符合武汉市货运网络的真实过程,在综合考虑以上两点的基础上,参照第五章建立的加权演化模型三,按照演化规则调整顺序将物流节点逐一加入演化网络中,算法及演化结果如下(考虑到江南机场国际物流港在建,将其在网络中移除)。

为便于直观感受动态演化历程,将演化过程分为六个阶段,如图 8-13 所示。

阶段六与武汉市地图对接后演化示意图,如图 8-14 所示。

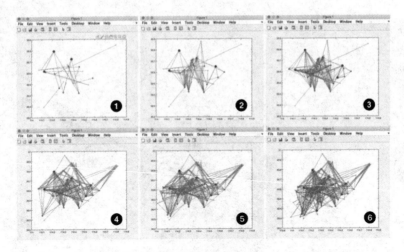

图 8-13 演化分阶段展示

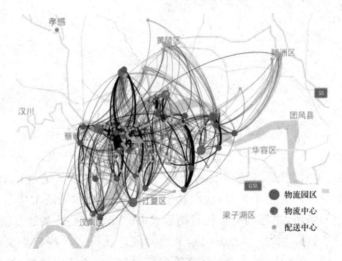

图 8-14 武汉市初始货运拓扑网络加权演化模型三图示

8.1.4 武汉市货运网络拓扑结构优化

8.1.4.1 武汉市货运网络拓扑结构各参数指标分析

(一)武汉市无权演化网络

运用第 6 章的公式计算货运网络拓扑结构初始网络参数。以拥堵因子参数的计算过程为例,交通网络具有拥堵效应,而且不同拓扑结构上的拥堵及其传播和消散规律也有着很大的区别,拥堵因子的计算需要借助软件 TransCAD 和 AutoCAD

进行,计算步骤如下:

1. 定义网络图层,导入网络

由演化模型得到连接两个节点的网络图,另存为 dwg 格式文件,并把该文件导入 AutoCAD。在 AutoCAD 里对图层进行定义,在此基础上按照城市行政区划边界画出交通小区边界,将武汉市分为 576 个交通小区。把边界定义为图层"zone",将文件另存为 R12 的 dxf 格式文件,把 dxf 文件导入 TransCAD:先以 line 结构导入图层"主""次""支"和"末"形成 map1,然后以 zone 结构导入图层"zone"形成 map2,最后将图层"zone"导入 map1,得到如图 8-15 所示叠加图。

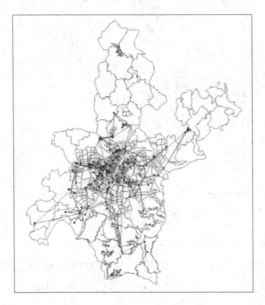

图 8-15 货运拓扑网络和交通小区叠加图(TransCAD 中的 map1)

2. 网络边属性输入

在"line"图层属性中输入车速(int 类型)、通行能力(int 类型)和行程时间(real 类型),输入情况如表 8-28 所示。

表 8-28 网络边属性输入情况

图层	车速	通行能力	行程时间
主	60	3600	3.6×路程 / 车速
次	40	2400	
支	30	1200	
末	20	800	

3. 建立型心连杆

以"101""102""103""104""105""106"…"673""674""675""676"的形式对576个交通小区进行编号。在线层和点层属性中加入"小区编号",并通过小区ID与面层相连。建立型心连杆(见图8-16),型心连杆以"末"的属性输入,即车速20、通行能力800。

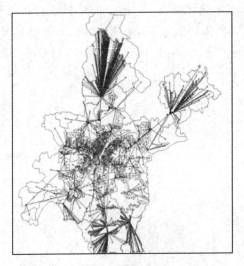

图 8-16　型心连杆

4. 计算阻抗矩阵,形成OD分布期望线图

根据行程时间计算阻抗矩阵。以货运量作为小区交通发生量和吸引量,并导入TransCAD中。打开阻抗矩阵,更改矩阵索引为小区ID,从而形成OD分布期望线图,如图8-17所示。

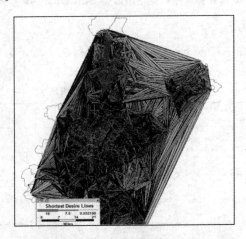

图 8-17　OD分布期望线图

8 城市货运网络拓扑结构优化案例分析

5. 进行交通分配，计算网络拥堵因子

打开 OD 分布矩阵，更改索引为节点 ID，从而形成交通分配数据，并计算车速与通行能力之比（VC 比），也可以画出流量图直观表示网络流量。

通过更改演化模型的代码，即更改每个节点连接其他节点的个数（这里初始网络的每个节点连接其他节点的个数为2），可以改变网络的平均度。改变演化模型代码中每个节点连接节点的个数，分别改为3、4、5、6、7、10和15，从而得到节点不变、网络结构类型不变的具有不同平均度的8个新网络的基本网络参数，如表8-29所示。

表8-29 不同节点连接个数的武汉市货运网络拓扑结构初始网络参数（无权演化）

节点连接个数 n	节点数 N	边数 K	平均度 $\langle k \rangle$	聚类系数 C	网络直径 D	平均路径长度 L	全局有效性 E	系统总费用 TC	拥堵因子 J
2	186	369	3.968	0.516	10	5.040	0.198	369	0.200
3	186	552	5.935	0.571	8	4.043	0.247	552	0.129
4	186	734	7.892	0.579	7	3.615	0.277	734	0.099
5	186	915	9.839	0.611	6	3.272	0.305	915	0.072
6	186	1095	11.774	0.596	6	3.060	0.327	1095	0.057
7	186	1274	13.699	0.598	5	2.859	0.350	1274	0.049
10	186	1805	19.409	0.600	5	2.523	0.396	1805	0.036
15	186	2670	28.710	0.611	4	2.220	0.450	2670	0.022

（二）武汉市加权演化网络

运用加权网络演化模型一，通过更改演化模型的代码，即更改每个节点连接其他节点的个数（这里初始网络的每个节点连接其他节点的个数为2），可以改变网络的平均度。改变演化模型代码中每个节点连接节点的个数，分别改为3、4、5、6、7、10和15，从而得到节点不变、网络结构类型不变的具有不同平均度的8个新网络的基本网络参数，如表8-30所示。

表8-30 不同节点连接个数的武汉市货运网络拓扑结构初始网络参数（加权演化）

节点连接个数 n	节点数 N	边数 K	平均度 $\langle k \rangle$	聚类系数 C	网络直径 D	平均路径长度 L	全局有效性 E	系统总费用 TC	拥堵因子 J
2	186	552	5.935	0.784	5	2.431	0.4114	552	0.1190
3	186	734	7.892	0.807	4	2.235	0.4474	734	0.1100
4	186	915	9.839	0.838	4	2.088	0.4789	915	0.1015

续表

节点连接个数 n	节点数 N	边数 K	平均度 $\langle k \rangle$	聚类系数 C	网络直径 D	平均路径长度 L	全局有效性 E	系统总费用 TC	拥堵因子 J
5	186	1095	11.774	0.831	4	2.050	0.4878	1095	0.0930
6	186	1274	13.699	0.836	4	1.993	0.5018	1274	0.0845
7	186	1452	15.613	0.840	3	1.957	0.5110	1452	0.0760
10	186	1980	21.290	0.867	3	1.896	0.5274	1980	0.0675
15	186	2840	30.538	0.872	2	1.835	0.5450	2840	0.0590

8.1.4.2 武汉市货运拓扑网络最优平均度选择

由于系统总费用、有效性、鲁棒性及拥堵因子等参数随着平均度的增加呈现单调递增或递减趋势,这对于最优平均度来说很难发现极值点,这里需要构建两个新的计算参数来分析。

但是,因为不确定系统总费用、有效性、鲁棒性及拥堵因子的重要程度,例如有可能在规划时出于某种原因,鲁棒性比系统总费用更加重要,即可以在相对较大的系统总费用下取得较好的鲁棒性,所以为了使研究结果更具备一般性,引入下面的表达式:

$$R = E^{\alpha}/L^{\beta}TC^{\gamma}J^{\delta} \tag{8-1}$$

式中,R——计算参数值;

$\alpha、\beta、\gamma、\delta$——表示有效性、鲁棒性、系统总费用及拥堵因子的相对重要度,取值可以根据实际规划情况选取。分析计算参数值 R 的变化趋势可以为选取最优拓扑网络平均度提供参考依据。

(一)武汉市无权演化网络

分析表 8-31 中的数据以及图 8-18 和图 8-19 的趋势线,可知计算参数 R_1 和计算参数 R_2 在平均度为 5.935 时存在极大值点,同时平均度 5.935 对应的两个计算参数的值相对较大。因此在无权演化模型下,武汉市货运拓扑网络的最优平均度为 5.935。

表 8-31 武汉市无权演化网络计算参数

平均度 $\langle k \rangle$	全局有效性 E	平均路径长度 L	系统总费用 TC	拥堵因子 J	计算参数 R_1 $E/(L \times TC)$	计算参数 R_2 $E/(L \times J \times TC^2)$
3.968	0.198	5.040	369	0.200	0.000106	0.00000144
5.935	0.247	4.043	552	0.129	0.000111	0.00000155

续表

平均度 $\langle k \rangle$	全局有效性 E	平均路径长度 L	系统总费用 TC	拥堵因子 J	计算参数 R_1 $E/(L \times TC)$	计算参数 R_2 $E/(L \times J \times TC^2)$
7.892	0.277	3.615	734	0.099	0.000104	0.00000143
9.839	0.305	3.276	915	0.072	0.000102	0.00000154
11.774	0.327	3.060	1095	0.057	0.000098	0.00000156
13.699	0.350	2.859	1274	0.049	0.000096	0.00000154
19.409	0.396	2.523	1805	0.036	0.000087	0.00000134
28.71	0.450	2.220	2670	0.022	0.000076	0.00000129

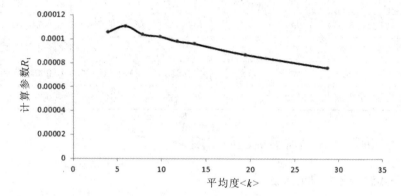

图 8-18　不同平均度网络的计算参数 R_1 变化趋势图

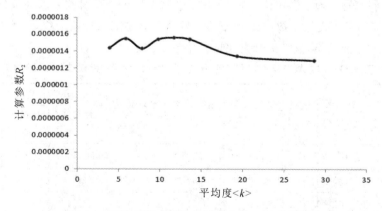

图 8-19　不同平均度网络的计算参数 R_2 变化趋势图

(二)武汉市加权演化网络

分析表 8-32 中的数据参数可以得出,在平均度等于 5.935 时,加权网络的两个

评价参数 R_1 和 R_3 最优。故在加权演化模型下，武汉市货运拓扑网络的最优平均度为 5.935。

表 8-32 武汉市加权演化网络计算参数

平均度 $\langle k \rangle$	全局有效性 E	平均路径长度 L	系统总费用 TC	拥堵因子 J	计算参数 R_1 $E/(L \times TC)$	计算参数 R_3 $E/(L \times J \times TC^3)$
5.935	0.411353353	2.431	552	0.119	0.000306543	0.00000000845407
7.892	0.447427293	2.235	734	0.11	0.000272740	0.00000000460219
9.839	0.478927203	2.088	915	0.1015	0.000250679	0.00000000294992
11.774	0.487804878	2.05	1095	0.093	0.000217309	0.00000000194880
13.699	0.501756147	1.993	1274	0.0845	0.000197613	0.00000000144086
15.613	0.510986203	1.957	1452	0.076	0.000179826	0.00000000112229
21.29	0.52742616	1.896	1980	0.0675	0.000140494	0.00000000053091
30.538	0.544959128	1.835	2840	0.059	0.000104571	0.00000000021975

8.1.4.3 确定新建物流节点的吸引度

(一)武汉市无权演化网络

考虑到现有 7 个一级节点的吸引度都在 88.2~95.6 范围内，这里采用试算的方法，为新加节点预设了 40、50、60、70、80 和 100 等 6 个吸引度。因为最优平均度 5.935 对应的节点连接个数为 2，所以 2 为模型代码中节点连接个数，在无权演化模型下得到 6 个新网络，这 6 个新网络的网络参数如表 8-33 所示。

表 8-33 加入具有不同吸引度新节点的拓扑网络参数(武汉市无权演化)

新加节点建议吸引度	节点数 N	边数 K	基尼系数 G_n	聚类系数 C	平均路径长度 L	全局有效性 E	局部有效性 E_{lo}	系统总费用 TC
初始网络	186	552	0.0100	0.571	4.043	0.247401	0.571	552
吸引度 40	187	555	0.0085	0.570	4.042	0.247402	0.570	555
吸引度 50	187	555	0.0063	0.571	4.041	0.247463	0.571	555
吸引度 60	187	555	0.0078	0.561	4.043	0.247341	0.561	555
吸引度 70	187	555	0.0074	0.559	4.047	0.247097	0.559	555
吸引度 80	187	555	0.0082	0.552	4.061	0.246245	0.552	555

续表

新加节点建议吸引度	节点数 N	边数 K	基尼系数 G_n	聚类系数 C	平均路径长度 L	全局有效性 E	局部有效性 E_{lo}	系统总费用 TC
吸引度 100	187	555	0.0072	0.551	4.078	0.245218	0.551	555

注：平均度 $\langle k \rangle = 5.935$，网络直径 $D=8$。

对比表中数据发现，新增一个吸引度值为 50 的物流节点后的网络与原始网络相比较，基尼系数减小，说明网络中节点度分布越均匀，表明其网络异质性越小，网络性能越优；平均路径长度减小，说明货物周转更加便捷。同时整个网络呈现明显的区域子网集团化趋势，这对于货运网络运输货物的快捷性、准时性提供了有力的保障和支持；有效性也有很大的增幅。总而言之，增加一个一级节点后，网络的基本统计量都有所改进，网络有效性提高，说明网络得到了优化。所以给新增节点的吸引度赋值为 50，称其为标准吸引值。

(二)武汉市加权演化网络

初步确定设置的节点的属性为一级节点，已知武汉一级节点的吸引度最小是 40，最大是 100，所以在 40 到 100 之间选取 40、50、60、100 四个吸引度值。因为最优平均度 5.935 对应的节点连接个数 2，所以 2 为模型代码中节点连接个数。在加权演化模型下演化得到 4 个网络，这 4 个新网络的网络参数如表 8-34 所示。

表 8-34 加入具有不同吸引度新节点的拓扑网络参数(武汉市加权演化)

新加节点建议吸引度	平均度 $\langle k \rangle$	全局有效性 E	平均路径长度 L	系统总费用 TC	拥堵因子 J	计算参数 R_1 $E/(L \times TC)$	计算参数 R_3 $E/(L \times J \times TC^3)$
40	5.935	0.168463612	2.4231	555	0.1101	0.000125268	0.00000000369376
50	5.935	0.168463612	2.4231	555	0.1101	0.000125268	0.00000000369376
60	5.935	0.168463612	2.4230	555	0.1101	0.000125274	0.00000000369391
100	5.935	0.168463612	2.4229	555	0.1101	0.000125279	0.00000000369406

对比表中数据发现，武汉市的网络优化参数的变化不大，但是我们从 R_1 的变化趋势可以发现，当 R_1 越大，平均路径长度越小，说明系统的有效性越优化、费用越小。当吸引度达到 100 时系统最优，拓扑结构的稳定性和有效性最优，所以给新增节点的吸引度赋值为 100，称其为标准吸引值。

8.1.5 新建物流节点投资额度计算

以现有一级物流节点影响因素指标值为依据，再根据蔡甸区朱家湾物流园的实际情况,分别估算出除投资额度之外其他影响因素的指标值(见表8-35)。

表8-35 武汉市各一级节点的影响因素指标值

一级物流节点	X_1/万人	X_2/亿元	X_4/万元	X_5/元	X_6/元	X_7/亿元	X_8/(个/平方公里)	X_9	X_{10}	X_{19}	X_{20}	X_{21}	X_{30}
1	82.19	477.24	1063554	17683	11559	68.31	0.08	8	0	8	10	10	7
2	88.99	393.55	1541898	17173	10566	78.27	0.07	2	0	2	10	10	7
3	88.99	393.55	1541898	17173	10566	78.27	0.07	2	0	2	10	10	7
4	85.42	384.42	1361026	16915	10183	71.42	0.1	8	0.01	8	10	10	7
5	48.96	404.68	1060999	23145	14208	59.21	0.46	8	0.01	8	7	10	5
6	82.19	477.24	1063554	17863	11559	68.31	0.08	4	0	4	10	7	7
7	145.8	560.64	3967990	27294	21637	85.22	0.4	5	0.04	5	10	10	7
8	65.3	263.67	625243	18271	13198	x	0.15	8	0.01	12	10	10	7

根据得到的标准吸引度值,由已知的12个影响因素逆推得到政府决策者最为关注的第7个影响因素指标值,即物流园区基础建设投资额。根据7.2节的逆推过程,其逆推结果化简得:

$$R+0.48\left[0.7\ln\frac{0.35}{R}+1.46\ln\frac{1.46}{R}+0.47\ln\frac{0.47}{R}+(R-3.64)\ln\frac{R-3.64}{R}\right]=$$
$$Z_8\left\{3.77+0.48\left[\frac{0.7}{R}\ln\frac{0.35}{R}+\frac{1.46}{R}\ln\frac{1.46}{R}+\frac{0.47}{R}\ln\frac{0.47}{R}+\frac{(R-3.64)}{R}\ln\frac{R-3.64}{R}\right]\right\}$$

(8-2)

式中,Z_8——新增节点的吸引度综合评价值;

$R=3.64+(x-59.21)/26.01$。

在计算投资额度的过程中,问题转换为求出式(8-2)的解即可得到投资额度的参考值。根据8.1.4.3节的演化结果,无权演化网络和加权演化网络标准吸引度值Z_8分别为50和100,由于这个方程式超出我们计算的范畴,根据目前所学的数学知识无法得到方程的解,只能借助数学软件Maple求解,又考虑到投资决策者对于物流园区的固定投资额的预算肯定是越少越好,故在计算结果中选取较小的值。计算得到:当无权演化网络标准吸引度值为50时,新建物流节点的投资额度为135.94亿元;当加权演化网络标准吸引度值为100时,新建物流节点的投资额度为193.94亿元。这个投资额度可以为决策者提供规划的预算依据。

8.2 深圳市货运网络拓扑结构优化

深圳未来将重点发展现代物流业,构建全球性物流枢纽城市。依托海陆空铁的综合运输优势,促进东西港区协调发展,加快构建多业态融合、信息化水平高、国际竞争力强的现代物流服务体系。以深圳港集装箱吞吐量稳定增长为基础,旨在提高港口物流集聚区的收益水平。大力提升深圳机场国际与国内货运枢纽地位,建设平湖公铁联运物流集聚区。大力发展国际采购、中转、分拨以及配送业务,加快形成以供应链服务企业为主体的物流服务企业群。推动物流信息化建设,打造南方信息交换中枢。

8.2.1 深圳市物流节点分布现状

将深圳市物流节点按照物流园区、物流中心及配送中心划分为三个层次。物流园区为一级节点,共 9 个节点;物流中心为二级节点,共 46 个节点;配送中心为三级节点,共 232 个节点。

由于三级节点数目巨大,这里仅列举一、二级节点相关信息,如表 8-36 所示。

表 8-36 深圳市物流园区和物流中心

一级节点				
编号	一级节点名称	横坐标 x	纵坐标 y	所属分区
1	前海湾物流园	113.8910	22.5020	南山区
2	盐田物流园	114.2656	22.5906	盐田区
3	大铲湾物流园	113.8668	22.5619	宝安区
4	机场航空物流园	113.8320	22.6449	宝安区
5	平湖物流园	114.1632	22.6371	龙岗区
6	龙华物流园	114.0591	22.6237	龙华新区
7	笋岗-清水河物流园	114.1199	22.5689	罗湖区
8	宝安物流园	113.8201	22.6306	宝安区
9	龙岗物流园	114.1669	22.6306	龙岗区
二级节点				
编号	二级节点名称	横坐标 x	纵坐标 y	所属分区
1	光明物流中心	113.9187	22.7900	光明新区

续表

编号	二级节点名称	横坐标 x	纵坐标 y	所属分区
2	光明德源建材物流中心	113.9377	22.7495	光明新区
3	深国际华通源物流中心	114.0530	22.6117	龙华新区
4	龙华名车广场华南物流中心	114.0616	22.6212	龙华新区
5	深圳中外运平湖物流中心	114.1546	22.6481	龙岗区
6	怡亚通供应链整合物流中心	114.1389	22.6553	龙岗区
7	越海华南物流中心	114.1197	22.6906	龙岗区
8	环球物流中心	114.1312	22.6819	龙岗区
9	百丽物流中心	114.1394	22.5975	龙岗区
10	大地物流	114.2839	22.7426	龙岗区
11	友信食品物流中心	114.1341	22.6659	龙岗区
12	美秦物流园	114.1387	22.6539	龙岗区
13	万泽物流中心	114.1706	22.6341	龙岗区
14	深圳嘉里盐田港物流中心	114.2762	22.5815	盐田区
15	现代物流中心	114.2645	22.5874	盐田区
16	香港大昌行(深圳)物流中心	114.2544	22.5893	盐田区
17	胜记仓亚洲货柜物流中心	114.2523	22.6024	盐田区
18	鑫通源物流服务中心	114.2545	22.5975	盐田区
19	国家物质储备局盐田港物流中心	114.2715	22.5822	盐田区
20	首兴物流中心松岗货运站	113.8722	22.7503	宝安区
21	首兴物流中心新安货运站	113.9160	22.5886	宝安区
22	保安邮政速递物流	113.8880	22.5888	宝安区
23	深圳宝安物流货运中心	114.0305	22.6592	宝安区
24	中通快递	113.9168	22.7804	宝安区
25	恒路物流中心	113.8901	22.6005	宝安区
26	圆通快递(深圳转运中心)	113.8073	22.6636	宝安区
27	银山物流中心	113.8344	22.6532	宝安区
28	宝运达物流中心	113.8912	22.5971	宝安区

续表

编号	二级节点名称	横坐标 x	纵坐标 y	所属分区
29	彩联物流中心	113.9367	22.5587	南山区
30	深国际西部物流中心	113.8914	22.5066	南山区
31	丰泽园仓储中心	113.9623	22.5710	南山区
32	网上天虹分拣中心	113.9902	22.5560	南山区
33	申通快递（深圳分拨中心）	113.9969	22.5516	南山区
34	海大装饰物流中心	113.9794	22.6283	南山区
35	深圳烟草物流中心	113.9522	22.5735	南山区
36	保利佐川物流中心	113.8931	22.5026	南山区
37	深圳市邮政局同城交换中心	113.9373	22.5554	南山区
38	招港集运中心	113.9064	22.4716	南山区
39	顺丰快递（梅林路营业部）	114.0505	22.5721	福田区
40	京东网上商城自提中心	114.0508	22.5517	福田区
41	德宝物流中心	114.0603	22.5130	福田区
42	深圳嘉里福田物流中心	114.0596	22.5082	福田区
43	EMS 华强北邮政速递营业中心	114.0940	22.5502	福田区
44	正佳物流中心	114.0509	22.5142	福田区
45	环宇国内货运代理中心	114.1202	22.5734	罗湖区
46	共发达物流中心	114.1131	22.5895	罗湖区

所有物流节点在地图上的位置分布如图 8-20 所示。

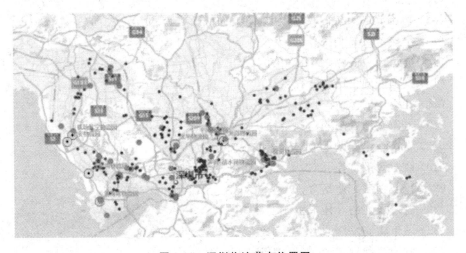

图 8-20　深圳物流节点位置图

8.2.2 深圳市物流节点吸引力影响因素指标体系

8.2.2.1 物流节点吸引力影响因素分析

本研究选择定性预测的德尔菲专家预测法,并采用背对背的通信方式征询专家小组成员的预测意见。经过几轮征询,专家小组的预测意见趋于集中,初步确定物流节点吸引力影响因素,形成专家调查问卷初始测评题项集。然后利用李克特表的七分制来表示被调查者对于所回答问题的赞同程度,确定物流节点吸引力影响因素如下:

(1) 物流节点所在行政区的人口规模(单位:万人);

(2) 物流节点所在行政区的生产总值(单位:亿元);

(3) 物流节点所在行政区的规模以上企业数(单位:个);

(4) 物流节点所在行政区社会消费品零售额(单位:万元);

(5) 物流节点所在行政区城镇居民年人均可支配收入(单位:元);

(6) 物流节点所在行政区城镇居民年人均消费支出(单位:元);

(7) 物流节点所在行政区物流基础建设投资额度(单位:亿元);

(8) 物流节点所在行政区物流需求集散地密度(用物流节点所在行政区内企业个数与分区土地面积的比值来表示)(单位:个/平方公里);

(9) 物流节点所在行政区产业结构和产业空间布局;

(10) 交通通达度;

(11) 分区环境影响评价;

(12) 优惠政策;

(13) 物流节点所在行政区土地可利用面积(单位:平方公里);

(14) 物流节点的类型;

(15) 物流节点的辐射半径(单位:公里);

(16) 交通基础设施依托程度;

(17) 距离运输企业的远近;

(18) 城市货运网络的布局结构;

(19) 城市货运网络运输的货类品种复杂性;

(20) 政府政策管控导向;

(21) 核心物流企业培育;

(22) 城市规划的具体指引;

(23) 城市物流发展的历史传承性;

(24) 物流节点货运量(单位:万吨);

(25) 交通运输设施的发展水平；

(26) 货运网络的网络规模；

(27) 城市货运网络的技术支持；

(28) 劳动力及生产力布局；

(29) 货物运输线路的合理性；

(30) 距离港口、机场及码头位置的远近；

(31) 消费需求；

(32) 成本因素（运输成本、营运成本、建筑成本、土地成本和固定成本）和非成本因素（原材料、劳动力及市场等）。

8.2.2.2 物流节点吸引力影响因素指标数据资料收集

根据确定的影响因素，将其依次命名为 $X_1, X_2, \cdots, X_{32}$。查阅《深圳市统计年鉴 2014》及相关资料得到如下数据：

X_1：物流节点所在行政区的人口规模（单位：万人）

把 55 个物流节点所在分区的人口规模作为指标。以机场航空物流园为例，其所在的宝安人口规模为 268.44 万人。

X_2：物流节点所在行政区的生产总值（单位：亿元）

把 55 个物流节点所在分区的生产总值作为指标。以机场航空物流园为例，其所在的宝安区生产总值为 2033.09 亿元。

X_3：物流节点所在行政区的规模以上企业数（单位：个）

把 55 个物流节点所在分区的规模以上企业数作为指标，以机场航空物流园为例，其所在的宝安区的规模以上企业数为 2075 个。

X_4：物流节点所在行政区社会消费品零售额（单位：万元）

把 55 个物流节点所在分区的社会消费品零售额作为指标，以机场航空物流园为例，其所在的宝安区社会消费品零售额为 614.09 万元。

X_5：物流节点所在行政区城镇居民年人均可支配收入（单位：元）

把 55 个物流节点所在分区的城镇居民年人均可支配收入作为指标，以机场航空物流园为例，其所在的宝安区的居民年人均可支配收入为 41763 元。

X_6：物流节点所在行政区城镇居民年人均消费支出（单位：元）

把 55 个物流节点所在分区的居民年人均消费支出作为指标，以机场航空物流园为例，其所在的宝安区的居民人均消费支出为 27997 元。

X_7：物流节点所在行政区物流基础建设投资额度（单位：亿元）

深圳市固定资产投资额为 24022691 万元，基础建设投资额为 6600600 万元，由此可计算出基础建设投资额占固定资产投资额的比例为 27.5%，用分区的固定投资额乘以比例，就可以得到基础建设投资额。以机场航空物流园为例，其所在的宝安区社会固定资产投资额为 426.41 亿元，乘以基建百分比 27.5% 可以得出该节点相关基建投资额为 117.26 亿元。

X_8：物流节点所在行政区物流需求集散地密度（单位：个/平方公里）

该指标用物流节点所在分区内企业个数与分区土地面积的比值来表示。

分别查找 55 个物流节点所在分区的企业个数和土地面积，以机场航空物流园为例，其所在的宝安区企业个数为 2075 个，土地面积为 398.38 平方公里，所以集散地密度为 5.2 个/平方公里。

X_9：物流节点所在行政区产业结构和产业空间布局

不同产业结构和空间布局对物流节点的影响不同，因此可以采用评分的方法对物流节点的产业结构进行评价，评分标准参考表 8-2。

以机场航空物流园为例，根据《深圳市宝安区现代物流业发展十二五规划》，查到宝安区内有以联邦快递、UPS 及 DHL 为代表的物流产业集群；以德国汉莎、翡翠航空为代表的航空运输产业集群；以美邦服饰为代表的服装产业集群；以中国环宇集团为代表的电力设备制造产业集群产业集群。综合考虑，宝安区的产业结构和产业空间布局指标得分为 6。

X_{10}：交通通达度

该指标用物流节点所在分区的道路面积率来衡量，查得深圳市人均道路面积为 10.8 平方米（10.8×10^{-6} 平方公里），根据公式：

$$道路面积率 = \frac{人均道路面积率 \times 分区人口数量}{分区土地面积}$$

即

$$道路面积率 = 人均道路面积率 \times 人口密度$$

计算 55 个物流节点所在分区道路面积率，将其作为指标。以机场航空物流园为例，其所在的宝安区分区人口密度为 6787 人/平方公里，所以道路面积率为 0.0733。

X_{11}：分区环境影响评价

一般来说，物流中心越远离市中心对城市生活影响越小，对环境影响越小，越环保。可采用评分标准来评分，评分标准见表 8-3。

X_{12}：优惠政策

深圳市以中心城区为核心，以西、中、东三条发展轴和南、北两条发展带为基本骨架，形成"三轴两带多中心"的轴带组团结构。以前海地区和沙井西部沿江地区为战略发展地区，以光明新城、龙华新城、大运新城、坪山新城、深圳湾地区和新大-龙岐湾地区为重点开发地区。

由于政策因素无直接量化指标，因此根据物流节点实际情况结合评分指标对物流节点政策因素影响进行评分，评分标准见表 8-4。以机场航空物流园为例，它所在的宝安区的优惠政策指标评分为10。

X_{13}：物流节点所在行政区土地可利用面积（单位：平方公里）

物流节点的建设需要占用大面积的土地，所以土地价格的高低和大面积土地的可获得性将直接影响物流节点的规模大小和功能。

X_{14}：物流节点的类型

物流节点分为一、二、三级节点，级别不同，节点吸引力不同，由于节点类型因素无直接量化指标，因此根据物流节点实际情况结合评分指标对物流节点类型因素影响进行评分，评分标准见表8-5。

X_{15}：物流节点的辐射半径（单位：公里）

物流节点可以对相邻区域的发展产生深刻的影响，这种影响由于节点规模的不同而不同，并随着距离的增加而逐渐有减弱的迹象。也就是说，节点对周边的辐射力也存在距离衰减。

X_{16}：交通基础设施依托程度

物流基础设施的内容主要包括物流节点的数量、位置和货运通道的布局等。不同布局的基础设施对物流节点的影响不同，因此可以采用评分的方法对物流节点交通基础设施依托程度进行评价，评分标准参考表8-6。

以机场航空物流园为例，机场航空物流园对交通基础设施的信息化水平、服务能力、支持能力、空间布局、功能完善、规划协调、资源整合以及建设水平都有较高的要求，其评分为20。

X_{17}：距离运输企业的远近

物流节点对运输设备的依赖程度很高，有些大型物流园区自行配备了大型运输器材和设施，但有些时候，出于成本考虑也会租用外部运输企业的设备，有些中小型物流节点则依托于专门的运输公司，因此，距离运输企业的远近会影响到物流节点的运作成本等，从而影响物流节点的吸引力。与运输企业的距离远近不同，则对物流节点的影响不同，因此可以采用评分的方法对物流节点距离运输企业的远近程度进行评价，评分标准参考表8-7。

以机场航空物流园为例，机场航空物流园依托深圳机场，有自己的大型运输设备，其园区内有多家物流企业，因此其评分为7。

X_{18}：城市货运网络的布局结构

城市货运网络的布局结构是否合理影响到节点的吸引力，每个节点受到货运网络的影响大小是不同的，评分标准参考表8-8。以机场航空物流园为例，机场园区作为大型物流节点，辐射范围较广，城市货运网络的布局结构完善，其自身选址因素和货运网络布局结构相互影响，因此其评分为7。

X_{19}：城市货运网络运输的货类品种复杂性

不同物流节点运输的货物品种具有差异，不同的物流节点会吸引不同类型的货物，而不同的货物也会受不同物流节点的吸引，因此，城市货运网络运输的货类品种复杂性对物流节点吸引力有影响，评分标准参考表 8-9。以机场航空物流园为例，它所在的宝安区的货类品种复杂性指标评分为 10。

X_{20}：政府政策管控导向

《深圳市现代物流业发展十二五规划》指出要重点推进园区物流中心和商贸物流中心两类专业物流中心建设，形成若干区域性、节点型物流中心和配送中心，加强配套物流服务专业化，强化物流产业的聚集功能，完善物流网络体系。实施"物流一体化服务网络工程"，鼓励有实力的物流企业以深圳为基地，以国内主要经济区域为重点，以大中型城市为节点，构筑覆盖全国的内陆物流网络。

政府政策对物流节点有着重要的影响，由于政策因素无直接量化指标，根据物流节点实际情况结合评分指标对物流节点政策因素影响进行评分，评分标准见表 8-10。以机场航空物流园为例，它所在的宝安区的政府政策管控导向指标评分为 10。

X_{21}：核心物流企业培育

根据《深圳市现代物流业发展十二五规划》，深圳市启动企业培育工程，大力培育优势企业，壮大龙头企业，实施"梧桐计划"和"榕树计划"，落实全市总部企业引进计划，引进国际知名物流企业设立中国业务总部、国内大型物流企业设立国际业务总部，培育发展本土大型企业集团总部，鼓励优势企业实施行业并购和重组，重点发展综合性物流、供应链管理、速递配送、仓储分拨、第三方物流、国际货代、信息服务、现代运输型、深圳基地海运和港口投资型等十大类 50 家大型物流总部企业，打造一批总资产过 100 亿元的综合型物流总部企业、总资产过 50 亿元的职能型物流总部企业和总资产过 10 亿元的成长型物流总部企业。做强中小企业，深入实施"榕树计划"，促进中小物流企业功能整合和服务延伸，支持参加全市中小企业上市培育计划、融资计划、产业链配套计划、人才与创新支持及市场开拓等专项计划，以及中小企业上市公司和拟上市公司总部基地建设计划，拓宽中小企业的融资渠道，支持提高物流技术水平，全面提升中小物流企业创新发展和快速成长的能力。按照国家级高新技术企业要求，支持现代物流企业申报国家级高新技术企业。

根据扶持力度不同制定的评分标准见表 8-11。以机场航空物流园为例，机场航空物流园属于市重点建设物流企业，核心物流企业培育指标评分为 10。

X_{22}：城市规划的具体指引

根据《深圳市城市总体规划 2010—2020 年》，综合考虑区域关系、资源条件、发展基础及生态环境约束等多种因素以及城市管理体制改革的需要，以初步形成的城市功能组团结构为基础,将全市地域空间划分为5个分区,即中心城区、西部滨海分区、中部分区、东部分区和东部滨海分区。每个分区由1~3个组团组合构成,实施差异化的发展策略。建立三级城市中心体系,包括2个城市主中心,即福田-罗湖中心和前海中心;5个城市副中心,即龙岗中心、龙华中心、光明新城中心、坪山新城中心和盐田中心;8个组团中心,即航空城、沙井、松岗、观澜、平湖、布吉、横岗和葵涌。依托区位优势,发挥现代物流业对城市经济的促进作用,把深圳建设成为华南地区重要的供应链管理基地和亚太地区具有重要影响力的物流枢纽城市。根据规划指引制定的评分标准见表8-12。

以机场航空物流园为例,宝安机场是一个具有海、陆、空联运的现代化航空港,是世界百强机场之一。深圳宝安国际机场作为中国大陆第六大航空港,目前已开通107条国际国内航线,可到达80余个国内国际城市和地区,是中国珠江三角洲地区重要的空运基地之一。机场航空物流园也将受到重视,其城市规划的具体指引指标评分为10。

X_{23}:城市物流发展的历史传承性

"深圳"地名因当地方言俗称田野间的水沟为"圳"、村落边有一条深水沟而得名。深圳早在2000年就把物流业作为四大支柱产业之一,明确了大力发展物流业的战略目标。经过多年发展,深圳以第三方物流企业和供应链管理企业为主体的现代物流体系已基本形成。根据历史传承性长短制定的评分标准见表8-13。

以机场航空物流园为例,深圳宝安国际机场于1991年正式通航,1993年成为国际机场,深圳机场航空物流园为深圳规划建设的四大物流园区之一,2004年7月物流园区投入使用,物流园区的建设使深圳机场航空货物处理能力大大提高,截至2018年,机场已使用14年,评分为5。

X_{24}:物流节点货运量(单位:万吨)

货运量是反映运输生产成果的指标,体现着运输业为国民经济服务的数量。物流节点的货运量大小在一定程度上反映了每个节点的吸引力。一般根据经验对各物流节点货运量进行分配,如机场物流园区的货运量为280万吨。

X_{25}:交通运输设施的发展水平

深圳现代物流业以大物流综合交通管理体制为保障,以海空双港为龙头,以物流园区为载体,以产业集群为依托,经受住了全球金融海啸冲击,实现了持续快速发展。深圳市港航运输、道路运输及航空运输等运输方式获得进一步发展,现代物流服务能力显著提升。海陆空运输网络进一步完善,物流园区建设进一步加快,物流信息化建设跃上新台阶,深港之间港航资本深度合作。为促进现代物流业发展,深圳市政府颁布了《关于加快深圳现代物流业发展的若干意见》,明确提出了促进现代物流业发展的项目认定、投资立项及用地优惠等政策。根据交通运输设施的发展水平制定的评分标准见表8-14。

以机场航空物流园为例,园区所在的宝安机场交通便捷,该机场是一个具有海、陆、空联运的现代化航空港,是世界百强机场之一。深圳宝安国际机场作为中国大陆第六大航空港,目前开通107条国际国内航线,可到达80余个国内国际城市和地区,是中国珠江三角洲地区重要的空运基地之一。机场外部有完备的外部道路网系统:东侧有广深高速公路、107国道及宝安大道,西侧有南北向的沿江高速,南侧有机场南机荷高速公路等。水运方面,西南侧有机场福永码头,南侧有承远码头。深圳海关对周转站采用新的监管模式,以空港信息平台系统为依托,空运舱单为主线,进出园区货物实现动态电子对账,对园区实行电子围网管理,闸口验放,进出境物流实现全程电子监控,规范了机场物流业的运作,方便企业货物的进出,提高了货物通关的效率,进一步强化深圳空港口岸的快速集散功能。因此,机场航空物流园的交通运输设施的发展水平指标评分为10。

X_{26}:货运网络的网络规模

深圳市充分考虑全市产业布局、大型交通基础设施建设,依据深圳市未来的城市主导发展方向和空间形态,按照深圳城市总体规划要求,结合全市现代物流业发展趋势,加快整合和盘活资源,强化集约与高效发展,加快形成现代物流业发展的"3521"空间布局。"3521"空间布局,即三个基地、五类园区、两类中心及一张网络。

依托区位及产业优势,大力推进临港物流总部基地、笋岗物流总部基地及临空物流总部基地,充分发挥总部基地的资源集聚及配置功能,实现物流海港、陆运与空运的协调发展。依托海港、陆路、航空与货运场站等交通基础设施,以优化整合为原则,完善园区功能,提高服务能力,重点布局5类9个物流园区。重点推进园区物流中心和商贸物流中心两类专业物流中心建设,形成若干区域性、节点型物流中心和配送中心,加强配套物流服务专业化,强化物流产业的聚集功能,完善物流网络体系。实施"物流一体化服务网络工程",鼓励有实力的物流企业以深圳为基地,以国内主要经济区域为重点,以大中型城市为节点,构筑覆盖全国的内陆物流网络。

深圳市货运网络规模较大,各节点在网络中所处的位置不同,受到的影响也不同,根据货运网络规模大小制定的评分标准见表8-15。

X_{27}:城市货运网络的技术支持

深圳市依托重大项目,落实重点任务,立足前瞻性、战略性要求,实施高端物流工程、物流创新工程、都市物流工程、物流枢纽工程以及物流设施工程等,全面提升深圳市物流质量。其中高端物流工程即按照"两高两新"的高端物流内涵要求,规划和实施一批高端物流工程,发挥示范和带动效应,促进现代物流业高端化发展,具体包括冷链物流工程、汽车物流工程、电子商务物流工程、供应链服务创新工程及前海高端物流聚焦工程。物流创新工程即加快物流技术与物流模式融合发展和推广应用,实施物流信息平台、产业联动、科技创新与低碳物流等四大创新工程。

在货运网络的技术支持下,深圳市货运网络功能更加完善,网络中的各物流节点也能更好地吸引货运,根据对货运网络技术支持大小制定的评分标准见表8-16。

X_{28}:劳动力及生产力布局

不同劳动力和生产力布局对物流节点的影响不同,因此可以采用评分的方法对物流节点劳动力和生产力布局进行评价,评分标准参考表8-17。

X_{29}:货物运输线路的合理性

深圳市将进一步加强交通枢纽建设,以空港、海港、铁路场站、公路场站和各类口岸等为依托,铁路、公路、水运和民航等多种运输方式相衔接,建立面向全球、辐射华南的交通运输网络体系,重点加强珠江三角洲城际轨道交通系统、高快速路系统等区域交通基础设施的衔接,鼓励航空、铁路和公路网络等大型区域交通基础设施的共建共享,提高深港都市区对珠江三角洲周边城市的辐射力。协调货运交通发展,本着"东进东出、西进西出"的原则,重点加强城市东西两翼疏港和过境货运通道建设,加强铁路货运设施建设,强化多式联运设施的供应,健全综合运输体系。规划建设公路货运站,提高零散货运交通的效率。

货物运输线路的合理性会影响运输成本,进而影响物流节点的吸引力,根据对货物运输线路的合理性制定的评分标准见表8-18。

X_{30}:距离港口、机场及码头位置的远近

物流节点的选址合理性直接影响着城市经济运行质量和城市综合竞争力,距离港口、机场及码头位置的远近可以在一定程度上反映物流节点选址的合理性和可达性。可达性又称通达性,是指利用特定交通系统从某一给定地点到达活动地点的便利程度。可达性是度量交通网络结构的重要指标,也是评价区域(或地点)获取发展机会和市场控制能力的有效指标之一。根据距离港口、机场和码头位置的远近制定的评分标准见表8-19。

X_{31}:消费需求

深圳市是我国的经济特区,是全国经济中心城市和国际化城市。深圳市是国家综合配套改革试验区,是实践自主创新和循环经济科学发展模式的示范区,是国家支持香港繁荣稳定的服务基地,是在"一国两制"框架下与香港共同发展的国际金融、贸易和航运中心,也是国家重要的综合交通枢纽和边境口岸。这些决定了深圳市具备发展以城市为节点依托、以增量为发展目标的辐射型物流业的条件。由于消费需求不同,企业或个人会选择不同规模的物流节点,消费需求会对物流节点吸引力产生影响,大型物流园区如机场航空物流园会吸引国际货物运输。根据消费需求不同制定的评分标准见表8-20。

X_{32}：成本因素（运输成本、营运成本、建筑成本、土地成本和固定成本）和非成本因素（原材料、劳动力及市场等）

物流节点的成本会影响它的正常运营，如物流节点的建设需要占用大面积的土地，所以土地价格的高低将直接影响物流节点的规模大小。有的区域鼓励物流企业的发展，对在当地建设物流节点予以鼓励支持，土地的获得就相对容易，地价及地价以外的其他土地交易费用也可能比较低。非成本因素如市场和劳动力也可能影响它的正常运营，从而影响物流节点的吸引度，综合考虑成本和非成本因素，制定的评分标准见表8-21。

8.2.2.3 建立物流节点吸引力影响因素指标体系

由于32个指标反映的吸引力信息有一定的重叠，利用SPSS软件数据处理技术及主成分分析法对32个指标做进一步的筛选。

1. 初始数据

输入一、二级节点数据，得到描述统计量（详细数据见表8-37）。

表8-37 描述统计量（样本量 $N=55$）

指标	极小值	极大值	均值	标准差
X_1/万人	21.26	268.44	151.0764	80.85543
X_2/亿元	408.51	3206.57	2033.8675	893.4904
X_3/个	61.00	2075.00	896.3273	712.75197
X_4/万元	53.31	1392.91	571.2098	367.88061
X_5/元	31709.00	54116.00	43213.3091	5941.14799
X_6/元	22098.00	35303.00	27487.9818	3359.51549
X_7/亿元	24.48	153.19	90.9996	44.96306
X_8/(个/平方公里)	0.80	5.20	3.2127	1.53612
X_9	1.00	15.00	5.3636	3.13501
X_{10}	0.03	0.18	0.0769	0.04367
X_{11}	1.00	3.00	2.4727	0.76629
X_{12}	2.00	10.00	5.4182	2.32292
X_{13}/平方公里	0.00	8.67	0.4912	1.43477
X_{14}	5.00	7.00	5.3273	0.74671
X_{15}/公里	17.00	96.00	33.5273	16.79159
X_{16}	14.00	20.00	16.9273	1.88419

续表

指标	极小值	极大值	均值	标准差
X_{17}	3.00	7.00	6.4545	1.05089
X_{18}	1.00	7.00	5.3273	1.62224
X_{19}	1.00	15.00	5.3636	3.13501
X_{20}	2.00	10.00	4.9091	1.51868
X_{21}	2.00	10.00	6.9455	2.06755
X_{22}	2.00	10.00	7.2545	2.35087
X_{23}	2.00	10.00	5.3636	2.48226
X_{24}/万吨	41.20	1500.00	218.5455	295.43911
X_{25}	2.00	10.00	7.7091	2.10531
X_{26}	5.00	10.00	7.6727	2.00050
X_{27}	5.00	10.00	7.6727	2.00050
X_{28}	1.00	15.00	5.3636	3.13501
X_{29}	2.00	10.00	6.8182	2.53925
X_{30}	1.00	7.00	4.4909	2.18473
X_{31}	5.00	10.00	7.8364	1.77183
X_{32}	5.00	10.00	6.4727	1.65389

2. 将数据进行标准化

使用描述统计功能，在原始变量的最后多了一列 Z 开头的新变量，这个变量就是标准化后的变量，如图 8-21 所示。

图 8-21 标准化后的变量

3. 求出 ZX1～ZX32 这 32 个指标的相关系数矩阵 R

使用软件中的变量相关性功能,得到两个变量的相关系数矩阵,由矩阵中两个变量间的相关性数值,可以得出以下结论:

X_1 与 X_2 在 0.01 水平(双侧)上显著相关;

X_1 与 X_3 在 0.01 水平(双侧)上显著相关;

X_1 与 X_7 在 0.01 水平(双侧)上显著相关;

X_1 与 X_8 在 0.01 水平(双侧)上显著相关;

……

由相关系数矩阵可以看出,32 个指标彼此存在一定的相关性,说明这 32 个指标反映的吸引力信息有一定的重叠。

4. 计算矩阵 R 的特征值,求特征值的贡献率和累积贡献率

其中,设 A 是 n 阶方阵,如果存在数 q 和非零 n 维列向量 x,使得 $Ax=qx$ 成立,则称 q 是 A 的一个特征值。在 SPSS 软件中使用因子分析功能,得到表 8-38。

表 8-38 解释的总方差

成分	初始特征值			提取平方和载入			旋转平方和载入		
	合计	方差百分比/(%)	累积贡献率/(%)	合计	方差百分比/(%)	累积贡献率/(%)	合计	方差百分比/(%)	累积贡献率/(%)
1	10.065	31.452	31.452	10.065	31.452	31.452	5.418	16.933	16.933
2	5.761	18.003	49.455	5.761	18.003	49.455	5.135	16.046	32.979
3	4.007	12.520	61.975	4.007	12.520	61.975	4.874	15.231	48.210
4	2.334	7.293	69.268	2.334	7.293	69.268	4.050	12.655	60.865
5	1.904	5.950	75.218	1.904	5.950	75.218	3.239	10.123	70.987
6	1.351	4.222	79.440	1.351	4.222	79.440	2.231	6.971	77.959
7	1.109	3.466	82.906	1.109	3.466	82.906	1.583	4.947	82.906
8	0.966	3.019	85.925						
9	0.804	2.512	88.437						
10	0.778	2.433	90.870						
11	0.515	1.610	92.480						
12	0.480	1.500	93.980						
13	0.423	1.321	95.301						

续表

成分	初始特征值			提取平方和载入			旋转平方和载入		
	合计	方差百分比/(%)	累积贡献率/(%)	合计	方差百分比/(%)	累积贡献率/(%)	合计	方差百分比/(%)	累积贡献率/(%)
14	0.380	1.187	96.488						
15	0.255	0.797	97.285						
16	0.208	0.651	97.936						
17	0.159	0.497	98.433						
18	0.154	0.482	98.915						
19	0.123	0.385	99.300						
20	0.081	0.253	99.553						
21	0.080	0.250	99.803						
22	0.031	0.097	99.900						
23	0.015	0.048	99.948						
24	0.010	0.030	99.978						
25	0.004	0.012	99.989						
26	0.002	0.006	99.995						
27	0.001	0.005	100.000						
28	4.897×10^{-16}	1.530×10^{-15}	100.000						
29	1.521×10^{-16}	4.752×10^{-16}	100.000						
30	5.840×10^{-17}	1.825×10^{-16}	100.000						
31	-1.371×10^{-17}	-4.284×10^{-17}	100.000						
32	-4.118×10^{-16}	-1.287×10^{-15}	100.000						

结论:根据特征值大于1的提取原则,有7个成分符合原则,并且前7个成分的累积贡献率为82.906%(见图8-22),即前7个成分所解释的方差占总方差的82.906%,用这7个成分来反映物流节点货运吸引力所损失的信息不多,所以这7个成分能够综合反映物流节点吸引力影响因素。

5.初始因子成分矩阵

建立因子分析模型的目的不仅是找出主因子,更重要的是知道每个主因子的意义。然而用上述方法求出的公因子解,各主因子的典型代表变量不是很突出,容易使

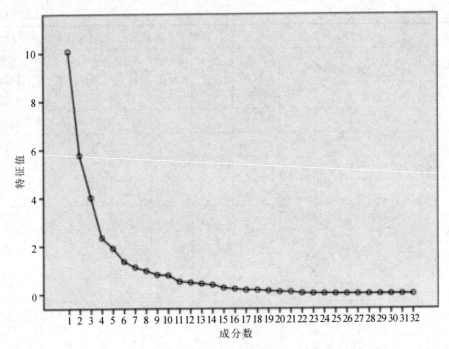

图 8-22 碎石图

因子的意义含糊不清,不便于对问题进行分析。因此选用最大方差正交旋转法对因子进行旋转。根据 SPSS 软件的因子分析功能得出初始因子成分矩阵,见表 8-39。

表 8-39 初始因子成分矩阵

	成分						
	1	2	3	4	5	6	7
$Zscore(X_1)$	−0.234	−0.268	0.854	−0.001	0.036	0.142	0.017
$Zscore(X_2)$	−0.244	0.407	0.579	0.253	0.327	0.095	0.209
$Zscore(X_3)$	−0.131	−0.504	0.762	0.023	0.130	−0.037	0.104
$Zscore(X_4)$	−0.280	0.822	0.436	−0.051	−0.045	0.117	0.037
$Zscore(X_5)$	−0.053	0.877	0.100	−0.126	0.201	−0.137	0.194
$Zscore(X_6)$	−0.163	0.887	0.269	−0.193	0.064	−0.053	0.098
$Zscore(X_7)$	−0.205	−0.543	0.604	0.257	0.099	0.251	0.036
$Zscore(X_8)$	−0.135	−0.364	0.705	0.184	0.253	−0.068	0.127
$Zscore(X_9)$	0.603	0.303	−0.246	0.499	0.434	0.094	−0.019

续表

	成分						
	1	2	3	4	5	6	7
Zscore(X_{10})	−0.224	0.838	0.243	−0.126	−0.124	0.163	−0.110
Zscore(X_{11})	0.151	−0.925	−0.001	0.079	0.057	−0.136	−0.061
Zscore(X_{12})	0.798	−0.044	0.175	0.191	−0.363	0.242	−0.039
Zscore(X_{13})	0.701	0.151	0.229	0.382	−0.199	−0.329	−0.054
Zscore(X_{14})	0.782	−0.022	0.359	0.082	−0.353	0.125	−0.011
Zscore(X_{15})	0.739	0.150	0.303	0.226	−0.197	−0.434	−0.025
Zscore(X_{16})	0.800	−0.035	0.221	−0.246	−0.100	0.017	0.017
Zscore(X_{17})	0.403	0.147	0.239	−0.569	0.372	−0.077	−0.198
Zscore(X_{18})	0.704	−0.190	−0.135	−0.192	0.039	0.031	0.611
Zscore(X_{19})	0.603	0.303	−0.246	0.499	0.434	0.094	−0.019
Zscore(X_{20})	0.657	−0.046	−0.003	0.280	−0.314	0.131	−0.091
Zscore(X_{21})	0.715	0.253	0.296	−0.210	0.103	0.201	−0.159
Zscore(X_{22})	0.654	−0.195	0.289	−0.254	0.209	0.167	−0.254
Zscore(X_{23})	−0.071	0.149	0.246	−0.198	0.192	−0.670	−0.051
Zscore(X_{24})	0.711	0.138	0.303	0.291	−0.223	−0.414	−0.031
Zscore(X_{25})	0.733	−0.177	−0.133	−0.204	0.033	0.033	0.585
Zscore(X_{26})	0.834	−0.094	−0.067	−0.299	0.183	0.029	−0.205
Zscore(X_{27})	0.834	−0.094	−0.067	−0.299	0.183	0.029	−0.205
Zscore(X_{28})	0.603	0.303	−0.246	0.499	0.434	0.094	−0.019
Zscore(X_{29})	0.745	−0.147	−0.124	−0.349	−0.051	−0.031	0.143
Zscore(X_{30})	0.521	0.325	−0.273	−0.056	−0.082	−0.002	0.067
Zscore(X_{31})	0.616	0.069	0.305	−0.157	0.069	0.171	0.014
Zscore(X_{32})	0.044	0.586	0.160	0.019	−0.518	0.174	0.035

6. 因子旋转

在表 8-39 的基础上,用最大方差正交旋转法对因子进行旋转,得出表 8-40。

表 8-40 旋转成分矩阵

	成分						
	1	2	3	4	5	6	7
Zscore(X_1)	0.096	0.081	0.024	0.875	−0.284	−0.117	−0.037
Zscore(X_2)	0.593	−0.139	−0.062	0.574	0.263	−0.029	0.100
Zscore(X_3)	−0.183	0.073	0.050	0.879	−0.228	0.022	0.116
Zscore(X_4)	0.956	−0.062	−0.004	0.133	−0.045	−0.164	0.024
Zscore(X_5)	0.846	0.007	−0.056	−0.167	0.200	0.101	0.313
Zscore(X_6)	0.939	0.027	−0.043	−0.064	0.009	−0.028	0.225
Zscore(X_7)	−0.254	−0.066	−0.025	0.844	−0.074	−0.095	−0.210
Zscore(X_8)	−0.101	−0.018	0.047	0.852	−0.013	0.003	0.167
Zscore(X_9)	0.032	0.172	0.233	−0.183	0.913	0.083	−0.062
Zscore(X_{10})	0.896	0.012	−0.020	−0.097	−0.074	−0.246	−0.054
Zscore(X_{11})	−0.897	0.071	0.061	0.290	−0.092	0.061	0.035
Zscore(X_{12})	−0.081	0.387	0.707	−0.007	0.125	0.173	−0.444
Zscore(X_{13})	0.012	0.156	0.860	−0.007	0.284	0.063	0.119
Zscore(X_{14})	0.002	0.447	0.742	0.109	0.013	0.197	−0.293
Zscore(X_{15})	0.038	0.253	0.874	0.006	0.176	0.128	0.248
Zscore(X_{16})	−0.040	0.654	0.479	−0.019	−0.004	0.316	−0.052
Zscore(X_{17})	0.162	0.780	−0.071	0.012	−0.003	0.048	0.325
Zscore(X_{18})	−0.205	0.323	0.205	−0.100	0.134	0.862	−0.060
Zscore(X_{19})	0.032	0.172	0.233	−0.183	0.913	0.083	−0.062
Zscore(X_{20})	−0.157	0.218	0.622	−0.121	0.189	0.077	−0.349
Zscore(X_{21})	0.242	0.749	0.329	0.019	0.189	0.093	−0.107
Zscore(X_{22})	−0.172	0.797	0.197	0.173	0.104	0.038	−0.062
Zscore(X_{23})	0.137	0.051	0.088	0.075	−0.115	−0.065	0.750
Zscore(X_{24})	0.026	0.199	0.891	0.024	0.189	0.100	0.209
Zscore(X_{25})	−0.199	0.355	0.223	−0.116	0.135	0.849	−0.063
Zscore(X_{26})	−0.230	0.801	0.245	−0.216	0.204	0.175	0.021
Zscore(X_{27})	−0.230	0.801	0.245	−0.216	0.204	0.175	0.021

续表

	成分						
	1	2	3	4	5	6	7
Zscore(X_{28})	0.032	0.172	0.233	−0.183	0.913	0.083	−0.062
Zscore(X_{29})	−0.224	0.565	0.276	−0.254	−0.009	0.478	−0.008
Zscore(X_{30})	0.145	0.243	0.269	−0.452	0.218	0.242	−0.058
Zscore(X_{31})	0.112	0.586	0.296	0.132	0.120	0.221	−0.110
Zscore(X_{32})	0.624	−0.076	0.349	−0.176	−0.187	−0.033	−0.295

注：旋转在 7 次迭代后收敛。

根据每一成分对应每个变量的系数（其中负号表示向量的维度方向相反），由旋转后的成分矩阵，得出旋转空间中的成分图（见图 8-23），可以有如下结论：

成分 1 主要反映的是 X_4、X_5、X_6、X_{10} 和 X_{11} 的影响；

成分 2 主要反映的是 X_{17}、X_{21}、X_{22}、X_{26} 和 X_{27} 的影响；

成分 3 主要反映的是 X_{12}、X_{13}、X_{14}、X_{15} 和 X_{24} 的影响；

成分 4 主要反映的是 X_1、X_3、X_7 和 X_8 的影响；

成分 5 主要反映的是 X_9、X_{19} 和 X_{28} 的影响；

成分 6 主要反映的是 X_{18}、X_{25} 的影响；

成分 7 主要反映的是 X_{23} 的影响。

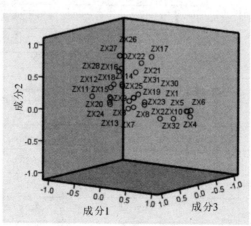

图 8-23　旋转空间中的成分图

7. 因子得分系数矩阵

使用 SPSS 软件的因子分析功能，利用 regression（回归法），得出因子得分系数矩阵即成分得分系数矩阵，见表 8-41。

表 8-41 成分得分系数矩阵

	成分						
	1	2	3	4	5	6	7
$Zscore(X_1)$	0.048	0.055	−0.002	0.219	−0.041	−0.008	−0.069
$Zscore(X_2)$	0.132	−0.051	−0.053	0.209	0.162	0.124	0.004
$Zscore(X_3)$	−0.009	0.010	0.010	0.222	−0.018	0.070	0.060
$Zscore(X_4)$	0.189	0.017	0.001	0.053	−0.019	0.003	−0.057
$Zscore(X_5)$	0.159	−0.022	−0.040	0.000	0.053	0.154	0.157
$Zscore(X_6)$	0.179	0.020	−0.021	0.006	−0.017	0.073	0.085
$Zscore(X_7)$	−0.016	0.001	−0.025	0.229	0.060	−0.004	−0.159
$Zscore(X_8)$	−0.003	−0.028	0.006	0.234	0.071	0.075	0.092
$Zscore(X_9)$	−0.010	−0.017	−0.041	0.033	0.329	−0.036	−0.023
$Zscore(X_{10})$	0.166	0.070	−0.003	−0.023	−0.049	−0.105	−0.102
$Zscore(X_{11})$	−0.175	−0.001	0.030	0.044	−0.003	−0.038	0.079
$Zscore(X_{12})$	0.014	0.009	0.137	0.011	−0.038	−0.029	−0.251
$Zscore(X_{13})$	−0.026	−0.102	0.266	−0.007	0.022	−0.068	0.147
$Zscore(X_{14})$	0.030	0.019	0.156	0.032	−0.082	−0.002	−0.158
$Zscore(X_{15})$	−0.020	−0.082	0.270	−0.012	−0.029	−0.030	0.231
$Zscore(X_{16})$	0.020	0.104	0.044	0.002	−0.084	0.057	−0.012
$Zscore(X_{17})$	0.023	0.281	−0.128	−0.003	−0.024	−0.101	0.178
$Zscore(X_{18})$	0.043	−0.098	−0.061	0.050	−0.008	0.548	−0.007
$Zscore(X_{19})$	−0.010	−0.017	−0.041	0.033	0.329	−0.036	−0.023
$Zscore(X_{20})$	−0.023	−0.025	0.148	−0.027	−0.003	−0.080	−0.179
$Zscore(X_{21})$	0.061	0.207	−0.038	0.026	0.013	−0.096	−0.089
$Zscore(X_{22})$	−0.025	0.255	−0.072	0.045	0.014	−0.164	−0.048
$Zscore(X_{23})$	−0.028	−0.003	0.097	−0.023	−0.052	−0.036	0.505
$Zscore(X_{24})$	−0.023	−0.098	0.283	−0.008	−0.021	−0.042	0.207
$Zscore(X_{25})$	0.042	−0.086	−0.059	0.044	−0.011	0.528	−0.009
$Zscore(X_{26})$	−0.046	0.217	−0.055	−0.052	0.012	−0.107	0.033
$Zscore(X_{27})$	−0.046	0.217	−0.055	−0.052	0.012	−0.107	0.033

续表

	成分						
	1	2	3	4	5	6	7
Zscore(X_{28})	−0.010	−0.017	−0.041	0.033	0.329	−0.036	−0.023
Zscore(X_{29})	−0.009	0.068	−0.014	−0.052	−0.085	0.179	0.028
Zscore(X_{30})	0.034	−0.003	0.025	−0.092	0.003	0.078	−0.016
Zscore(X_{31})	0.053	0.125	−0.030	0.063	0.003	0.040	−0.082
Zscore(X_{32})	0.138	−0.054	0.129	−0.049	−0.139	0.011	−0.208

8. 物流节点综合得分及排序

通过总得分公式计算深圳市物流节点综合得分并根据得分高低进行排序，公式如下：

(1) 总得分＝成分1的方差贡献率×成分1的得分＋成分2的方差贡献率×成分2的得分＋成分3的方差贡献率×成分3的得分＋成分4的方差贡献率×成分4的得分＋成分5的方差贡献率×成分5的得分＋成分6的方差贡献率×成分6的得分＋成分7的方差贡献率×成分7的得分。

(2) 成分的得分 FAC＝$X_1 \times a_1 + X_2 \times a_2 + \cdots + X_n \times a_n$（$X_n$ 为标准化后的值，a_n 为成分在成分得分系数矩阵中的系数）。

其中，成分的方差贡献率为旋转后的方差贡献率，可以通过 SPSS 软件的因子分析得出，见表8-38。因子的得分可以在 SPSS 软件中直接得出。

9. 建立物流节点吸引力影响因素指标体系

主成分分析法中，主成分个数提取的原则为主成分对应的特征值大于1，取前 m 个主成分，即特征值在某种程度上可以被看成是表示主成分影响力度大小的指标，如果特征值小于1，说明该主成分的解释力度还不如直接引入一个原变量的平均解释力度大，因此一般将主成分对应的特征值大于1作为纳入标准。

从旋转成分矩阵（见表8-40）可知 X_4、X_5、X_6、X_{10} 和 X_{11} 在第1主成分上有较高载荷，说明第1主成分基本反映了社会消费品零售额、居民年人均可支配收入、居民年人均消费支出、交通通达度及分区环境影响评价等指标的信息；X_{17}、X_{21}、X_{22}、X_{26} 及 X_{27} 在第2主成分上有较高载荷，说明第2主成分基本反映了距离运输企业的远近、核心物流企业培育、城市规划的具体指引、货运网络的网络规模以及城市货运网络的技术支持等指标的信息；X_{12}、X_{13}、X_{14}、X_{15} 和 X_{24} 在第3主成分上有较高载荷，说明第3主成分基本反映了优惠政策、规划面积、类型、辐射半径和货运量等指标的信息；X_1、X_3、X_7 及 X_8 在第4主成分上有较高载荷，说明第4主成分基本反映了人口规模、规模以上企业数、物流基础建设投资额度以及物流需求集散地密度等指标的信息；X_9、X_{19} 及 X_{28} 在第 5 主成分上有较高载荷,说明第 5 主成分基本反映了物流节点的产业结构和产业空间布局、城市货运网络运输的货类品种复杂性和劳动力及生产力布局这些指标的信息；X_{18}、X_{25} 在第 6 主成分上有较高载荷,说明第 6 主成分基本反映了城市货运网络的布局结构、交通运输设施的发展水平的信息；X_{23} 在第 7 主成分上有较高载荷,说明第 7 主成分基本反映了城市物流发展的历史传承性的信息。

每个成分中系数越大的因子在该成分中占据的因子载荷越大,去除其他对主成分影响较小的因子,结合专家分析法,选取每个成分中载荷最大的几种因子作为节点吸引度计算的因素指标,提取的 15 个因素如下:

X_1:物流节点所在行政区人口规模(单位:万人);

X_3:物流节点所在行政区的规模以上企业数(单位:个);

X_4:物流节点所在行政区社会消费品零售额(单位:万元);

X_5:物流节点所在行政区城镇居民年人均可支配收入(单位:元);

X_7:物流节点所在行政区物流基础建设投资额度(单位:亿元);

X_8:物流节点所在行政区物流需求集散地密度(单位:个/平方公里);

X_9:物流节点所在行政区产业结构和产业空间布局;

X_{10}:交通通达度;

X_{12}:优惠政策;

X_{14}:物流节点的类型;

X_{17}:距离运输企业的远近;

X_{21}:核心物流企业培育;

X_{23}:城市物流发展的历史传承性;

X_{25}:交通运输设施的发展水平;

X_{26}:货运网络的网络规模。

10. 量表效度的检验

对量表效度的检验主要是通过内容效度、结构效度、关联效度三个方面来衡量的。经检验,各因素标准值与总得分构成的量表效度较好。

8.2.3 深圳市初始货运拓扑网络演化模型建立

8.2.3.1 深圳市货运拓扑网络无权演化

参照第 5 章建立的无权演化模型对深圳市的节点网络进行初始化,导入节点的坐标和吸引度,运行程序后得到如图 8-24 所示的节点连接情况。由于节点太多,只能截取部分图,第一、二列数据分别表示连接成边的节点序号,第三列数据表示节点间的连接概率。

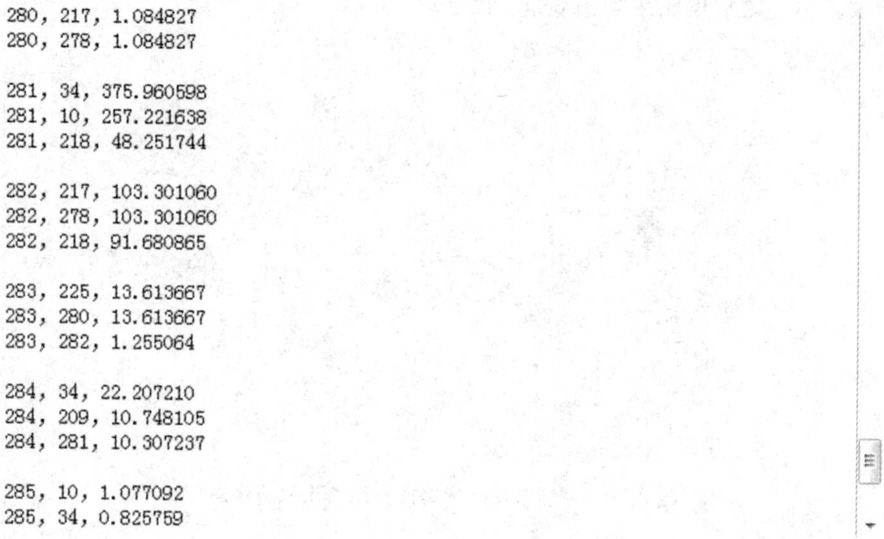

```
280, 217, 1.084827
280, 278, 1.084827

281, 34, 375.960598
281, 10, 257.221638
281, 218, 48.251744

282, 217, 103.301060
282, 278, 103.301060
282, 218, 91.680865

283, 225, 13.613667
283, 280, 13.613667
283, 282, 1.255064

284, 34, 22.207210
284, 209, 10.748105
284, 281, 10.307237

285, 10, 1.077092
285, 34, 0.825759
```

图 8-24 程序运行结果部分截图

由设计程序输出节点连接概率的 txt 文件，部分截图如图 8-25 所示。

```
source, target, weight
2, 1, 60.989276
3, 1, 1951.874931
3, 2, 50.938637
4, 3, 987.501033
4, 1, 334.793909
4, 2, 41.923767
5, 2, 690.299362
5, 1, 94.652091
5, 3, 93.434214
6, 5, 786.004891
6, 3, 212.193315
6, 1, 201.110099
7, 5, 1331.868267
7, 6, 1296.593964
7, 2, 400.804061
8, 4, 23091.624334
8, 3, 1167.391477
8, 1, 373.386709
9, 5, 144199.249395
9, 7, 1321.236323
9, 2, 700.370211
10, 4, 69.130924
10, 8, 56.176539
10, 6, 41.692783
11, 10, 366.552074
```

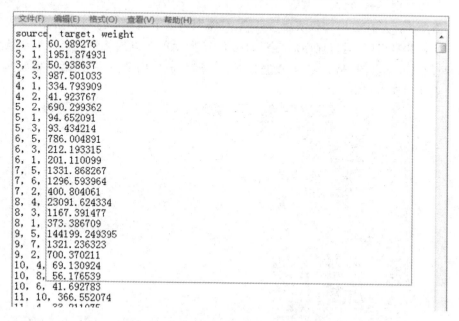

图 8-25 节点连接关系的 txt 文件部分截图

然后将导出的 txt 文件转化为 csv 文件导入 Gephi 中，进行网络节点的动态演化。再使用Gephi导出网络节点要素和边要素的shapefile数据，并导入Arcgis中，对边要素分层之后的结果如图8-26所示。

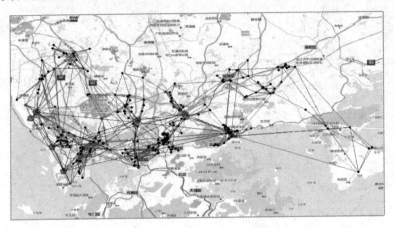

图 8-26　深圳市初始货运拓扑网络无权演化图

8.2.3.2　深圳市货运拓扑网络加权演化

1. 加权演化模型一

参照第5章建立的加权演化模型一，对深圳市的节点网络进行初始化，导入节点的坐标和吸引度，运行程序后得到如图8-27所示的节点连接情况。由于节点太多，只能截取部分图，第一、二列数据分别表示连接成边的节点序号，第三列数据表示节点间的连接权重。

节点24与节点151连接,权重10.114
节点24与节点153连接,权重1.19887
节点24与节点157连接,权重26.7534
节点24与节点158连接,权重25.6085
节点24与节点177连接,权重1.154
节点25与节点26连接,权重120.084
节点25与节点27连接,权重18.7339
节点25与节点134连接,权重1.42098
节点25与节点138连接,权重1.30811
节点25与节点142连接,权重1.21953
节点25与节点144连接,权重1.154
节点26与节点27连接,权重29.8787
节点26与节点129连接,权重15.8993
节点26与节点135连接,权重22.6332
节点26与节点140连接,权重1.55477
节点26与节点143连接,权重11.9346
节点26与节点147连接,权重1.32795
节点26与节点149连接,权重1.22975
节点26与节点154连接,权重1.154
节点27与节点129连接,权重19.7193
节点27与节点140连接,权重1.46984
节点27与节点143连接,权重9.48347
节点29与节点196连接,权重1.51284
节点29与节点203连接,权重1.154
节点30与节点31连接,权重170.211

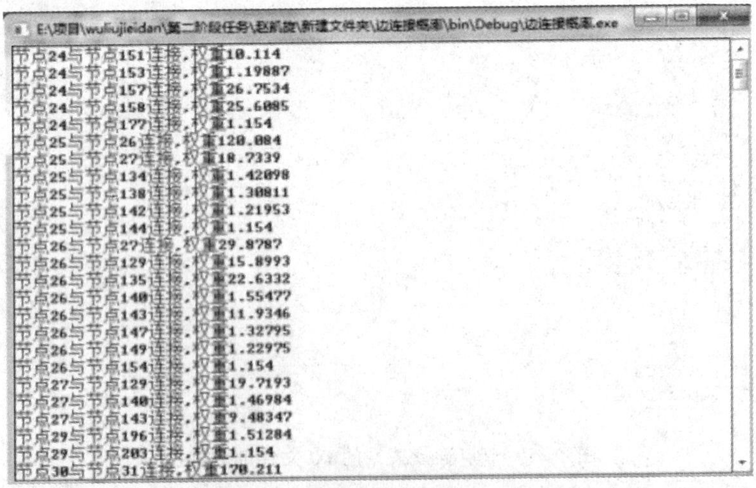

图 8-27　程序运行结果部分截图

由设计程序输出节点连接关系的 txt 文件，再将导出的 txt 文件转化为 csv 文件，如图 8-28 所示。

	A	B	C	D
1	source	target	weight	f2
2	1	2	3751.53	1
3	1	3	1028.87	1
4	1	4	138.768	1
5	1	5	866.122	1
6	1	6	112.08	1
7	1	7	216.174	1
8	1	8	18.2549	1
9	1	10	95.9283	2
10	1	11	16.899	2
11	1	12	34.9742	2
12	1	29	5.18442	2
13	1	30	49.6411	2
14	1	31	98.723	2
15	1	32	12.974	2
16	1	33	22.4207	2
17	1	34	35.3977	2
18	1	35	1.63627	2
19	1	38	51.2892	2

图 8-28　csv 文件截图

然后将导出的 csv 文件导入 Arcgis 中，进行网络节点的演化，如图 8-29 所示。

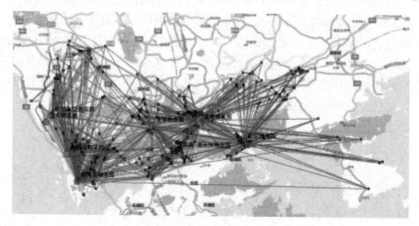

图 8-29　深圳市初始货运拓扑网络加权演化模型一图示

2. 加权演化模型二

（1）货运网络初始状态设置。

参照第 5 章建立的加权演化模型二，随机将少数物流节点数据先导入复杂网络分析软件 Gephi 中，布局方式采用 Geolayout（地理布局）。然后在 Gephi 的图形工作区里定义边的连接状态并连接节点对，在数据资料栏里对边的权重赋值，最后得到初始网络连接状态，如图 8-30 所示。

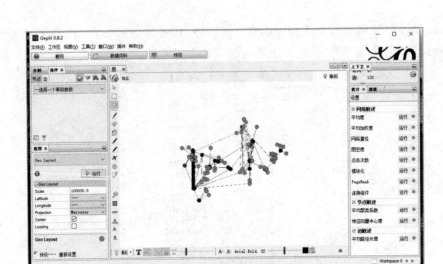

图 8-30 初始网络(Gephi 里边的粗细代表权重大小)

(2) 基于 GUI 界面的货运网络动态可视化过程。

在构建深圳市货运网络时,物流节点加入顺序大致上遵从物流园区、物流中心、配送中心依次配置的原则。在货运网络中,考虑到各级别物流节点的规模、功能、辐射范围存在较大的差异,一级节点作为运输的端点节点度 k_{max} 设置最大,三级节点作为配送的末端节点度 k_{max} 最小,二级节点度 k_{max} 介于二者之间。在代码中,一级节点度 k_{max} 为 15,二级节点度 k_{max} 为 10,三级节点度 k_{max} 为 5。将剩余的物流节点分先后顺序加入网络中,在 Matlab 自带的 GUI 界面里可以得到各个节点加入后网络拓扑结构演化的示意图,然后导入 Arcgis 中,如图 8-31 所示。

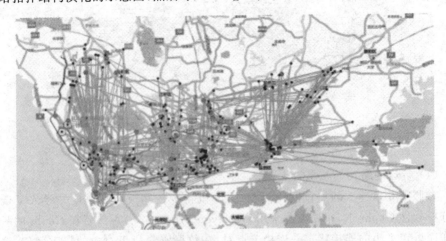

图 8-31 深圳市初始货运拓扑网络加权演化模型二图示

3.加权演化模型三

为了使演化模型尽可能符合深圳市货运网络的真实过程,参照第五章建立的加权演化模型三,按照演化规则调整顺序将物流节点逐一加入演化网络中,算法及演化结果如下。

为便于直观感受动态演化历程,将演化过程分为六个阶段,如图 8-32 所示。

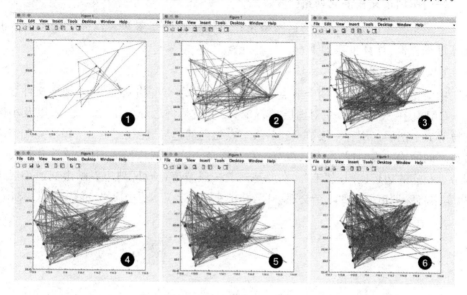

图 8-32　演化分阶段展示

阶段六与深圳市地图对接后演化示意图,如图 8-33 所示。

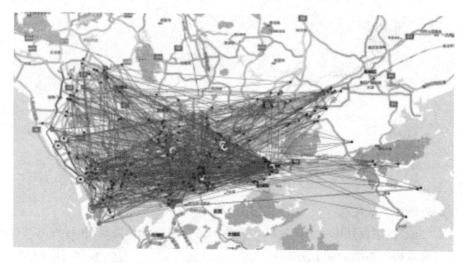

图 8-33　深圳市初始货运拓扑网络加权演化模型三图示

8.2.4 深圳市货运网络拓扑结构优化

8.2.4.1 深圳市货运网络拓扑结构各参数指标分析

(一) 深圳市无权演化网络

运用第 6 章的公式计算货运网络拓扑结构初始网络参数。以拥堵因子参数的计算过程为例,计算步骤如下:

1. 定义网络图层,导入网络

由演化模型得到连接两个节点的网络图,另存为 dwg 格式文件,并把该文件导入 AutoCAD。在 AutoCAD 里对图层进行定义:主要是将之分为主、次、支、末以及小区图层等五个图层。所有一级节点和一级节点之间的边形成图层"主",一级节点和二级节点之间的边形成图层"次",二级节点和二级节点之间的边形成图层"支",凡是与三级节点相连的边形成图层"末"。在此基础上按照城市行政区划边界画出交通小区边界,本书将深圳市分为 830 个交通小区,并把小区边界定义为图层"zone",如图 8-34 所示。

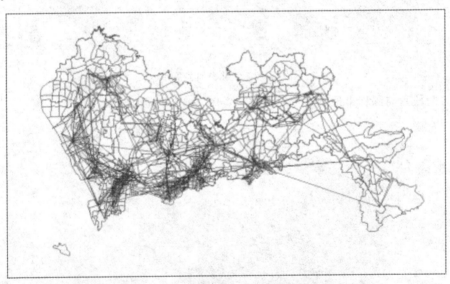

图 8-34　货运拓扑网络和交通小区叠加图(TransCAD 中的 map1)

2. 网络边属性输入

在"line"图层属性中输入车速(int 类型)、通行能力(int 类型)和行程时间(real 类型),输入情况如图 8-35 所示。

Dataview1 - line

ID	Length	Dir	Layer	Handle	[车速]	[通行能力]
684	1319.40	0	深圳2节点演化末图层	902799	20	800
699	1631.39	0	深圳2节点演化末图层	902844	20	800
472	491.86	0	深圳2节点演化末图层	902163	20	800
354	1349.11	0	深圳2节点演化次图层	901809	40	2400
461	1279.22	0	深圳2节点演化支图层	902130	30	1200
469	1480.34	0	深圳2节点演化末图层	902154	20	800
471	1429.34	0	深圳2节点演化末图层	902160	20	800
470	498.84	0	深圳2节点演化末图层	902157	20	800
352	349.64	0	深圳2节点演化次图层	901803	40	2400
357	14826.95	0	深圳2节点演化次图层	901818	40	2400
360	16856.26	0	深圳2节点演化次图层	901827	40	2400
421	3726.05	0	深圳2节点演化支图层	902010	30	1200
422	970.00	0	深圳2节点演化支图层	902013	30	1200
432	6536.08	0	深圳2节点演化支图层	902043	30	1200
433	6104.12	0	深圳2节点演化支图层	902046	30	1200
462	4463.24	0	深圳2节点演化支图层	902133	30	1200
477	629.29	0	深圳2节点演化末图层	902178	20	800
478	3836.22	0	深圳2节点演化末图层	902181	20	800
479	4381.04	0	深圳2节点演化末图层	902184	20	800

图 8-35 网络边属性

3. 建立型心连杆

以“101”“102”“103”“104”“105”“106”…“927”“928”“929”及“930”的形式对830个交通小区进行编号。在线层和点层属性中加入“小区编号”，并通过小区ID与面层相连。建立型心连杆（见图8-36），型心连杆以“末”的属性输入，即车速20、通行能力800。

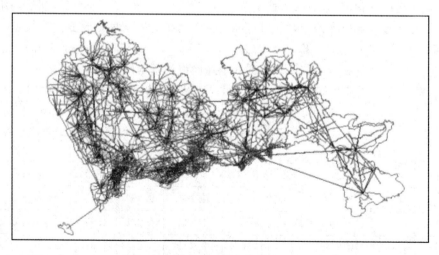

图 8-36 型心连杆

4. 计算阻抗矩阵,形成 OD 分布期望线图

根据行程时间计算阻抗矩阵。以货运量作为小区交通发生量和吸引量,并导入 TransCAD 中。打开阻抗矩阵,更改矩阵索引为小区 ID,从而形成 OD 分布期望线图,如图 8-37 所示。

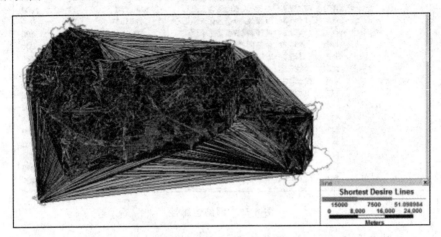

图 8-37 OD 分布期望线图

5. 进行交通分配,计算网络拥堵因子

打开 OD 分布矩阵,更改索引为节点 ID,从而形成交通分配数据,并计算车速与通行能力之比(VC 比),也可以画出流量图直观表示网络流量。

通过更改演化模型的代码,即更改每个节点连接其他节点的个数(初始网络的每个节点连接其他节点的个数为 3),可以改变网络的平均度。改变演化模型代码中每个节点连接节点的个数,分别改为 4、5、6、7、8、11 和 16,从而得到节点不变、网络结构类型不变的具有不同平均度的 8 个新网络的基本网络参数,如表 8-42 所示。

表 8-42 不同节点连接个数的深圳市货运网络拓扑结构初始网络参数(无权演化)

节点连接个数 n	节点数 N	边数 K	平均度 $\langle k \rangle$	聚类系数 C	网络直径 D	平均路径长度 L	全局有效性 E	局部有效性 E_{lo}	系统总费用 TC	拥堵因子 J
3	287	855	5.958	0.58	9	4.737	0.211	1.724	855	0.043
4	287	1138	7.93	0.597	8	4.203	0.239	1.675	1138	0.038
5	287	1420	9.895	0.612	8	3.833	0.261	1.634	1420	0.023
6	287	1701	11.854	0.619	8	3.605	0.277	1.616	1701	0.011
7	287	1981	13.805	0.628	6	3.376	0.296	1.592	1981	0.008

续表

节点连接个数 n	节点数 N	边数 K	平均度 $\langle k \rangle$	聚类系数 C	网络直径 D	平均路径长度 L	全局有效性 E	局部有效性 E_{lo}	系统总费用 TC	拥堵因子 J
8	287	2260	15.749	0.638	6	3.205	0.312	1.567	2260	0.006
11	287	3091	21.54	0.651	6	2.891	0.346	1.536	3091	0.003
16	287	4456	31.052	0.67	5	2.558	0.391	1.493	4456	0.001

(二)深圳市加权演化网络

运用加权网络演化模型一,通过更改演化模型的代码,即更改每个节点连接其他节点的个数(这里初始网络的每个节点连接其他节点的个数为3),可以改变网络的平均度。改变演化模型代码中每个节点连接节点的个数,分别改为4、5、6、7、8、11和16,从而得到节点不变、网络结构类型不变的具有不同平均度的8个新网络的基本网络参数,如表8-43所示。

表8-43 不同节点连接个数的深圳市货运网络拓扑结构初始网络参数(加权演化)

节点连接个数 n	节点数 N	边数 K	平均度 $\langle k \rangle$	聚类系数 C	网络直径 D	平均路径长度 L	全局有效性 E	系统总费用 TC	拥堵因子 J
3	287	855	5.958	0.818	5	2.688	0.372	855	0.0257
4	287	1138	7.930	0.824	4	2.538	0.394	1138	0.0193
5	287	1420	9.895	0.840	4	2.35	0.425	1420	0.0141
6	287	1701	11.854	0.849	4	2.219	0.450	1701	0.01269
7	287	1981	13.805	0.851	4	2.119	0.471	1981	0.00808
8	287	2260	15.749	0.851	3	2.071	0.482	2260	0.00619
11	287	3091	21.540	0.860	3	1.974	0.506	3091	0.00421
16	287	4456	31.052	0.861	3	1.898	0.526	4456	0.00359

8.2.4.2 深圳市货运拓扑网络最优平均度选择

(一)深圳市无权演化网络

分析表8-44得出,在平均度等于5.958时,无权网络的两个评价参数R_1和R_3最优。故可以推出,在无权演化模型下,深圳市货运拓扑网络的最优平均度为5.958。

表 8-44　深圳市无权演化网络计算参数

平均度 $\langle k \rangle$	全局有效性 E	平均路径长度 L	系统总费用 TC	拥堵因子 J	计算参数 R_1 $E/(L \times TC)$	计算参数 R_3 $E/(L \times J \times TC^3)$
5.958	0.211104074	4.737	855	0.0433	0.000052123	0.00000000164667
7.93	0.237925291	4.203	1138	0.0379	0.000049744	0.00000000101348
9.895	0.260892252	3.833	1420	0.0233	0.000047933	0.00000000102024
11.854	0.27739251	3.605	1701	0.0112	0.000045236	0.00000000139591
13.805	0.296208531	3.376	1981	0.00758	0.000044291	0.00000000148892
15.749	0.31201248	3.205	2260	0.0062	0.000043076	0.00000000136028
21.54	0.345901072	2.891	3091	0.00324	0.000038708	0.00000000125044
31.052	0.390930414	2.558	4456	0.00135	0.000034297	0.00000000127947

(二)深圳市加权演化网络

分析表 8-45 得出,在平均度等于 5.958 时,加权网络的两个评价参数 R_1 和 R_3 最优。故可以推出,在加权演化模型下,深圳市货运拓扑网络的最优平均度为 5.958。

表 8-45　深圳市加权演化网络计算参数

平均度 $\langle k \rangle$	全局有效性 E	平均路径长度 L	系统总费用 TC	拥堵因子 J	计算参数 R_1 $E/(L \times TC)$	计算参数 R_3 $E/(L \times J \times TC^3)$
5.958	0.37202381	2.688	855	0.0257	0.000161873	0.00000000861609
7.93	0.394011032	2.538	1138	0.0193	0.000136419	0.00000000545799
9.895	0.425531915	2.35	1420	0.0141	0.000127519	0.00000000448518
11.854	0.450653447	2.219	1701	0.01269	0.000119394	0.00000000325170
13.805	0.471920717	2.119	1981	0.00808	0.000112423	0.00000000354547
15.749	0.482858522	2.071	2260	0.00619	0.000103165	0.00000000326305
21.54	0.506585613	1.974	3091	0.00421	0.000083025	0.0000000206408
31.052	0.52687039	1.898	4456	0.00359	0.000062296	0.00000000087393

8.2.5 确定新建物流节点的吸引度

8.2.5.1 确定深圳市新建物流节点

(一)深圳本身经济发展的要求

物流业是深圳四大支柱产业之一,然而现阶段的深圳市内货运物流配送还存在诸般问题,物流资源的分散造成了资源难以有效开发和合理利用。深圳市物流资源集中是相对国内城市而言,放到国际发展物流业的大气候中比较仍然存在资源分散和利用不合理的问题。深圳市的物流企业不仅数量少,规模小,资源分散,难以形成一定的竞争力,而且相互之间缺乏关联,缺乏信息沟通,缺乏统一的协调和合理的调度。资源分散还表现为,大批功能单一的运输仓储企业和各种性质的货代企业群雄并起,这些小规模的企业犹如群蚁啃骨头,用最原始的服务方式瓜分着物流市场。

(二)货运网络拓扑结构优化的要求

1. 费效比最低原则

从网络参数数据表中可以明显地看出,网络费用小的,其拥堵因子是较大的;而网络费用高的,其拥堵因子是较小的。费用和畅通之间是相互矛盾的,因此我们应该在满足一定的畅通条件下,使网络费用最少才符合当前的价值观。并且从全局有效性可以得到,当节点数为3时,此时的费用最低,但其拥堵因子过大,为减小其拥堵因子,应新增一级节点。

2. 网络均衡性的要求

从3节点的演化图可以知晓,深圳的货运网络大多在沿海附近的福田、罗湖、盐田及宝安等区,在这几个区,货运网络十分发达,货运线路密集。但是深圳新设的四个区,光明新区、龙华新区和坪山新区等位置相对靠近内陆,并没有设置物流园区,因此为了提高整个网络的均衡性,应当新增物流节点。

鉴于以上问题,深圳市新建物流节点已经显得迫在眉睫,拟在光明新区新建一个光明物流园区。光明物流园区选址具体理由如下:

(1) 光明新区区位优势明显,距离宝安国际机场、蛇口港区和大铲湾港区约25分钟车程。龙大高速公路横贯东西,并与南光高速、机荷高速公路、梅观高速公路及广深高速公路相连,与福田中心区、东莞等珠三角主要城市中心形成便捷高效的"半小时交通圈"。

(2)《深圳市土地利用总体规划(2006—2020年)》明确指出从严控制新增建设用地供应,未来新增建设用地主要利用方向包括保障城市战略性重点发展地区建设,特别是前海、光明和坪山等地区;保障城市市政设施、公共配套及保障性住房等民生用地供应,加大宝安片区、龙岗片区、光明片区以及坪山片区的民生基础设施建设,促进特区一体化。

(3)土地资源优势。在光明新区156.1平方公里的土地上,可建用地为58.01平方公里,其中未建用地为32.45平方公里,给经济社会发展留下了较为充足的空间。

(4)区位优势。光明新区处于穗深港产业轴上的重要节点,是深圳连接珠三角城市群的重要门户之一。周边交通发达,与香港、福田中心区、蛇口港、宝安国际机场以及东莞等都处于"半小时交通圈"内,到广州约一小时。广深港客运专线在光明新区设站,将大大缩短光明新区与香港、珠三角主要城市的时空距离,提升光明新区在港深大都会乃至港深莞穗发展带的地位,并使新区有条件成为承接香港、辐射东莞的专业先进制造业和生产性服务业中心,以及深圳市重要的交通枢纽之一。

(5)《深圳市城市总体规划(2010—2020年)》将光明新城中心定位为城市的五个副中心之一,并指出光明新城位于中部发展轴和莞深港区域性产业聚合发展走廊上,是深圳市的重点开发对象,同时光明新区也是深圳市西部高新组团的重要组成部分,是市级高新技术产业基地和生态型都市农业基地。

8.2.5.2 新建物流节点吸引度确定

根据上面的判断,深圳新增区域附近确实存在较大的发展潜力,所以拟新建一个一级物流园区(光明物流园区)。目前除投资额度以外的其他数据都是可查的,所以投资额度即园区规模等级是城市决策者最难做出合理决策的环节。

根据深圳市货运网络拓扑结构的优化方法可以得出城市货运拓扑网络的最优连接情况,而连接情况又跟很多节点影响因素有关。这里通过试算法,得到一个最优的新加节点吸引度,再根据计算得到的吸引度求解出投资额度,这个投资额度就是本书确定的最优最合理的投资额度。

(一)深圳市无权演化网络

考虑到现有的9个一级节点的吸引度在100.52965～129.725505范围内,因此为新加节点预设了100、105、110、115、120和130等6个吸引度,代入无权演化模型,得到6个新网络,这6个新网络的网络参数如表8-46所示。

表8-46　加入具有不同吸引度新节点的拓扑网络参数(深圳市无权演化)

新加节点 建议吸引度	节点数 N	边数 K	平均度 $\langle k \rangle$	聚类 系数 C	网络 直径 D	平均路 径长度 L	全局有 效性 E	局部有 效性 E_{lo}	系统总 费用 TC
初始网络	287	855	5.958	0.58	9	4.737	0.211	1.7241	855
吸引度100	288	858	5.958	0.58	9	4.760	0.210	1.7241	858

续表

新加节点建议吸引度	节点数 N	边数 K	平均度 $\langle k \rangle$	聚类系数 C	网络直径 D	平均路径长度 L	全局有效性 E	局部有效性 E_{lo}	系统总费用 TC
吸引度105	288	858	5.958	0.58	9	4.760	0.210	1.7241	858
吸引度110	288	858	5.958	0.58	9	4.760	0.210	1.7241	858
吸引度115	288	858	5.958	0.58	9	4.760	0.210	1.7241	858
吸引度120	288	858	5.958	0.58	9	4.760	0.210	1.7241	858
吸引度130	288	858	5.958	0.58	9	4.760	0.210	1.7241	858

从表 8-46 可以发现，当吸引度发生改变时，全局有效性并没有明显改变。据此猜测新加入节点不会影响原有节点的布局形态和相关参数。

为验证猜测，在演化程序中设定不同节点连接个数，为新加节点预设不同吸引度值进行了多次重复试验，具体网络演化参数如表 8-47 所示。

表8-47 节点连接个数和吸引度不同的新网络参数表（深圳市无权演化）

连接个数 n	吸引度 Z	节点数 N	边数 K	平均度 $\langle k \rangle$	聚类系数 C	网络直径 D	平均路径长度 L	全局有效性 E	局部有效性 E_{lo}	系统总费用 TC
3	0	288	858	5.958	0.579	9	4.764	0.210	1.727	858
	5	288	858	5.958	0.580	9	4.760	0.210	1.724	858
	50	288	858	5.958	0.580	9	4.760	0.210	1.724	858
	100	288	858	5.958	0.580	9	4.760	0.210	1.724	858
	130	288	858	5.958	0.580	9	4.760	0.210	1.724	858
6	0	288	1707	11.854	0.618	8	3.599	0.278	1.618	1707
	5	288	1707	11.854	0.618	8	3.603	0.278	1.618	1707
	50	288	1707	11.854	0.618	8	3.603	0.278	1.618	1707
	100	288	1707	11.854	0.618	8	3.603	0.278	1.618	1707
	130	288	1707	11.854	0.618	8	3.603	0.278	1.618	1707
15	0	288	4200	29.167	0.665	5	2.618	0.382	1.504	4200
	5	288	4200	29.167	0.665	5	2.618	0.382	1.504	4200
	50	288	4200	29.167	0.665	5	2.618	0.382	1.504	4200
	100	288	4200	29.167	0.665	5	2.618	0.382	1.504	4200
	130	288	4200	29.167	0.665	5	2.618	0.382	1.504	4200

续表

连接个数 n	吸引度 Z	节点数 N	边数 K	平均度 $\langle k \rangle$	聚类系数 C	网络直径 D	平均路径长度 L	全局有效性 E	局部有效性 E_{lo}	系统总费用 TC
3	2000	288	858	5.958	0.580	9	4.760	0.210	1.724	858
	6000	288	858	5.958	0.580	9	4.760	0.210	1.724	858
	1	288	858	5.958	0.580	9	4.760	0.210	1.724	858

由此可以得到深圳市无权演化网络的特性：(1)在连接相同点数的情况下，不管吸引度是多少，只会影响以新加节点为起点的节点的连接概率，并不影响其他节点的连接概率，从而导致相关参数不发生改变；(2)在保持相同吸引度条件下的，改变连接点数，不仅引起其他节点的连接概率的改变，也会造成相关参数的改变。投资额应尽量小，因此吸引度按照新节点预设最小的吸引度值 100 计算。

(二)深圳市加权演化网络

从表 8-48 可以发现，当吸引度在 100～130 范围内发生改变时，全局有效性并没有明显改变。

表 8-48　加入具有不同吸引度新节点的拓扑网络参数(深圳市加权演化)

新加节点建议吸引度	节点数 N	边数 K	平均度 $\langle k \rangle$	聚类系数 C	网络直径 D	平均路径长度 L	全局有效性 E	局部有效性 E_{lo}	系统总费用 TC
初始网络	287	855	5.958	0.813	5	2.74	0.3649635	1.2300123	855
吸引度 100	288	858	5.958	0.813	5	2.74	0.3649635	1.2300123	858
吸引度 105	288	858	5.958	0.813	5	2.74	0.3649635	1.2300123	858
吸引度 110	288	858	5.958	0.813	5	2.74	0.3649635	1.2300123	858
吸引度 115	288	858	5.958	0.813	5	2.74	0.3649635	1.2300123	858
吸引度 120	288	858	5.958	0.813	5	2.74	0.3649635	1.2300123	858
吸引度 130	288	858	5.958	0.813	5	2.74	0.3649635	1.2300123	858

扩大节点的吸引度范围，调整为 5、50、100、150、200 及 250 六个吸引度，计算各类参数，如表 8-49 所示。

从表 8-49 得出随着吸引度的变化，参数会有些许变化。分析发现，当节点连接个数 $n=3$ 时网络优化程度最优，而我们新加入的节点必须要大幅度提高吸引度才能提高全局有效性。由于投资额应尽量小，因此吸引度按照最小的 100 计算。

8 城市货运网络拓扑结构优化案例分析

表8-49 调整吸引度后网络参数(深圳市加权演化)

吸引度	节点数 N	边数 K	平均度 $\langle k \rangle$	聚类系数 C	网络直径 D	平均路径长度 L	全局有效性 E	局部有效性 E_{lo}	系统总费用 TC
5	288	858	5.958	0.813	5	2.74	0.3649635	1.2300123	858
50	288	858	5.958	0.813	5	2.74	0.3649635	1.2300123	858
100	288	858	5.958	0.813	5	2.74	0.3649635	1.2300123	858
150	288	858	5.958	0.813	5	2.74	0.3649635	1.2300123	858
200	288	858	5.958	0.815	5	2.722	0.3673769	1.2269939	858
250	288	858	5.958	0.815	5	2.722	0.3673769	1.2269939	858

8.2.6 新建物流节点投资额度确定

以现有节点一级物流节点影响因素指标值为依据,再根据深圳市光明新区物流园的实际情况,分别估算出除投资额度之外其他影响因素的指标值(见表8-50)。

表8-50 深圳市各一级节点的影响因素指标值

一级物流节点	X_1 /万人	X_3 /个	X_4 /万元	X_5 /元	X_7 /亿元	X_8/(个/平方公里)	X_9	X_{10}	X_{12}	X_{14}	X_{17}	X_{21}	X_{23}	X_{25}	X_{26}
1	110.85	758	593.79	48361	91.3	4.1	15	0.0651564	10	7	7	10	5	10	10
2	21.26	61	53.31	42224	25.3	0.8	10	0.0309528	10	7	7	10	5	10	10
3	268.44	2075	614.09	41763	117.26	5.2	5	0.0732996	10	7	7	10	5	10	10
4	268.44	2075	614.09	41763	117.26	5.2	4	0.0732996	10	7	7	10	5	10	10
5	192.69	1002	475.48	38324	153.19	2.6	6	0.054162	10	7	10	10	5	10	10
6	140.86	763	202.86	33035	90.43	4.3	6	0.0872532	10	7	7	10	5	10	10
7	93.64	132	924.38	46418	24.48	1.7	8	0.1291248	10	7	7	10	5	10	10
8	268.44	2075	614.09	41763	117.26	5.2	6	0.0732996	10	7	7	10	5	10	10
9	192.69	1002	475.48	38324	153.19	2.6	6	0.054162	10	7	7	10	2	10	10
10	49.18	576	86.57	31709	x	3.7	7	0.0344844	10	7	5	10	5	7	7

可以看到表8-50最后一行新节点的影响因素中有一个未知的x,这个未知的影响因素就是要计算的物流园区基础建设投资额。根据确定的标准吸引度值,就可以逆推得到这个投资额。

根据得到的标准吸引度值,由已知的14个影响因素逆推得到政府决策者最为

关注的影响因素指标值,即物流园区基础建设投资额。根据 7.2 节的逆推过程,其逆推结果化简得:

$$R+0.43\left(0.52\ln\frac{0.52}{R}+2.16\ln\frac{2.16}{R}+\ln\frac{1}{R}+0.51\ln\frac{0.51}{R}+(R-5.2)\ln\frac{R-5.2}{R}\right)=$$
$$Z_{10}\left\{2.13+0.43\left[\frac{0.52}{R}\ln\frac{0.52}{R}+\frac{2.16}{R}\ln\frac{2.16}{R}+\frac{1}{R}\ln\frac{1}{R}+\frac{0.51}{R}\ln\frac{0.51}{R}+\frac{R-5.2}{R}\ln\frac{R-5.2}{R}\right]\right\}$$
(8-3)

其中,Z_{10}——新增节点的吸引度综合评价值;

$R=3.64+(x-59.21)/26.01$。

在计算投资额度的过程中,问题转换为求出式(8-3)的解即可得到投资额度的参考值。根据 8.2.5.2 节的演化结果,无权和加权演化网络标准吸引度值 Z_{10} 均为 100,借助数学软件 Maple 求解,最终得到新建物流节点的基础建设投资额 x 为 337.25 亿元。这个投资额度可以为决策者规划建设新的物流节点提供预算依据。

8.3 佛山市货运网络拓扑结构优化

佛山市是制造业大市,也是广东省的第三经济大市,为制造业服务的物流业是现代产业体系的重要构成,标志着一个区域产业发展的现代化水平。物流也是地方经济发展的强大后勤保障系统。在地方经济发展过程中,合理高效的物流系统对地方经济的快速循环起着基础性的保障作用。在区域发展中,如果没有发达的物流体系作为保障,生产出来的产品就会堆积在狭小的空间内难以实现其价值,导致区域经济运转中断,进而影响到经济的发展。

8.3.1 佛山市物流节点分布现状

将佛山市物流节点按照物流园区、物流中心及配送中心划分为三个层次。物流园区为一级节点,共 6 个节点;物流中心为二级节点,共 28 个节点;配送中心为三级节点,共 130 个节点。由于三级节点数目巨大,这里仅列举一、二级节点相关信息,如表 8-51 所示。

表 8-51 佛山市物流园区和物流中心

一级节点				
编号	一级节点名称	横坐标 x	纵坐标 y	所属分区
1	九江物流园区	113.0080	22.9177	南海区
2	三山物流园区	113.2425	23.0420	南海区

续表

编号	一级节点名称	横坐标 x	纵坐标 y	所属分区
3	黄岐物流园区	113.2021	23.1227	南海区
4	三水物流园区	112.9124	23.2142	三水区
5	高明沧江物流园区	112.8703	22.8963	高明区
6	顺德物流园区	113.3286	22.7582	顺德区
二级节点				
编号	二级节点名称	横坐标 x	纵坐标 y	所属分区
1	敦豪物流中心	113.1997	23.1475	南海区
2	佛山市安信物流中心	113.1501	23.0843	南海区
3	现通物流中心	113.1338	23.1592	南海区
4	安能物流广佛分拨中心	113.1628	23.2337	南海区
5	佛山市通储物流中心	113.1830	23.0619	南海区
6	苏宁南海物流中心	112.9775	23.1137	南海区
7	亚洲国际物流中心	113.0612	22.8958	顺德区
8	细滘物流中心	113.2772	22.7443	顺德区
9	山九华南物流中心	113.3606	22.8154	顺德区
10	汇集家具物流中心	113.0935	22.9061	顺德区
11	广东永旺物流中心	113.2066	23.0022	顺德区
12	中粮我买网华南物流中心	113.3571	22.8127	顺德区
13	五洲通物流中心	113.0866	23.0334	禅城区
14	东江龙有色金属物流中心	113.1255	22.9978	禅城区
15	德邦物流	113.1076	23.0553	禅城区
16	建朗物流中心	113.0901	22.9993	禅城区
17	佛山宏博陶瓷物流中心	113.0122	23.0339	禅城区
18	中腾物流城	113.0530	23.0224	禅城区
19	圣通物流配送中心	112.8327	23.0946	三水区
20	宏德公司物流中心	112.8741	23.1729	三水区
21	景光物流佛山三水分公司	112.8518	23.1957	三水区

续表

编号	二级节点名称	横坐标 x	纵坐标 y	所属分区
22	新邦物流	112.8520	23.1957	三水区
23	日日顺物流	112.9893	23.2578	三水区
24	申通快递	112.8703	22.8963	高明区
25	顺丰快递	112.8650	22.9058	高明区
26	国通快递	112.8569	22.9118	高明区
27	韵达快递	112.8461	22.8946	高明区
28	腾信物流城	112.8695	22.9731	高明区

所有物流节点在地图上的位置分布如图 8-38 所示。

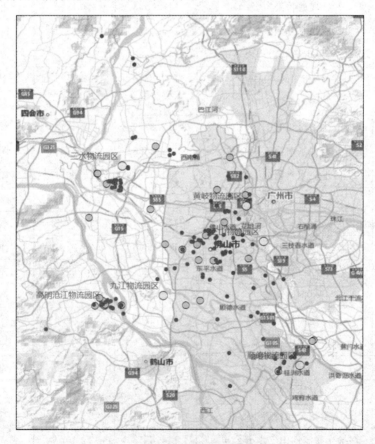

图 8-38 佛山市物流节点位置图

8.3.2 佛山市物流节点吸引力影响因素指标体系

8.3.2.1 物流节点吸引力影响因素分析

本研究选择定性预测的德尔菲专家预测法，并采用背对背的通信方式征询专家小组成员的预测意见。经过几轮征询，专家小组的预测意见趋于集中，初步确定物流节点吸引力影响因素，形成专家调查问卷初始测评题项集。然后利用李克特表的七分制来表示被调查者对于所回答问题的赞同程度，确定物流节点吸引力影响因素如下：

(1) 物流节点所在行政区的人口规模(单位:万人)；
(2) 物流节点所在行政区的生产总值(单位:亿元)；
(3) 物流节点所在行政区的规模以上企业数(单位:个)；
(4) 物流节点所在行政区社会消费品零售额(单位:万元)；
(5) 物流节点所在行政区城镇居民年人均可支配收入(单位:元)；
(6) 物流节点所在行政区城镇居民年人均消费支出(单位:元)；
(7) 物流节点所在行政区物流基础建设投资额度(单位:亿元)；
(8) 物流节点所在行政区的土地面积(单位:平方公里)；
(9) 物流节点所在行政区物流需求集散地密度(用物流节点所在行政区内企业个数与分区土地面积的比值来表示)(单位:个/平方公里)；
(10) 物流节点所在行政区产业结构和产业空间布局；
(11) 交通通达度；
(12) 分区环境影响评价；
(13) 优惠政策；
(14) 物流节点所在行政区土地可利用面积(单位:平方公里)；
(15) 物流节点的类型；
(16) 物流节点的辐射半径(单位:公里)；
(17) 交通基础设施依托程度；
(18) 距离运输企业的远近；
(19) 城市货运网络的布局结构；
(20) 城市货运网络运输的货类品种复杂性；
(21) 政府政策管控导向；
(22) 核心物流企业培育；
(23) 城市规划的具体指引；
(24) 城市物流发展的历史传承性；

(25)物流节点货运量(单位:万吨);
(26)交通运输设施的发展水平;
(27)货运网络的网络规模;
(28)城市货运网络的技术支持;
(29)劳动力及生产力布局;
(30)货物运输线路的合理性;
(31)距离港口、机场及码头位置的远近;
(32)消费需求;
(33)成本因素(运输成本、营运成本、建筑成本、土地成本和固定成本)和非成本因素(原材料、劳动力及市场等)。

8.3.2.2 物流节点吸引力影响因素指标数据资料收集

根据确定的影响因素,将其依次命名为 X_1、X_2、…、X_{33}。查阅《佛山市南海区统计年鉴2015》及相关资料得到如下数据:

X_1:物流节点所在行政区的人口规模(单位:万人)

根据34个物流节点(一级和二级节点,余同)所在分区的人口规模作为指标。以三山物流园区为例,其所在的南海区人口规模为263.9万人。

X_2:物流节点所在行政区的生产总值(单位:亿元)

根据34个物流节点所在分区的生产总值作为指标。以三山物流园区为例,其所在的南海区生产总值为2172.44亿元。

X_3:物流节点所在行政区的规模以上企业数(单位:个)

根据34个物流节点所在分区的规模以上企业数(一般以年产量作为企业规模的标准,国家对不同行业的企业都制定了一个规模要求,达到规模要求的企业就称为规模以上企业)作为指标。以三山物流园区为例,其所在的南海区规模以上企业数为2274个。

X_4:物流节点所在行政区社会消费品零售额(单位:万元)

根据34个物流节点所在分区的社会消费品零售额作为指标,以三山物流园区为例,其所在的南海区社会消费品零售额为7344094万元。

X_5:物流节点所在行政区城镇居民年人均可支配收入(单位:元)

根据34个物流节点所在分区的城镇居民年人均可支配收入作为指标,以三山物流园区为例,其所在的南海区的居民年人均可支配收入为39843元。

X_6:物流节点所在行政区城镇居民年人均消费支出(单位:元)

根据34个物流节点所在分区的居民年人均消费支出作为指标,以三山物流园区为例,其所在的南海区的年人均消费支出为30855元。

X_7：物流节点所在行政区物流基础建设投资额度（单位：亿元）

根据统计年鉴资料，以三山物流园区为例，其所在的南海区物流基础建设投资额为 237 亿元。

X_8：物流节点所在行政区的土地面积（单位：平方公里）

查佛山市南海区相关资料，得到 34 个物流节点所在行政区的土地面积，以三山物流园区为例，其所在的南海区土地面积为 1073.82 平方公里。

X_9：物流节点所在行政区物流需求集散地密度（单位：个/平方公里）

该指标用物流节点所在分区内企业个数与分区土地面积的比值来表示。

由指标 3 和指标 8 可知物流节点所在行政区的企业个数和区域土地面积，以三山物流园区为例，其所在的南海区企业个数为 2274 个，土地面积为 1073.82 平方公里，所以集散地密度为 2.12 个/平方公里。

X_{10}：物流节点所在行政区产业结构和产业空间布局

不同产业结构和空间布局对物流节点的影响不同，因此可以采用评分的方法对物流节点的产业结构进行评价，评分标准参考表 8-2。

以三山物流园区为例，根据《佛山物流园区总体规划》，三山物流园区周边的产业主要分布着机电类企业、建材装饰型企业、日用品及服装企业和化工类企业等物流产业群。综合考虑，南海区的产业结构和产业空间布局指标得分为 7。

X_{11}：交通通达度

该指标用物流节点所在分区的道路面积率来衡量，道路面积率是指建成区内道路（道路指有铺装的宽度在 5.5 米以上的路，不包括人行道）面积与建成区面积之比。查得南海区人均道路面积为 13.58 平方米（13.58×10^{-6} 平方公里），根据公式：

$$道路面积率 = \frac{人均道路面积率 \times 分区人口数量}{分区土地面积}$$

即

$$道路面积率 = 人均道路面积率 \times 人口密度$$

以三山物流园区为例，其所在的南海区分区人口密度为 2458 人/平方公里，所以道路面积率为 0.0334。

X_{12}：分区环境影响评价

一般来说，物流中心越远离市中心对城市生活影响越小，对环境影响越小，越环保。可采用评分标准来评分，评分标准见表 8-3。

查阅资料，因为三山物流园区位于三山岛，因此相对离市中心较远，对城市生活影响比较小，参考表 8-3 指标打分，可得三山物流园区的评分为 3 分。

X_{13}：优惠政策

由于政策因素无直接量化指标，因此根据物流节点实际情况结合评分指标对物流节点政策因素影响进行评分,评分标准见表 8-4。

以三山物流园区为例,查《佛山物流园区总体规划》得知,南海三山物流园区位于佛山市的东部、广佛都市圈的中部,总面积约 12 平方公里,也是佛山市唯一一个区域性国际物流园区。由以上条件可知,三山物流园区的优惠政策因素评分为 10 分。

X_{14}:物流节点所在行政区土地可利用面积(单位:平方公里)

物流节点在建设时需要占用大面积的土地,因此土地价格的高低和土地的可获得性将直接影响物流节点的规模大小和功能。以三山物流园区为例,其规划面积是 12 平方公里。

X_{15}:物流节点的类型

物流节点分为一、二、三级节点,级别不同,节点吸引力不同,由于节点类型因素无直接量化指标,因此根据物流节点实际情况结合评分指标对物流节点类型因素影响进行评分,评分标准见表 8-5。

因为三山物流园区的规模和服务能力等各个方面都是比较高的,综合各种因素可得三山物流园区的物流节点类型为一级节点,相对应的分值为 7 分。

X_{16}:物流节点的辐射半径(单位:公里)

一个物流节点对周边的影响程度主要是由该物流节点的辐射范围或服务半径来反映的,因此物流节点的辐射半径是一个非常重要的指标。

X_{17}:交通基础设施依托程度

物流基础设施的内容主要包括物流节点的数量、位置和货运通道的布局等。不同布局的基础设施对物流节点的影响不同,因此可以采用评分的方法对物流节点交通基础设施依托程度进行评价,评分标准参考表 8-6。

以三山物流园区为例,三山岛位于佛山市两纵两横骨干航道的其中一个交叉点处,即东平水道与陈村水道交汇处,与珠江口内陆地区水运联系十分密切,距香港水路 96 海里,距澳门水路 92 海里。港区北边的东平水道是西江航运干线的组成部分,为西江通往广州的水运捷径,也是北江通往广州的必经之路,因此三山物流园区的交通条件是非常优越的,综合各项因素可得其评分为 20。

X_{18}:距离运输企业的远近

物流节点对运输设备的依赖程度很高,有些大型物流园区自行配备了大型运输器材和设施,但有些时候,出于成本考虑也会租用外部运输企业的设备,有些中小型物流节点则依托于专门的运输公司,因此,距离运输企业的远近会影响到物流节点的运作成本等,从而影响物流节点的吸引力。与运输企业的距离远近不同,则对物流节点的影响不同,因此可以采用评分的方法对物流节点距离运输企业的远近程度进行评价,评价分标准参考表 8-7。

以三山物流园区为例,三山物流园区的地理条件非常优越,交通条件十分便利,并且拥有自己的大型运输设备,其园区内有多家物流企业,因此其评分为7。

X_{19}:城市货运网络的布局结构

城市货运网络的布局结构是否合理影响到节点的吸引力,每个节点受到货运网络的影响是不同的,评分标准参考表8-8。以三山物流园区为例,三山物流园区作为大型物流节点,辐射范围较广,且周边的交通十分便利,运输网络相当优越,运输网络布局相对比较合理,因此其评分为7。

X_{20}:城市货运网络运输的货类品种复杂性

不同物流节点运输的货物品种具有差异,不同的物流节点会吸引不同类型的货物,而不同的货物也会受不同物流节点的吸引,因此,城市货运网络运输的货类品种复杂性对物流节点吸引力有影响,评分标准参考表8-9。

以三山物流园区为例,三山物流园区主要承担南海以及周边地区的物资转运功能,在这里的进口物资多以废五金、废塑料及橡胶木方等生产原料为主;出口则基本是陶瓷、家具与家电等工业制成品。因此综合各种因素可得三山物流园区的货类品种复杂性指标评分为9。

X_{21}:政府政策管控导向

《佛山市城市总体规划》中介绍:要重点推进澜石片区的整体改造;加强对佛山国家高新技术开发区和三山国际物流园区的改造建设,并对三山物流园区进行重点建设;改造祖庙地区、禅桂交界地区。

政府政策对物流节点有着重要的影响,由于政策因素无直接量化指标,因此根据物流节点实际情况结合评分指标对物流节点政策因素影响进行评分,评分指标见表8-10。以三山物流园区为例,由于该物流园区是佛山市重点建设的园区,因此其政府政策管控导向指标评分为10。

X_{22}:核心物流企业培育

根据《广东省佛山市政府网公布的相关工作方案》,佛山将建设11个重点物流园区,并推动传统物流业向现代物流业转变,以及制造业与物流业融合发展,有效降低物流成本。重点建设的11个物流园区包括禅城城北商贸物流园区、南海三山物流园区及里水物流园区等。

根据扶持力度不同制定的评分标准见表8-11。以三山物流园区为例,三山物流园区属于市核心建设物流企业,评分为10。

X_{23}:城市规划的具体指引

根据规划指引制定的评分标准见表8-12。佛山市重点建设的11个物流园区中,三山物流园区受到重视,其评分为10。

X_{24}:城市物流发展的历史传承性

根据历史传承性长短制定的评分标准见表8-13。

三山物流园区的前身是南海国际船舶代理有限公司,成立于1997年,是交通运输部核准的全资国有企业。该物流园区是中国船舶代理协会会员,广州报关协会副会长单位,广东南海出入境检验检疫局代理报检单位,目前是佛山市最大的船代和货物代理报关报检企业。因此三山物流园区评分为10。

X_{25}:物流节点货运量(单位:万吨)

货运量是反映运输生产成果的指标,体现着运输业为国民经济服务的数量。物流节点的货运量大小在一定程度上反映了每个节点的吸引力。以三山物流园区为例,该物流园区的货运量为945万吨。

X_{26}:交通运输设施的发展水平

根据交通运输设施的发展水平制定的评分标准见表8-14。

以三山物流园区为例,在水路方面,三山岛位于佛山市两纵两横骨干航道的其中一个交叉点处,即东平水道与陈村水道交汇处,与珠江口内陆地区水运联系十分密切,距香港水路96海里,距澳门水路92海里。港区北边的东平水道是西江航运干线的组成部分,为西江通往广州的水运捷径,也是北江通往广州的必经之路。因此三山国际物流园区的交通运输设施是相当完善的,评分为10。

X_{27}:货运网络的网络规模

各物流节点在货运网络中所处的位置不同,受到的影响也不同,根据货运网络规模大小制定的评分标准见表8-15。

三山物流园区的货运网络规模非常大,而且节点位置十分重要,因此三山物流园区的评分为10。

X_{28}:城市货运网络的技术支持

根据对货运网络技术支持大小制定的评分标准见表8-16。

以三山物流园区为例,根据《佛山市物流园区总体规划》,三山物流园区在货运网络的技术支持下,货运网络功能更加完善,网络中的各物流节点也能更好地吸引货运,三山物流园区是网络中的重要节点,技术支持力度大,评分为10。

X_{29}:劳动力及生产力布局

不同劳动力和生产力布局对物流节点的影响不同,因此可以采用评分的方法对物流节点劳动力和生产力布局进行评价,评分标准参考表8-17。以三山物流园区为例,综合各种因素得分为9。

X_{30}:货物运输线路的合理性

货物运输线路的合理性会影响运输成本,进而影响物流节点的吸引力,根据对货物运输线路的合理性制定的评分标准见表8-18。

以三山物流园区为例,三山物流园区目前存在着两种主要对外运输方式:水路运输与公路运输。水路运输方面,三山岛位于佛山市两纵两横骨干航道的其中一个交叉点处,即东平水道与陈村水道交汇处。公路运输方面,三山岛目前的主要对外联系道路有佛平路、平顺路,与南海东部地区、禅城地区及广州的芳村区、海珠区发生的交通联系主要依托佛平路,与顺德北部地区发生的交通联系主要依托平顺路。因此三山物流园区的运输路线是非常完善合理的,得分为 10。

X_{31}:距离港口、机场和码头位置的远近

物流节点的选址合理性直接影响着城市经济运行质量和城市综合竞争力,距离港口、机场和码头位置的远近可以在一定程度上反映物流节点选址的合理性和可达性。可达性又称通达性,是指利用特定交通系统从某一给定地点到达活动地点的便利程度。可达性是度量交通网络结构的重要指标,也是评价区域(或地点)获取发展机会和市场控制能力的有效指标之一。根据距离港口、机场和码头位置的远近制定的评分标准见表 8-19。

以三山物流园区为例,物流园区依托三山港,周边有优越的铁路和公路运输线路,其交通便利程度是十分高的,综合各项因素,三山物流园区的评分为 10。

X_{32}:消费需求

消费需求是指消费者对以商品和劳务形式存在的消费品的需求和欲望。一个地区的消费需求对物流节点的吸引力也是有影响的,消费需求越大,对货物的需求量就越大,种类就越多,相应的货运量也就越大,当地物流节点的吸引力就越大,因此消费需求也是评价物流节点吸引力的一个因素。根据消费需求不同制定的评分标准见表 8-20。

以三山物流园区为例,该园区的规模大,业务处理能力强,对周边的消费需求的满足程度相对较高,因此三山物流园区的评分为 10。

X_{33}:成本因素(运输成本、营运成本、建筑成本、土地成本和固定成本)和非成本因素(原材料、劳动力和市场等)

物流节点的成本会影响它的正常运营,如物流节点的建设需要占用大面积的土地,所以土地价格的高低将直接影响物流节点的规模大小。有的区域鼓励物流企业的发展,对在当地建设物流节点予以鼓励支持,土地的获得就相对容易,地价及地价以外的其他土地交易费用也可能比较低。非成本因素如市场和劳动力也可能影响它的正常运营,从而影响物流节点的吸引力。综合考虑成本和非成本因素,制定的评分标准见表 8-21。

以三山物流园区为例,因为三山国际物流园区位于三山岛,土地成本相对比较低廉,而且三山岛周边的交通条件非常便利,因此运输成本也相对较低,另外,三山物流园区是佛山市重点建设的物流园区,政府对该园区在各个方面都有不同程度的扶持,因此该园区的各方面成本应该都是较低的。综合各项因素可得三山物流园区的评分为 7。

8.3.2.3 建立物流节点吸引力影响因素指标体系

由于 33 个指标反映的吸引力信息有一定的重叠,利用 SPSS 软件数据处理技术及主成分分析法对 33 个指标做进一步的筛选。

1. 初始数据

输入一、二级节点数据,得到描述统计量(详细数据见表 8-52)。

表 8-52 描述统计量(样本量 $N=34$)

指标	极小值	极大值	均值	标准差
X_1/万人	42.52	263.90	159.3665	96.40847
X_2/亿元	558.72	2556.78	1585.2621	772.92286
X_3/个	480.00	2274.00	1343.3529	744.91358
X_4/万元	934132.00	7344094.00	4858266.0588	2769368.17855
X_5/元	26207.00	45713.64	35755.9553	7147.13954
X_6/元	19566.00	35895.52	27748.8718	6197.48337
X_7/亿元	167.56	712.62	4520.0461	197.18996
X_8/平方公里	160.96	1073.82	802.2782	316.79056
X_9/(个/平方公里)	0.50	4.22	2.0447	1.23187
X_{10}	4.00	7.00	5.3824	1.23128
X_{11}	0.01	0.05	0.0325	0.01290
X_{12}	1.00	3.00	2.1471	0.74396
X_{13}	2.00	10.00	4.9412	2.49777
X_{14}/平方公里	0.14	26.00	4.7762	6.41758
X_{15}	5.00	7.00	5.3529	0.77391
X_{16}/公里	5.00	136.00	34.1176	27.07091
X_{17}	12.00	20.00	15.8824	2.38384
X_{18}	1.00	7.00	4.9412	2.17341
X_{19}	3.00	7.00	5.9412	1.49628
X_{20}	3.00	12.00	6.3529	2.25472
X_{21}	2.00	10.00	5.5588	2.21826
X_{22}	2.00	10.00	6.0882	2.63275
X_{23}	2.00	10.00	5.8235	2.35450
X_{24}	2.00	10.00	5.4118	2.65282

续表

指标	极小值	极大值	均值	标准差
X_{25}/万吨	4.22	945.00	320.7497	307.12657
X_{26}	5.00	10.00	7.2941	1.71499
X_{27}	5.00	10.00	7.7941	2.12887
X_{28}	5.00	10.00	7.1176	1.83839
X_{29}	3.00	12.00	6.3235	2.27930
X_{30}	5.00	10.00	7.5588	1.87796
X_{31}	1.00	7.00	5.1176	1.70142
X_{32}	5.00	10.00	7.7941	1.90342
X_{33}	5.00	10.00	7.0588	1.61323

2. 将数据进行标准化

使用描述统计功能，在原始变量的最后多了一列 Z 开头的新变量，这个变量就是标准化后的变量，如图 8-39 所示。

	ZX1	ZX2	ZX3	ZX4	ZX5	ZX6	ZX7
1	.35897	1.90494	1.31195	1.02344	1.13889	-.62738	-.28762
2	.73701	1.08927	1.07355	-.29806	-.57692	-1.06489	.18243
3	.62073	1.13120	1.07295	.63196	.93930	-1.06483	.05014
4	-1.38152	2.50606	.03445	-.51016	-.25316	-1.14609	.15509
5	-1.52203	2.01179	-.67927	-.99379	-1.65355	-.74204	1.57396
6	1.02553	1.36026	-.65385	-.28361	1.27514	-1.09628	.87166
7	.80729	-.12888	1.21028	-.37532	1.30891	.89323	-1.20837
8	.80043	-.95926	1.34113	.46848	-1.36587	-.60460	-.31870
9	.71085	.00011	1.13851	.23073	1.14875	-.18955	-.34232
10	.68471	-.15826	.89937	1.10083	-.88730	.85918	1.83385
11	.60701	.44878	.95454	.14507	.64716	.28831	-.92661
12	.88936	-.80729	1.01164	-.11442	-1.77220	-.63249	1.07720
13	1.28208	.11170	-.69744	-1.24027	.61840	.70466	.48943
14	1.34005	-.80613	-.10973	-.21066	1.28824	.29077	.85986
15	1.16398	.26527	-.61146	-1.26141	.30081	.86433	-1.01055
16	1.32469	-.87676	-.49583	-1.47530	-1.71670	-.55226	.13179
17	1.04132	.20522	-.16528	.81389	-1.10449	2.37018	1.04567
18	1.15104	.48214	-.69139	-1.46855	-1.00146	1.22571	-.98514
19	.01347	-.20995	-1.42156	1.69866	-.01537	-.35466	.16357
20	.03058	-.52137	-1.61133	-.11372	-.08015	-1.11388	-1.50176
21	-.00602	-.81994	-1.24369	2.43836	.42402	-.38389	.15388
22	.11379	-.51339	-1.88188	.54108	.37428	-.67499	-.14322
23	.00410	-.09806	-1.78645	-.63563	-.18982	-.45906	-1.67743

图 8-39　标准化后的变量

3. 求出 ZX1~ZX33 这 33 个指标的相关系数矩阵 R

使用软件中的变量相关性功能,得到两个变量的相关系数矩阵。

由两个变量间的相关性数值,可以得出以下结论:

X_1 与 X_2 在 0.01 水平(双侧)上显著相关;

X_1 与 X_3 在 0.01 水平(双侧)上显著相关;

X_1 与 X_4 在 0.01 水平(双侧)上显著相关;

X_1 与 X_5 在 0.01 水平(双侧)上显著相关;

……

由相关系数矩阵可以看出,这 33 个指标彼此存在一定的相关性,说明这 33 个指标反映的吸引力信息有一定的重叠。

4. 计算矩阵 R 的特征值,求特征值的贡献率和累积贡献率

其中,设 A 是 n 阶方阵,如果存在数 q 和非零 n 维列向量 x,使得 $Ax=qx$ 成立,则称 q 是 A 的一个特征值。在 SPSS 软件中使用因子分析功能,得到表 8-53。

表 8-53 解释的总方差

成分	初始特征值					
	合计	方差百分比/(%)	累积贡献率/(%)	合计	方差百分比/(%)	累积贡献率/(%)
1	11.372	34.460	34.460	11.372	34.460	34.460
2	6.196	18.777	53.237	6.196	18.777	53.237
3	4.619	13.996	67.232	4.619	13.996	67.232
4	2.199	6.664	73.896	2.199	6.664	73.896
5	1.776	5.383	79.279	1.776	5.383	79.279
6	1.305	3.955	83.234	1.305	3.955	83.234
7	1.150	3.485	86.719	1.150	3.485	86.719
8	0.859	2.604	89.323			
9	0.731	2.215	91.538			
10	0.576	1.744	93.282			
11	0.414	1.255	94.537			
12	0.379	1.149	95.686			
13	0.329	0.997	96.682			
14	0.234	0.710	97.392			

续表

成分	初始特征值			合计	方差百分比 /(%)	累积贡献率 /(%)
	合计	方差百分比 /(%)	累积贡献率 /(%)			
15	0.211	0.639	98.031			
16	0.156	0.473	98.504			
17	0.136	0.411	98.915			
18	0.097	0.294	99.208			
19	0.089	0.268	99.476			
20	0.068	0.206	99.682			
21	0.046	0.140	99.822			
22	0.026	0.078	99.901			
23	0.020	0.061	99.962			
24	0.012	0.037	99.999			
25	0.000	0.001	100.000			
26	1.069×10^{-15}	3.239×10^{-15}	100.000			
27	6.514×10^{-16}	1.974×10^{-15}	100.000			
28	4.289×10^{-16}	1.300×10^{-15}	100.000			
29	2.281×10^{-16}	6.912×10^{-16}	100.000			
30	-1.757×10^{-16}	-5.325×10^{-16}	100.000			
31	-6.767×10^{-16}	-2.051×10^{-15}	100.000			
32	-8.416×10^{-16}	-2.550×10^{-15}	100.000			
33	-1.216×10^{-15}	-3.685×10^{-15}	100.000			

结论:根据特征值大于1的提取原则,有7个成分符合原则,并且前7个成分的累积贡献率为86.719%(见图8-40),即前7个成分所解释的方差占总方差的86.719%,用这7个成分来反映物流节点货运吸引力所损失的信息不多,所以这7个成分能够综合反映物流节点吸引力影响因素。

5. 初始因子成分矩阵

建立因子分析模型的目的不仅是找出主因子,更重要的是知道每个主因子的意义。然而用上述方法求出的公因子解,各主因子的典型代表变量不是很突出,容易使因子的意义含糊不清,不便于对问题进行分析。因此选用最大方差正交旋转法对因

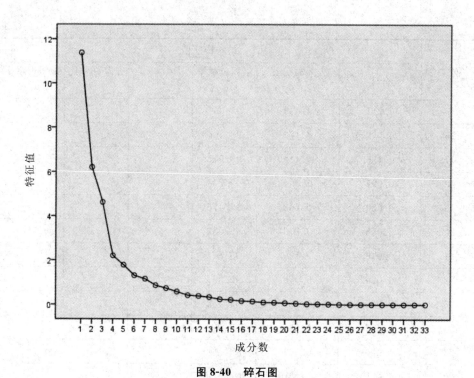

图 8-40 碎石图

子进行旋转。根据 SPSS 软件的因子分析功能得出初始因子成分矩阵,见表 8-54。

表 8-54 初始因子成分矩阵

	成分						
	1	2	3	4	5	6	7
$Zscore(X_1)$	0.770	−0.621	−0.043	−0.012	0.040	0.083	0.037
$Zscore(X_2)$	0.731	−0.664	0.077	−0.073	0.033	0.001	−0.055
$Zscore(X_3)$	0.754	−0.565	−0.238	0.067	0.032	0.123	0.162
$Zscore(X_4)$	0.701	−0.640	0.272	−0.026	0.058	0.058	0.011
$Zscore(X_5)$	0.694	−0.668	0.146	−0.109	0.029	−0.041	−0.112
$Zscore(X_6)$	0.656	−0.655	0.301	−0.130	0.040	−0.041	−0.150
$Zscore(X_7)$	0.608	−0.375	−0.547	0.185	0.010	0.169	0.341
$Zscore(X_8)$	0.303	0.008	−0.914	0.074	−0.036	0.138	0.129
$Zscore(X_9)$	0.181	−0.360	0.880	−0.015	0.074	−0.018	−0.006
$Zscore(X_{10})$	0.703	−0.502	−0.363	0.135	0.024	0.146	0.269
$Zscore(X_{11})$	0.326	−0.500	0.780	−0.061	0.062	−0.064	−0.061
$Zscore(X_{12})$	−0.538	0.358	0.362	0.314	0.025	0.081	0.466

续表

	成分						
	1	2	3	4	5	6	7
$Zscore(X_{13})$	0.620	0.244	0.132	0.322	0.415	−0.329	−0.095
$Zscore(X_{14})$	0.320	0.229	−0.106	−0.234	−0.825	−0.128	−0.047
$Zscore(X_{15})$	0.530	0.413	−0.114	0.367	0.535	−0.066	−0.011
$Zscore(X_{16})$	0.741	0.389	−0.007	0.031	−0.048	0.064	0.181
$Zscore(X_{17})$	0.761	0.306	−0.196	0.035	−0.342	−0.150	−0.093
$Zscore(X_{18})$	0.792	0.155	−0.315	0.100	−0.167	−0.134	−0.124
$Zscore(X_{19})$	0.149	0.473	0.368	−0.539	0.272	0.281	0.058
$Zscore(X_{20})$	0.289	0.275	0.658	0.319	−0.297	0.345	0.102
$Zscore(X_{21})$	0.791	0.314	0.024	0.265	−0.047	−0.184	0.109
$Zscore(X_{22})$	0.751	0.332	0.287	0.310	−0.066	−0.052	−0.091
$Zscore(X_{23})$	0.687	0.460	0.343	0.103	−0.018	0.105	−0.065
$Zscore(X_{24})$	0.209	0.308	−0.034	−0.559	0.136	0.317	0.150
$Zscore(X_{25})$	0.765	0.414	−0.149	0.147	−0.045	−0.088	0.067
$Zscore(X_{26})$	0.415	0.608	0.029	−0.319	0.343	0.017	0.230
$Zscore(X_{27})$	0.708	0.357	0.090	−0.112	0.028	0.028	−0.051
$Zscore(X_{28})$	0.281	0.679	0.051	0.039	0.011	−0.101	−0.151
$Zscore(X_{29})$	0.270	0.277	0.660	0.300	−0.307	0.344	0.096
$Zscore(X_{30})$	0.656	0.307	0.014	−0.406	0.088	−0.199	0.175
$Zscore(X_{31})$	0.624	0.356	0.001	−0.410	0.005	−0.211	−0.155
$Zscore(X_{32})$	0.567	0.191	−0.266	−0.288	−0.054	0.505	−0.289
$Zscore(X_{33})$	−0.029	0.185	−0.317	0.411	0.235	0.447	−0.547

注：已提取了 7 个成分。

6. 因子旋转

在表 8-54 的基础上用最大方差正交旋转法对因子进行旋转，得出表 8-55。

表 8-55 旋转成分矩阵

	成分						
	1	2	3	4	5	6	7
$Zscore(X_1)$	0.933	0.176	0.297	0.001	0.007	0.026	0.013
$Zscore(X_2)$	0.975	0.146	0.119	−0.024	−0.011	0.055	−0.011
$Zscore(X_3)$	0.825	0.189	0.524	−0.025	−0.017	0.005	0.006

续表

	成分						
	1	2	3	4	5	6	7
$Zscore(X_4)$	0.968	0.129	0.031	0.151	0.010	−0.035	−0.062
$Zscore(X_5)$	0.976	0.128	0.011	−0.036	−0.015	0.072	−0.018
$Zscore(X_6)$	0.978	0.109	−0.135	0.035	0.004	0.050	−0.030
$Zscore(X_7)$	0.506	0.184	0.830	−0.079	−0.052	−0.023	0.002
$Zscore(X_8)$	−0.007	0.166	0.854	−0.378	0.011	0.147	0.221
$Zscore(X_9)$	0.551	−0.048	−0.578	0.462	0.002	−0.189	−0.231
$Zscore(X_{10})$	0.706	0.187	0.674	−0.029	−0.041	−0.023	−0.015
$Zscore(X_{11})$	0.733	−0.015	−0.515	0.344	−0.018	−0.121	−0.208
$Zscore(X_{12})$	−0.606	−0.162	−0.078	0.490	−0.086	−0.353	−0.317
$Zscore(X_{13})$	0.208	0.831	−0.100	−0.034	−0.072	−0.323	0.023
$Zscore(X_{14})$	−0.028	0.226	0.099	0.112	0.038	0.910	−0.133
$Zscore(X_{15})$	−0.013	0.783	0.169	−0.034	0.068	−0.450	0.199
$Zscore(X_{16})$	0.141	0.694	0.271	0.238	0.301	0.132	−0.036
$Zscore(X_{17})$	0.175	0.722	0.237	0.031	0.051	0.497	0.054
$Zscore(X_{18})$	0.293	0.698	0.326	−0.094	−0.004	0.338	0.140
$Zscore(X_{19})$	−0.104	0.153	−0.287	0.174	0.820	−0.089	−0.009
$Zscore(X_{20})$	0.040	0.266	−0.160	0.898	0.041	0.071	0.021
$Zscore(X_{21})$	0.201	0.844	0.199	0.192	−0.004	0.089	−0.082
$Zscore(X_{22})$	0.230	0.804	−0.048	0.390	−0.003	0.084	0.086
$Zscore(X_{23})$	0.138	0.722	−0.097	0.430	0.270	0.083	0.111
$Zscore(X_{24})$	−0.033	0.061	0.095	−0.008	0.758	0.067	0.005
$Zscore(X_{25})$	0.101	0.817	0.292	0.091	0.135	0.159	0.027
$Zscore(X_{26})$	−0.154	0.557	0.048	−0.019	0.665	−0.140	−0.127
$Zscore(X_{27})$	0.205	0.657	0.027	0.130	0.367	0.149	0.071
$Zscore(X_{28})$	−0.320	0.622	−0.128	0.076	0.194	0.116	0.122
$Zscore(X_{29})$	0.030	0.249	−0.172	0.892	0.048	0.084	0.019
$Zscore(X_{30})$	0.204	0.591	0.045	−0.120	0.513	0.159	−0.267
$Zscore(X_{31})$	0.171	0.611	−0.123	−0.190	0.446	0.315	−0.031
$Zscore(X_{32})$	0.235	0.258	0.266	0.022	0.528	0.313	0.533
$Zscore(X_{33})$	−0.176	0.095	0.135	−0.003	−0.121	−0.192	0.865

注：旋转在10次迭代后收敛。

根据每一成分对应每个变量的系数(其中负号表示向量的维度方向相反),由旋转后的成分矩阵,可以有如下结论:

成分 1 主要反映的是 X_1、X_2、X_3、X_4、X_5、X_6、X_{10} 和 X_{11} 的影响,因此可以把成分 1 看成是行政区发展状况因子。

成分 2 主要反映的是 X_{13}、X_{15}、X_{16}、X_{17}、X_{18}、X_{21}、X_{22}、X_{23}、X_{25}、X_{26}、X_{27}、X_{28}、X_{30} 及 X_{31} 的影响,反映了优惠政策、物流节点的类型、物流节点的辐射半径、交通基础设施依托程度、距离运输企业的远近、政府政策管控导向、核心物流企业培育、城市规划的具体指引、物流节点货运量、交通运输设施的发展水平、货运网络的网络规模以及城市货运网络的技术支持等因素的影响,因此可以把成分 2 看成是物流节点基本状况因子。

成分 3 主要反映的是 X_7、X_8 的影响,主要反映了物流节点所在行政区物流基础建设投资额度和土地面积等因素的影响,因此可以把成分 3 看成是行政区物流设施因子。

成分 4 主要反映的是 X_{20}、X_{29} 的影响,反映了城市货运网络运输的货类品种复杂性、劳动力及生产力布局等因素的影响,因此可以把成分 4 看成是物流节点劳动力因子。

成分 5 主要反映的是 X_{19}、X_{24} 及 X_{26} 的影响,反映了城市货运网络的布局结构、城市物流发展的历史传承性以及交通运输设施的发展水平等因素的影响,因此可以把成分 5 看成是货运网络因子。

成分 6 主要反映的是 X_{14} 的影响,成分 6 主要反映了物流节点的规划面积,因此可以把成分 6 看成是物流节点规划面积因子。

成分 7 主要反映的是 X_{32}、X_{33} 的影响,因此可以把成分 7 看成是物流节点未来发展状况因子。

7. 物流节点综合得分及排序

通过总得分公式计算佛山市物流节点综合得分并根据得分高低进行排序,公式如下:

(1) 总得分=成分 1 的方差贡献率×成分 1 的得分+成分 2 的方差贡献率×成分 2 的得分+成分 3 的方差贡献率×成分 3 的得分+成分 4 的方差贡献率×成分 4 的得分+成分 5 的方差贡献率×成分 5 的得分+成分 6 的方差贡献率×成分 6 的得分+成分 7 的方差贡献率×成分 7 的得分。

(2) 成分的得分 $FAC = X_1 \times a_1 + X_2 \times a_2 + \cdots + X_n \times a_n$($X_n$ 为标准化后的值,a_n 为成分在成分得分系数矩阵中的系数)。

8. 建立物流节点吸引力影响因素指标体系

每个成分中系数越大的因子在该成分中占据的因子载荷越大,去除其他对主成分影响较小的因子,结合专家分析法,选取每个成分中载荷最大的几种因子作为节点吸引度计算的因素指标,提取的17个因素如下:

X_1:物流节点所在行政区的人口规模(单位:万人);

X_2:物流节点所在行政区的生产总值(单位:亿元);

X_3:物流节点所在行政区的规模以上企业数(单位:个);

X_4:物流节点所在行政区社会消费品零售额(单位:万元);

X_5:物流节点所在行政区居民年人均可支配收入(单位:元);

X_6:物流节点所在行政区居民年人均消费支出(单位:元);

X_7:物流节点所在行政区物流基础建设投资额度(单位:亿元);

X_8:物流节点所在行政区的土地面积(单位:平方公里);

X_{14}:物流节点所在行政区土地可利用面积(单位:平方公里);

X_{19}:城市货运网络的布局结构;

X_{20}:城市货运网络运输的货类品种复杂性;

X_{21}:政府政策管控导向;

X_{22}:核心物流企业培育;

X_{24}:城市物流发展的历史传承性;

X_{25}:物流节点货运量(单位:万吨);

X_{29}:劳动力及生产力布局;

X_{33}:成本因素(运输成本、营运成本、建筑成本、土地成本和固定成本)和非成本因素(原材料、劳动力、市场等)。

9. 量表效度的检验

对量表效度的检验主要是通过内容效度、结构效度、关联效度三个方面来衡量的。经检验,各因素标准值与总得分构成的量表效度较好。

8.3.3 佛山市初始货运拓扑网络演化模型建立

8.3.3.1 佛山市货运拓扑网络无权演化

参照第5章建立的无权演化模型对佛山市的节点网络进行初始化,导入节点的坐标和吸引度,运行程序后得到如图8-41所示的节点连接情况。由于节点太多,只能截取部分图,第一、二列数据分别表示连接成边的节点序号,第三列数据表示节点间的连接概率。

由设计程序输出节点连接概率的txt文件,并将txt文件转化为csv文件,如图8-42所示。

然后将转化后的csv文件导入Gephi中,进行网络节点的动态演化。再使用

8 城市货运网络拓扑结构优化案例分析

Gephi导出网络节点要素和边要素的 shapefile 数据,并导入 Arcgis 中,如图 8-43 所示。

```
66, 16, 9665191.4
66, 13, 2988667.1

67, 14, 809505.5
67, 66, 265293.5

68, 66, 42529160.0
68, 16, 25545233.9

69, 6, 1253237995.6
69, 14, 219204943.3

70, 69, 998695556.2
70, 14, 254731878.0

71, 63, 1393810293.7
71, 20, 52869736.5

72, 70, 1384381719694.3
72, 69, 774721152.4

73, 64, 109799140.5
73, 69, 8952409.7

74, 67, 4953661.8
```

图 8-41 程序运行结果部分截图

source	target	weight	f2
2	1	2237322	1
3	2	95339922	1
3	1	997219.1	1
4	3	602824.8	1
4	1	545008.6	1
5	1	8908111	1
5	4	317669.6	1
6	2	851505.9	1
6	1	400504.1	1
7	3	7.32E+10	2
7	2	1.67E+08	2
8	3	23639835	2
8	7	9926454	3
9	7	3.62E+08	3
9	8	2.1E+08	3
10	9	1.24E+08	3
10	7	65615183	3
11	8	5.38E+09	3
11	2	8.74E+08	2
12	4	2342211	2
12	9	683599.2	3
13	1	1.77E+08	2
13	5	1462027	2

图 8-42 节点连接概率的 csv 文件部分截图

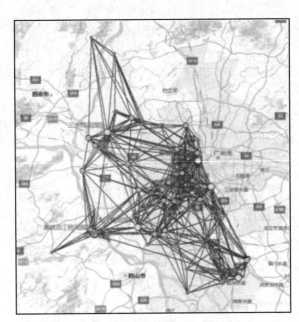

图 8-43　佛山市初始货运拓扑网络无权演化图

8.3.3.2　佛山市货运拓扑网络加权演化

1. 加权演化模型一

参照第 5 章建立的加权演化模型一,对佛山市的节点网络进行初始化,导入节点的坐标和吸引度,运行程序后得到如图 8-44 所示的节点连接情况。由于节点太多,只能截取部分图,第一、二列数据分别表示连接成边的节点序号,第三列数据表示节点间的连接权重。

图 8-44　程序运行结果部分截图

由设计程序输出节点连接关系的 txt 文件,再将导出的 txt 文件转化为 csv 文件,如图 8-45 所示。

	A	B	C	D
4	1	4	67.965	1
5	1	5	297.783	1
6	1	6	162.042	1
7	1	12	1.61839	2
8	1	13	23.3412	2
9	1	16	1.50884	2
10	1	19	33.6998	2
11	1	20	18.4543	2
12	1	21	63.0427	2
13	1	22	1.40012	2
14	1	23	1.3685	2
15	1	24	16.594	2
16	1	25	1.30581	2
17	1	26	38.1072	2
18	1	30	11.8708	2
19	1	34	0.902898	2
20	1	35	0.89454	4
21	1	37	0.886682	4
22	1	43	0.878536	4
23	1	46	0.87139	4
24	1	57	0.864386	4
25	1	63	16.4414	4
26	1	64	0.852773	4
27	1	65	0.847308	4

图 8-45 csv 文件截图

然后将导出的 csv 文件导入 Arcgis 中,进行网络节点的演化,如图 8-46 所示。

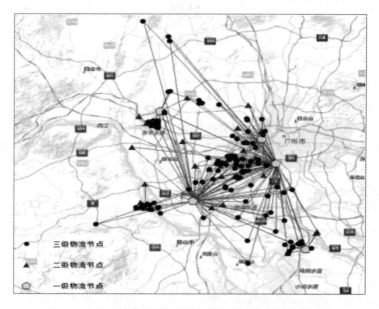

图 8-46 佛山市初始货运拓扑网络加权演化模型一图示

2. 加权演化模型二

(1) 货运网络初始状态设置。

参照第 5 章建立的加权演化模型二,随机将少数物流节点数据先导入复杂网络分析软件 Gephi 中，布局方式采用 Geolayout（地理布局）。然后在 Gephi 的图形工作区里定义边的连接状态并连接节点对，在数据资料栏里对边的权重赋值，最后得到初始网络连接状态，如图 8-47 所示。

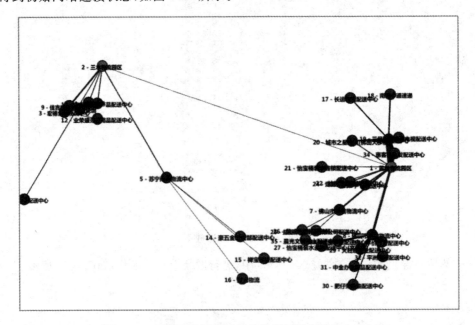

图 8-47　初始网络（Gephi 里边的粗细代表权重大小）

（2）基于 GUI 界面的货运网络动态可视化过程。

在构建佛山市货运网络时，物流节点加入顺序大致上遵从物流园区、物流中心、配送中心依次配置的原则。在货运网络中，考虑到各级别物流节点的规模、功能、辐射范围存在较大的差异，一级节点作为运输的端点节点度 k_{max} 设置最大，三级节点作为配送的末端节点度 k_{max} 最小，二级节点度 k_{max} 介于二者之间。在代码中，一级节点度 k_{max} 为 15，二级节点度 k_{max} 为 10，三级节点度 k_{max} 为 5。将剩余的物流节点分先后顺序加入网络中，在 Matlab 自带的 GUI 界面里可以得到各个节点加入后网络拓扑结构演化的示意图，然后导入 Arcgis 中，如图 8-48 所示。

3. 加权演化模型三

为了使演化模型尽可能符合佛山市货运网络的真实过程，参照第 5 章建立的加权演化模型三，按照演化规则调整顺序将物流节点逐一加入演化网络中，算法及演化结果如下。

为便于直观感受动态演化历程，将演化过程分为六个阶段，如图 8-49 所示。

阶段六与佛山市地图对接后演化示意图如图 8-50 所示。

8 城市货运网络拓扑结构优化案例分析

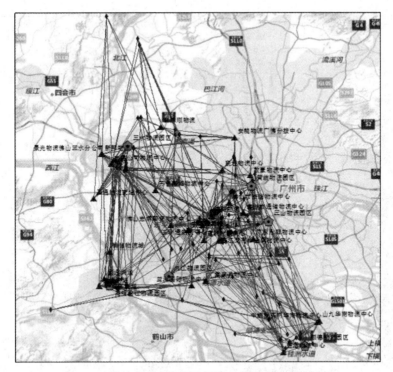

图 8-48 佛山初始货运拓扑网络加权演化模型二图示

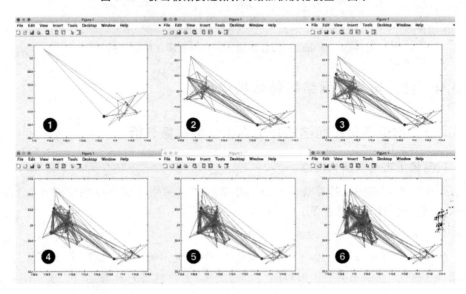

图 8-49 演化分阶段展示

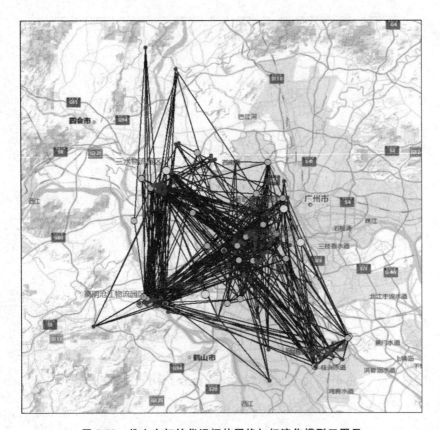

图 8-50 佛山市初始货运拓扑网络加权演化模型三图示

8.3.4 佛山市货运网络拓扑结构优化

8.3.4.1 佛山市货运网络拓扑结构各参数指标分析

(一)佛山市无权演化网络

运用第 6 章的公式计算货运网络拓扑结构初始网络参数。以拥堵因子参数的计算过程为例,计算步骤如下:

1. 定义网络图层,导入网络

由演化模型得到连接两个节点的网络图,另存为 dwg 格式文件,并把该文件导入 AutoCAD。在 AutoCAD 里对图层进行定义:主要是将之分为主、次、支、末以及小区图层等五个图层。所有一级节点和一级节点之间的边形成图层"主",一级节点和二级节点之间的边形成图层"次",二级节点和二级节点之间的边形成图层"支",凡是与三级节点相连的边形成图层"末"。在此基础上按照城市行政区划边界画出交通小区边界,本书将佛山市分为 388 个交通小区,并把小区边界定义为图层"zone",如图 8-51 所示。

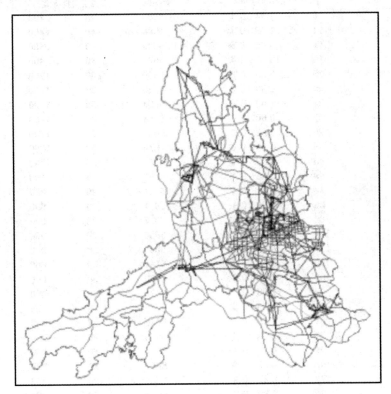

图 8-51　货运拓扑网络和交通小区叠加图(TransCAD 中的 map1)

2. 网络边属性输入

在"line"图层属性中输入车速(int 类型)、通行能力(int 类型)和行程时间(real 类型),输入情况如图 8-52 所示。

3. 建立型心连杆

对 388 个交通小区进行编号,在线层和点层属性中加入"小区编号",并通过小区 ID 与面层相连。建立型心连杆(见图 8-53),型心连杆以"末"的属性输入,即车速 20、通行能力 800。

4. 计算阻抗矩阵,形成 OD 分布期望线图

根据行程时间计算阻抗矩阵。以货运量作为小区交通发生量和吸引量,并导入 TransCAD 中。打开阻抗矩阵,更改矩阵索引为小区 ID,从而形成 OD 分布期望线图,如图 8-54 所示。

ID	Length	Dir	Layer	Handle	[车速]	[通行能力]	[行程时间]
10	1.94	0	次	5583	40	2400	0.05
11	1.03	0	次	5586	40	2400	0.03
14	6.00	0	次	5595	40	2400	0.15
16	13.61	0	次	5601	40	2400	0.34
29	5.93	0	支	5640	30	1200	0.20
30	6.39	0	支	5643	30	1200	0.21
34	1.03	0	支	5655	30	1200	0.03
37	3.00	0	支	5664	30	1200	0.10
38	3.02	0	支	5667	30	1200	0.10
39	8.39	0	支	5670	30	1200	0.28
40	13.83	0	支	5673	30	1200	0.46
68	0.86	0	末	5757	20	800	0.04
76	28.42	0	末	5781	20	800	1.42
86	0.86	0	末	5811	20	800	0.04
88	1.13	0	末	5817	20	800	0.06
101	26.74	0	末	5856	20	800	1.34
171	0.45	0	末	6066	20	800	0.02
196	9.54	0	末	6141	20	800	0.48
209	8.44	0	末	6180	20	800	0.42
93	12.09	0	末	5832	20	800	0.60
94	13.75	0	末	5835	20	800	0.69
31	1.92	0	支	5646	30	1200	0.06
32	2.08	0	支	5649	30	1200	0.07
91	0.22	0	末	5826	20	800	0.01
166	0.28	0	末	6051	20	800	0.01
172	0.47	0	末	6069	20	800	0.02
92	1.90	0	末	5829	20	800	0.09
165	0.29	0	末	6048	20	800	0.01
33	0.95	0	支	5652	30	1200	0.03
36	0.02	0	支	5661	30	1200	0.00
3	30.37	0	主	5562	60	3600	0.51
5	28.77	0	主	5568	60	3600	0.48

图 8-52　网络边属性

5.进行交通分配,计算网络拥堵因子

打开 OD 分布矩阵,更改索引为节点 ID,从而形成交通分配数据,并计算车速与通行能力之比(VC 比),也可以画出流量图直观表示网络流量。

通过更改演化模型的代码,即更改每个节点连接其他节点的个数(初始网络的每个节点连接其他节点的个数为2),可以改变网络的平均度。改变演化模型代码中每个节点连接节点的个数,分别改为 3、4、5、6、7、10 和 15,从而得到节点不变、网络结构类型不变的具有不同平均度的 8 个新网络的基本网络参数,如表 8-56 所示。

8 城市货运网络拓扑结构优化案例分析

图 8-53 型心连杆

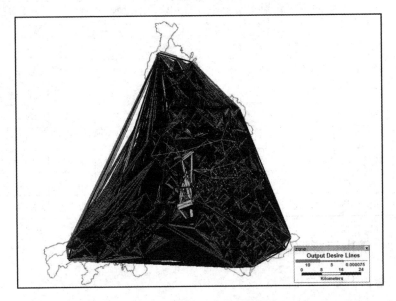

图 8-54 OD 分布期望线图

表 8-56　不同节点连接个数的佛山市货运网络拓扑结构初始网络参数（无权演化）

节点连接个数 n	节点数 N	边数 K	平均度 $\langle k \rangle$	聚类系数 C	网络直径 D	平均路径长度 L	全局有效性 E	局部有效性 E_{lo}	系统总费用 TC	拥堵因子 J
2	164	325	3.963	0.524	10	4.845	0.206	1.908	325	0.0681
3	164	486	5.927	0.560	9	3.951	0.253	1.786	486	0.0331
4	164	646	7.878	0.576	7	3.516	0.284	1.736	646	0.0078
5	164	805	9.817	0.598	7	3.172	0.315	1.672	805	0.0087
6	164	963	11.744	0.612	6	2.949	0.339	1.634	963	0.0083
7	164	1120	13.659	0.623	6	2.819	0.355	1.605	1120	0.0081
10	164	1585	19.329	0.648	5	2.504	0.399	1.543	1585	0.0032
15	164	2340	28.537	0.669	4	2.209	0.453	1.495	2340	0.0017

（二）佛山市加权演化网络

运用加权网络演化模型一，通过更改演化模型的代码，即更改每个节点连接其他节点的个数（这里初始网络的每个节点连接其他节点的个数为3），可以改变网络的平均度。改变演化模型代码中每个节点连接节点的个数，分别改为3、4、5、6、7、10和15，从而得到节点不变、网络结构类型不变的具有不同平均度的8个新网络的基本网络参数，如表8-57所示。

表 8-57　不同节点连接个数的佛山市货运网络拓扑结构初始网络参数（加权演化）

节点连接个数 n	节点数 N	边数 K	平均度 $\langle k \rangle$	聚类系数 C	网络直径 D	平均路径长度 L	全局有效性 E	局部有效性 E_{lo}	系统总费用 TC	拥堵因子 J
2	164	325	3.963	0.794	6	2.821	0.354	1.259	325	0.0369
3	164	486	5.927	0.825	5	2.494	0.401	1.212	486	0.0226
4	164	646	7.878	0.823	4	2.346	0.426	1.215	646	0.0139
5	164	805	9.817	0.840	3	2.225	0.449	1.190	805	0.0112
6	164	963	11.744	0.849	3	2.116	0.473	1.178	963	0.0073
7	164	1120	13.659	0.851	3	2.030	0.493	1.175	1120	0.0071
10	164	1585	19.329	0.853	3	1.927	0.519	1.172	1585	0.0050
15	164	2340	28.537	0.844	3	1.829	0.547	1.185	2340	0.0034

8.3.4.2　佛山市货运拓扑网络最优平均度选择

（一）佛山市无权演化网络

分析表8-58中的数据以及图8-55和图8-56的趋势线，可知计算参数 R_1 和计

算参数 R_3 在平均度为 7.878 时存在极大值点,同时平均度 7.878 对应的两个计算参数的值相对较大。因此在无权演化模型下,佛山市货运拓扑网络的最优平均度为 7.878。

表 8-58 佛山市无权演化网络计算参数

平均度 $\langle k \rangle$	全局有效性 E	平均路径长度 L	系统总费用 TC	拥堵因子 J	计算参数 R_1 $E/(L \times TC)$	计算参数 R_3 $E/(L \times J \times TC^3)$
3.963	0.206	4.845	325	0.06811145511	0.00000590999	0.0000000181846
5.927	0.253	3.951	486	0.03305785124	0.00000820099	0.0000000168745
7.878	0.284	3.516	646	0.00776397516	0.00002492989	0.0000000385912
9.817	0.315	3.172	805	0.00870646766	0.00001760125	0.0000000218649
11.744	0.339	2.949	963	0.00832466181	0.00001489038	0.0000000154625
13.659	0.355	2.819	1120	0.00805008945	0.00001247086	0.0000000111347
19.329	0.399	2.504	1585	0.00315855970	0.00002008126	0.0000000126696
28.537	0.453	2.209	2340	0.00171086399	0.00002189048	0.0000000093549

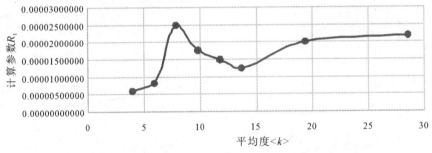

图 8-55 不同平均度网络的计算参数 R_1 变化趋势图(无权演化)

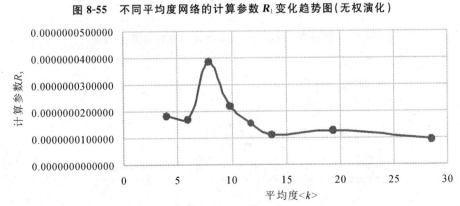

图 8-56 不同平均度网络的计算参数 R_3 变化趋势图(无权演化)

(二)佛山市加权演化网络

同样地,分析表 8-59 中的数据以及图 8-57 和图 8-58 的趋势线可知,在平均度等于 3.963 时,加权网络的两个计算参数 R_1 和 R_3 最优。因此,加权网络的最优平均度为 3.963。

表 8-59 佛山市加权演化网络计算参数

平均度 $\langle k \rangle$	全局有效性 E	平均路径长度 L	系统总费用 TC	拥堵因子 J	计算参数 R_1 $E/(L \times TC)$	计算参数 R_3 $E/(L \times J \times TC^3)$
3.963	0.354	2.821	325	0.036923077	0.000386	0.0000000990039
5.927	0.401	2.494	486	0.022633745	0.000331	0.0000000618846
7.878	0.426	2.346	646	0.013931889	0.000281	0.0000000483475
9.817	0.449	2.225	805	0.011180124	0.000251	0.0000000346005
11.744	0.473	2.116	963	0.007268951	0.000232	0.0000000344346
13.659	0.493	2.030	1120	0.007142857	0.000217	0.0000000242005
19.329	0.519	1.927	1585	0.005047319	0.00017	0.0000000134010
28.537	0.547	1.829	2340	0.003418803	0.000128	0.0000000068273

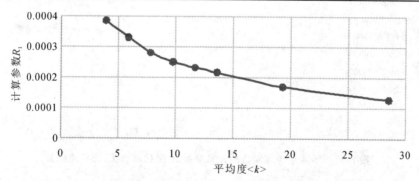

图 8-57 不同平均度网络的计算参数 R_1 变化趋势图(加权演化)

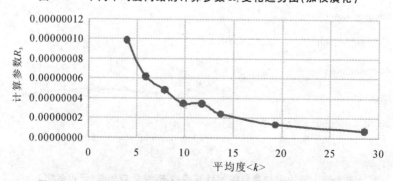

图 8-58 不同平均度网络的计算参数 R_3 变化趋势图(加权演化)

8.3.4.3 确定新建物流节点的吸引度

为了加快推进转变经济发展方式,构建智慧产业体系,佛山市禅城区制定了建设区域现代服务中心的目标。为了完成这个目标,禅城区全面整合区域物流资源,积极推进城北现代物流产业园智能化、功能化改造提升,加快佛山大道现代商贸物流发展轴、禅西大道国际物流园区的建设,形成接轨广州、香港国际物流中心的物流产业园区,打造珠江西岸现代物流中心。推动城区货运市场和传统物流市场的布局调整及升级改造,逐步完善物流交通枢纽服务网络,优化采购与物流配送体系,积极拓展商贸配送功能,发展城市物流、区域物流、国际物流。引进、培育和发展一批规模大、竞争强的大型物流企业,支持现代物流企业拓展网络服务体系,鼓励发展以区域支柱产业为核心的现代物流服务业务,形成以第三方、第四方物流企业及供应链服务为主体的物流产业群。

现阶段,佛山市禅城区并没有兴建物流园区,但禅城区存在较大的发展潜力,拟新建一个一级物流园区(禅城区城北物流园区)。目前除投资额度以外的其他数据都是可查的,所以投资额度是城市决策者最难做出合理决策的环节。

(一)佛山市无权演化网络

由于现有的 6 个一级节点的吸引度在 42.81~73.23 范围内,因此为新加节点预设了 40、45、50、55、60、65、70、75 等 8 个吸引度。代入无权演化模型,得到 8 个新网络,这 8 个新网络的网络参数如表 8-60 所示。

表 8-60 加入具有不同吸引度新节点的拓扑网络参数(佛山市无权演化)

新加节点建议吸引度	节点数 N	边数 K	平均度 $\langle k \rangle$	聚类系数 C	网络直径 D	平均路径长度 L	全局有效性 E	局部有效性 E_{lo}	系统总费用 TC	拥堵因子 J
初始网络	164	646	7.878	0.576	7	3.516	0.284	1.736	646	0.00776397516
吸引度 40	165	650	7.879	0.571	7	3.442	0.291	1.751	858	0.02160493827
吸引度 45	165	650	7.879	0.571	7	3.442	0.291	1.751	858	0.02160493827
吸引度 50	165	650	7.879	0.571	7	3.442	0.291	1.751	858	0.02160493827
吸引度 55	165	650	7.879	0.571	7	3.442	0.291	1.751	858	0.02160493827
吸引度 60	165	650	7.879	0.571	7	3.442	0.291	1.751	858	0.02160493827
吸引度 65	165	650	7.879	0.571	7	3.442	0.291	1.751	858	0.02160493827

续表

新加节点建议吸引度	节点数 N	边数 K	平均度 $\langle k \rangle$	聚类系数 C	网络直径 D	平均路径长度 L	全局有效性 E	局部有效性 E_{lo}	系统总费用 TC	拥堵因子 J
吸引度70	165	650	7.879	0.571	7	3.442	0.291	1.751	858	0.02160493827
吸引度75	165	650	7.879	0.571	7	3.442	0.291	1.751	858	0.02160493827

从表8-60可以发现,新增加一个节点之后,平均路径长度减小,说明货物周转更加便捷;聚类系数增大,说明整个网络中各点之间形成短距离连通的程度更大。由此可知,在新增该节点后,货运网络得到了优化。

但是当吸引度发生改变时,全局有效性并没有明显改变。根据确定最优平均度的方法,也可以新建两个参数指标来判断最优吸引度,由于在新加入节点之后,改变吸引度各参数都没有发生变化,因此最后得到的参数值也会是相同的。据此猜测新加入节点不会很大地影响原有节点的布局形态和相关参数。由于投资额应尽量小,因此吸引度按照最小的40计算。

(二)佛山市加权演化网络

同样地,新加节点预设了40、45、50、55、60、65、70、75等8个吸引度。代入加权演化模型一,得到8个新网络,这8个新网络的网络参数如表8-61所示。

表8-61 加入具有不同吸引度新节点的拓扑网络参数(佛山市加权演化)

新加节点建议吸引度	节点数 N	边数 K	平均度 $\langle k \rangle$	聚类系数 C	网络直径 D	平均路径长度 L	全局有效性 E	局部有效性 E_{lo}	系统总费用 TC	拥堵因子 J
初始网络	164	325	3.963	0.794	6	2.821	0.354	1.259	325	0.036923077
吸引度40	165	327	3.964	0.809	6	2.805	0.357	1.236	327	0.058103976
吸引度45	165	327	3.964	0.809	6	2.805	0.357	1.236	327	0.058103976
吸引度50	165	327	3.964	0.809	6	2.805	0.357	1.236	327	0.058103976
吸引度55	165	327	3.964	0.804	6	2.829	0.353	1.244	327	0.051987768
吸引度60	165	327	3.964	0.804	6	2.829	0.353	1.244	327	0.051987768
吸引度65	165	327	3.964	0.811	6	2.819	0.355	1.233	327	0.048929664

续表

新加节点建议吸引度	节点数 N	边数 K	平均度 $\langle k \rangle$	聚类系数 C	网络直径 D	平均路径长度 L	全局有效性 E	局部有效性 E_{lo}	系统总费用 TC	拥堵因子 J
吸引度 70	165	327	3.964	0.818	6	2.823	0.354	1.222	327	0.048929664
吸引度 75	165	327	3.964	0.818	6	2.823	0.354	1.222	327	0.048929664

从表 8-61 可以看出,当吸引度发生改变时,全局有效性也没有明显改变。所以新建立两个计算参数 R_2 和 R_3 来选取最优吸引度,如表 8-62 所示。

表 8-62　不同吸引度拓扑网络计算参数表(佛山市加权演化)

新加节点建议吸引度	全局有效性 E	平均路径长度 L	系统总费用 TC	拥堵因子 J	计算参数 R_2 $E/(L \times J \times TC^2)$	计算参数 R_3 $E/(L \times J \times TC^3)$
吸引度 40	0.357	2.805	327	0.058103976	0.0000204849	0.000000062645
吸引度 45	0.357	2.805	327	0.058103976	0.0000204849	0.000000062645
吸引度 50	0.357	2.805	327	0.058103976	0.0000204849	0.000000062645
吸引度 55	0.353	2.829	327	0.051987768	0.0000224463	0.000000068643
吸引度 60	0.353	2.829	327	0.051987768	0.0000224463	0.000000068643
吸引度 65	0.355	2.819	327	0.048929664	0.0000240694	0.000000073607
吸引度 70	0.354	2.823	327	0.048929664	0.0000239676	0.000000073295
吸引度 75	0.354	2.823	327	0.048929664	0.0000239676	0.000000073295

从表 8-62 分析得知,在吸引度为 65 时,两个计算参数 R_2 和 R_3 均达到最优。因此加权演化的投资额度可以按照吸引度为 65 来计算。

8.3.5　新建物流节点投资额度确定

以现有节点一级物流节点影响因素指标值为依据,再根据佛山市禅城区物流园区的实际情况,分别估算出除投资额度之外其他影响因素的指标值,如表 8-63 所示。

根据得到的标准吸引度的值,由已知的 16 个影响因素逆推得到政府决策者最为关注的影响因素指标值,即物流园区基础建设投资额。根据 7.2 节的逆推过程,其逆推结果化简得：

$$R + 0.5139 \left\{ \begin{array}{l} 3\ln\dfrac{1}{R} + 0.41\ln\dfrac{0.41}{R} + 0.253\ln\dfrac{0.253}{R} + \\ 0.503\ln\dfrac{0.503}{R} + (R-3.913)\ln\dfrac{R-3.913}{R} \end{array} \right\} =$$

$$Z_7 \left[\begin{array}{l} 2.019 + 0.5139\left(\dfrac{3}{R}\ln\dfrac{1}{R} + \dfrac{0.41}{R}\ln\dfrac{0.41}{R} + \dfrac{0.253}{R}\ln\dfrac{0.253}{R} + \right. \\ \left. \dfrac{0.503}{R}\ln\dfrac{0.503}{R} + \dfrac{R-3.913}{R}\ln\dfrac{R-3.913}{R}\right) \end{array} \right] \tag{8-4}$$

其中，Z_7——新增节点的吸引度综合评判值；

$R = x + 652.6815/142.7$。

在计算投资额度的过程中，问题转换为求出式(8-4)的解即可得到投资额度的参考值。根据演化结果，无权演化网络和加权演化网络标准吸引度值 Z_7 分别为 40 和 65，由于这个方程式超出我们计算的范畴，根据目前所学的数学知识无法得到方程的解，只能借助数学软件 Maple 求解，又考虑到投资决策者对于物流园区的基础建设投资额的预算越少越好，所以在计算结果中选取较小的值。计算得到：佛山市无权演化网络标准吸引度值为 40 时，新建物流节点的投资额度为 207.2251 亿元；加权演化网络标准吸引度值为 65 时，投资额度为 296.555 亿元。这个投资额度可以为决策者提供规划的预算依据。

表8-63　佛山市各一级节点的影响因素指标值

一级物流节点	X_1/万人	X_2/亿元	X_3/个	X_4/万元	X_5/元	X_6/元	X_7/亿元	X_8/平方公里	X_{14}/平方公里	X_{19}	X_{20}	X_{21}	X_{22}	X_{24}	X_{25}/万吨	X_{29}	X_{33}
1	263.90	2172.44	2274	7344094	39843	30855	237	1073.82	12	7	9	10	10	10	945	9	7
2	263.90	2172.44	2274	7344094	39843	30855	237	1073.82	0.62	5	5	10	10	5	830	4	7
3	263.90	2172.44	2274	7344094	39843	30855	237	1073.82	1.38	7	8	7	10	5	545	8	7
4	63.13	840.52	856	1657190	28880	20605	153	874.22	1.23	7	6	10	10	5	785.5	6	10
5	42.52	558.72	480	934132	26207	19566	94.3	960	0.145	5	6	7	7	2	827.52	6	10
6	249.34	2556.78	1874	7302524	45714	35896	166.3	806	0.21	7	8	7	10	10	613	8	7
7	110.6	1342.35	678	5403000	34433	28912	x	154.09	0.35	7	7	10	10	10	730	7	10

9 港口货运网络拓扑结构优化案例分析

由于我国港口数目比较多,为使研究过程更加简便直观,选取我国 2017 年上半年 22 个规模以上港口作为研究目标,这些规模以上港口可以比较全面地反映出我国港口建设情况。然后从港口地理区位、大小和运输货物种类等不同因素全方位考虑,把这 22 个规模以上港口作为一级节点,与这 22 个港口相关的 77 个港口为二级节点,剩下 19 个总货物吞吐量较小的港口作为三级节点。

9.1 集装箱港口货运网络拓扑结构优化

9.1.1 集装箱港口吸引力影响因素指标体系

9.1.1.1 吸引力影响因素及指标数据资料收集

X_1:港口所在行政区的人口规模(单位:万人)

把 118 个港口所在行政区的人口规模作为指标。由于精确到地级市乃至乡镇的数据获取难度较大,因此部分港口所在行政区人口规模数据使用港口所在省级行政区人口规模数据代替。

X_2:港口所在行政区的生产总值(单位:亿元)

把 118 个港口所在行政区的生产总值作为指标。部分港口所在行政区生产总值数据使用港口所在省级行政区生产总值数据代替。

X_3:港口所在行政区的规模以上企业数(单位:个)

把 118 个港口所在行政区的规模以上企业数作为指标。部分港口所在行政区规模以上企业数使用港口所在省级行政区规模以上企业数代替。

X_4:港口所在行政区港口基础建设投资额度(单位:亿元)

以 118 个港口所在行政区的港口基础建设投资额度为指标。

X_5:港口所在行政区物流需求集散地密度(单位:个/平方公里)

该指标用港口所在行政区内企业数与分区土地面积的比值来表示。

以 118 个港口所在行政区内企业数与分区土地面积的比值为指标。

X_6:港口所在行政区产业结构和产业空间布局(单位:个)

用港口所在行政区内驻有的大中型企业数来表示。

以 118 个港口所在行政区内大中型企业数为指标。考虑到按照数目划分区间给各行政区打分会造成更多误差，而港口所在行政区内大中型企业数已经可以很好地表征产业结构和空间布局，因此直接使用企业数为指标代替了打分，旨在减小主观因素造成的不可预知的误差。

X_7：交通通达度（单位：公里）

用港口所在行政区公路里程来表示。

以 118 个港口所在行政区内公路里程为指标。实际上，现代港口运输一般涉及多式联运，港口运输只是其中一个中间环节，因此港口周边的交通通达度与铁路运输、港路运输、内河运输、航空运输甚至管道运输都可能有关系。由于相关因素复杂多变，数据获取也非常困难，因此使用公路里程来表征交通通达度。另外，公路作为基础的交通设施对于一个地区的交通通达度具有一定的代表性，因此使用公路里程作为指标也是具有一定程度的合理性的。

X_8：分区环境影响评价（单位：公顷）

以 118 个港口所在行政区内森林资源量为指标。港口所在市区的面积大小各异，距离市中心的远近不足以表示港口分区环境好坏，因此采用行政区森林资源量来作为分区环境影响评价的指标。

X_9：优惠政策（10 分制）

根据港口总货运量分级，并按照分级对港口政策因素影响进行评分，评分标准如表 9-1 所示。

表 9-1　优惠政策的分值分布

分项指标	一级港口	二级港口	三级港口
分值	10	8	6

X_{10}：港口所在行政区土地可利用面积（单位：千公顷）

以 118 个港口所在行政区内的可利用土地面积为指标。

X_{11}：港口的类型

根据港口级别来打分，评分标准如表 9-2 所示。

表 9-2　港口类型的分值分布

分项指标	一级港口	二级港口	三级港口
分值	7	5	2

X_{12}：港口的辐射半径（单位：公里）

以 118 个港口所在行政区内的港口辐射半径数据为指标。

X_{13}：港口地理位置（10 分制）

根据港口所处地理位置，按照港口所在地区的港口运输重要级别来评估分数，评分标准如表 9-3 所示。

表 9-3　港口地理位置的分值分布

分项指标	辽宁、河北、天津、山东	上海、江苏、浙江	广东	福建、广西、海南	其他
分值	10	9	8	7	6

X_{14}：港口规模（单位：万吨）

以 118 个港口的货物吞吐量为指标。

X_{15}：距离运输企业的远近（5 分制）

以 118 个港口所在行政区内运输企业与港口的距离为指标。综合当地企业数与所在市行政区面积大小适当评分。

X_{16}：港口发展的历史传承性（10 分制）

由港口的建成时间长短来表示，评分标准如表 9-4 所示。

表 9-4　历史传承性的分值分布

分项指标	大于 100 年	50～100 年	30～50 年	小于 30 年
分值	10	7	5	3

X_{17}：港口所在行政区城镇居民年人均可支配收入（单位：元）

以 118 个港口所在行政区内城镇居民年人均可支配收入为指标。

X_{18}：港口集装箱吞吐量统计（单位：万 TEU）

该指标用港口所在行政区内的集装箱吞吐量来表示。

X_{19}：交通运输设施的发展水平（10 分制）

该指标考察港口所在行政区内交通运输设施的建设水平，以 118 个港口所在行政区内公路里程、路网密度、铁路里程等数据为指标。

X_{20}：货运网络规模（单位：公里）

该指标用港口所在行政区内货运网络的总里程来表示，以 118 个港口所在行政区内货运网络所涵盖的公路、铁路、航运等线路里程数据为指标。

X_{21}：货运网络的技术支持（10 分制）

该指标考察港口所在行政区内交通运输及邮电发展的投资情况，以 118 个港口所在行政区内交通运输及邮电行业建设投资额度为指标。采用专家意见法对港口的货运网络技术支持指标打分，得出意见趋于一致的最终答案，作为各港口的货运网络技术支持指标的评分。

X_{22}：港口所在行政区城镇居民年人均消费支出（单位：元）

该指标用港口所在行政区内城镇居民年人均消费支出数据来表示，以 118 个港口所在行政区内城镇居民年人均消费支出数据为指标。

X_{23}：政府政策管控导向(10分制)

该指标考察港口所在行政区内的政府对于港口建设的政策变化趋势,以港口发展规划政策为指标对各港口进行评分。

X_{24}：劳动力及生产力布局

以118个港口所在行政区内制造业从业人口数拟合指数为指标。

X_{25}：成本因素(运输成本、营运成本、建筑成本和土地成本、固定成本)

以118个港口所在行政区内建设用地价格为指标。

X_{26}：水域环境质量(10分制)

以118个港口所在行政区内废水排放与环境保护治理投资等数据为指标。

9.1.1.2　建立港口吸引力影响因素指标体系

1. 初始数据

输入一、二、三级节点数据,得到描述统计量(详细数据见表9-5)。

表9-5　描述统计量(样本量 $N=118$)

指标	极小值	极大值	均值	标准差
X_1/万人	828.00	9248.00	6544.8475	2305.13781
X_2/亿元	4053.20	80854.91	48691.7423	26589.60018
X_3/个	337.00	47900.00	27620.2288	16494.20346
X_4/亿元	467.10	3738.00	2284.2737	863.84716
X_5/(个/平方公里)	0.04	1.68	0.8529	0.58225
X_6/个	92.00	10303.00	4880.5424	3535.00535
X_7/公里	13292.00	324138.00	179499.9661	66052.80257
X_8/公顷	7.73	2328.26	760.5409	594.00346
X_9	6.00	10.00	8.0508	1.18284
X_{10}/千公顷	308.50	2844.40	1770.3415	585.43593
X_{11}	2.00	7.00	4.8898	1.48372
X_{12}/公里	50.00	1265.23	263.7365	294.06227
X_{13}	6.00	10.00	7.8136	1.40785
X_{14}/万吨	0.00	37102.64	5673.8772	7497.22056
X_{15}	1.00	5.00	3.1186	1.17065
X_{16}	3.00	10.00	7.3644	3.03164

续表

指标	极小值	极大值	均值	标准差
X_{17}/元	25736.40	57691.70	34844.0254	6048.07815
X_{18}/万 TEU	0.00	1960.16	97.7711	258.18148
X_{19}	5.00	10.00	7.5339	1.26547
X_{20}/公里	15933.10	339578.70	194486.6983	66838.19985
X_{21}	2.00	10.00	6.8559	3.06141
X_{22}/元	17268.50	39856.80	24066.6051	4492.49047
X_{23}	1.00	10.00	6.7542	3.29448
X_{24}	5.20	601.50	259.1653	211.57052
X_{25}	0.32	5.21	3.2319	1.26363
X_{26}	6.00	10.00	7.8136	1.40785

2. 将数据进行标准化

使用描述统计功能，在原始变量的最后多了一列 Z 开头的新变量，这个变量就是标准化后的变量，如图 9-1 所示。

ZX1	ZX2	ZX3	ZX4	ZX5	ZX6	ZX7
-1.00812	-.99456	-1.18801	-1.87889	-1.00108	-1.04683	-.89151
.13281	-.62511	-.77944	-1.95136	-1.01825	-.80298	.13521
-2.38678	-1.15859	-1.35910	-1.79334	-.02212	-1.12434	-2.46373
1.17266	.72708	.72430	.80793	-.91521	.02559	1.30532
-2.01934	-.77147	-1.16824	-1.55048	1.26598	-.98572	-2.51629
.45253	1.07924	1.22951	.30877	1.42055	.67509	-.33603
-.67408	-.05417	.75831	.34454	-.15952	-.03834	-.91513
-1.29617	-.74770	-.62799	.25598	-.64041	-.45305	-1.10129
1.14924	1.20961	.91352	.86592	1.02553	1.53393	.58415
-.81767	-1.14233	-1.34327	-.50295	-.88086	-.96479	-.89251
-2.48005	-1.67880	-1.65411	-2.10358	-.00495	-1.35461	-2.29033
-1.18208	-1.25258	-1.43531	-1.33088	-1.39610	-1.22448	-.22706
.45253	1.07924	1.22951	.30877	1.42055	.67509	-.33603
-.67408	-.05417	.75831	.34454	-.15952	-.03834	-.91513
-.18430	-.91329	-.47182	-.75913	-.24539	-.89944	.27384
-.96907	-1.13551	-1.01182	-1.52674	-1.25870	-.79619	-.26632
-.36217	-.60273	-.68656	.63521	-1.08695	-.76536	1.22143
.09494	.64463	.80236	2.10358	1.13848	.68756	.88970

图 9-1　标准化后的变量

3. 求出 ZX1～ZX26 这 26 个指标的相关系数矩阵 $\boldsymbol{R}$

使用软件中的变量相关性功能，得到两个变量的相关系数矩阵，由矩阵中两个变量间的相关性数值，可以得出以下结论：

X_1 与 X_2 在 0.01 水平(双侧)上显著相关；

X_1 与 X_4 在 0.01 水平(双侧)上显著相关；

X_1 与 X_6 在 0.01 水平(双侧)上显著相关；

X_1 与 X_7 在 0.01 水平(双侧)上显著相关;

……

由相关系数矩阵可以看出,26 个指标彼此存在一定的相关性,说明这 26 个指标反映的吸引力信息有一定的重叠。

4. 计算矩阵 R 的特征值,求特征值的贡献率和累积贡献率

设 A 是 n 阶方阵,如果存在数 q 和非零 n 维列向量 x,使得 $Ax=qx$ 成立,则称 q 是 A 的一个特征值。在 SPSS 软件中使用因子分析功能,得到表 9-6。

表 9-6 解释的总方差

成分	初始特征值			提取平方和载入			旋转平方和载入		
	合计	方差百分比/(%)	累积贡献率/(%)	合计	方差百分比/(%)	累积贡献率/(%)	合计	方差百分比/(%)	累积贡献率/(%)
1	11.011	42.349	42.349	11.011	42.349	42.349	9.632	37.047	37.047
2	5.033	19.359	61.709	5.033	19.359	61.709	4.320	16.615	53.661
3	2.721	10.467	72.175	2.721	10.467	72.175	3.701	14.236	67.897
4	1.993	7.667	79.843	1.993	7.667	79.843	2.619	10.072	77.969
5	1.341	5.156	84.999	1.341	5.156	84.999	1.828	7.030	84.999
6	0.923	3.551	88.550						
7	0.812	3.122	91.671						
8	0.544	2.092	93.763						
9	0.394	1.514	95.277						
10	0.318	1.224	96.501						
11	0.283	1.090	97.591						
12	0.177	0.680	98.271						
13	0.146	0.560	98.830						
14	0.077	0.295	99.126						
15	0.062	0.239	99.364						
16	0.052	0.199	99.564						
17	0.034	0.131	99.695						
18	0.025	0.096	99.791						
19	0.021	0.081	99.872						

续表

成分	初始特征值			提取平方和载入			旋转平方和载入		
	合计	方差百分比/(%)	累积贡献率/(%)	合计	方差百分比/(%)	累积贡献率/(%)	合计	方差百分比/(%)	累积贡献率/(%)
20	0.012	0.045	99.918						
21	0.009	0.035	99.952						
22	0.006	0.024	99.976						
23	0.004	0.014	99.990						
24	0.002	0.008	99.998						
25	0.000	0.002	100.000						
26	3.043×10^{-17}	1.170×10^{-16}	100.000						

结论:以特征值大于1为提取的原则,可以看到有5个成分是符合原则的,前5个成分累积贡献率达到84.999%(见图9-2),也就是说前5个成分所解释的方差占总方差的84.999%,用这5个成分已经能够比较全面地反映港口吸引力,因此这5个成分能够客观地反映港口吸引力影响因素。

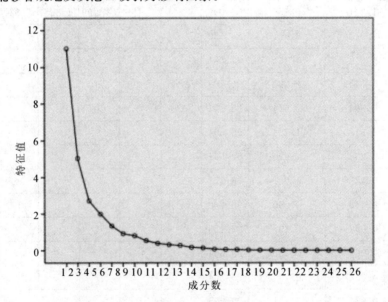

图9-2 碎石图

5. 初始因子成分矩阵

建立因子分析模型的目的不仅是找出主因子,更重要的是知道每个主因子的意义。然而用上述方法求出的公因子解,各主因子的典型代表变量不是很突出,容易使因子的意义含糊不清,不便于对问题进行分析。因此选用最大方差正交旋转法对因子进行旋转。根据SPSS软件的因子分析功能得出初始因子成分矩阵,见表9-7。

表 9-7 初始因子成分矩阵

	成分				
	1	2	3	4	5
$Zscore(X_1)$	0.741	−0.516	0.286	0.241	0.043
$Zscore(X_2)$	0.974	−0.141	0.055	0.019	−0.021
$Zscore(X_3)$	0.972	−0.052	−0.016	−0.005	−0.109
$Zscore(X_4)$	0.635	−0.490	0.260	−0.240	0.221
$Zscore(X_5)$	0.843	0.133	−0.193	−0.216	−0.219
$Zscore(X_6)$	0.918	−0.163	0.027	−0.202	0.071
$Zscore(X_7)$	0.227	−0.765	0.484	0.185	0.063
$Zscore(X_8)$	−0.273	−0.533	0.374	−0.224	0.359
$Zscore(X_9)$	−0.252	0.408	0.696	−0.166	−0.437
$Zscore(X_{10})$	0.614	−0.385	0.214	0.580	−0.183
$Zscore(X_{11})$	−0.249	0.365	0.678	−0.175	−0.481
$Zscore(X_{12})$	0.110	0.739	0.471	0.296	0.108
$Zscore(X_{13})$	0.580	0.494	−0.085	0.479	0.147
$Zscore(X_{14})$	0.121	0.736	0.320	0.406	0.208
$Zscore(X_{15})$	0.916	−0.020	−0.095	0.051	−0.224
$Zscore(X_{16})$	−0.193	0.245	0.327	−0.174	−0.255
$Zscore(X_{17})$	0.747	0.464	−0.090	−0.279	0.093
$Zscore(X_{18})$	0.104	0.659	0.431	−0.029	0.339
$Zscore(X_{19})$	0.202	0.074	0.495	−0.483	0.412
$Zscore(X_{20})$	0.283	−0.773	0.442	0.255	0.024
$Zscore(X_{21})$	0.801	−0.151	0.201	−0.022	−0.119
$Zscore(X_{22})$	0.790	0.332	−0.020	−0.340	0.215

续表

	成分				
	1	2	3	4	5
$Zscore(X_{23})$	0.939	0.014	−0.020	−0.134	−0.082
$Zscore(X_{24})$	0.912	0.042	−0.149	−0.129	−0.248
$Zscore(X_{25})$	−0.859	−0.344	0.124	0.196	−0.026
$Zscore(X_{26})$	0.580	0.494	−0.085	0.479	0.147

注：已提取了5个成分。

6. 因子旋转

在表9-7的基础上，用最大方差正交旋转法对因子进行旋转，得出表9-8。

表9-8 旋转成分矩阵

	成分				
	1	2	3	4	5
$Zscore(X_1)$	0.503	0.818	0.028	−0.176	0.049
$Zscore(X_2)$	0.870	0.420	0.118	−0.160	0.027
$Zscore(X_3)$	0.912	0.313	0.115	−0.120	−0.054
$Zscore(X_4)$	0.518	0.544	−0.190	−0.155	0.439
$Zscore(X_5)$	0.922	−0.033	0.009	−0.042	−0.092
$Zscore(X_6)$	0.865	0.305	−0.007	−0.177	0.207
$Zscore(X_7)$	−0.010	0.911	−0.215	−0.033	0.179
$Zscore(X_8)$	−0.367	0.369	−0.314	−0.030	0.554
$Zscore(X_9)$	−0.128	−0.043	0.162	0.940	0.070
$Zscore(X_{10})$	0.357	0.806	0.182	−0.111	−0.345
$Zscore(X_{11})$	−0.117	−0.027	0.109	0.943	0.040
$Zscore(X_{12})$	0.027	−0.076	0.848	0.386	0.072
$Zscore(X_{13})$	0.434	0.010	0.746	−0.210	−0.224
$Zscore(X_{14})$	0.003	−0.103	0.905	0.194	0.012
$Zscore(X_{15})$	0.880	0.258	0.095	−0.099	−0.202
$Zscore(X_{16})$	−0.084	−0.119	0.026	0.524	0.051
$Zscore(X_{17})$	0.818	−0.256	0.314	−0.028	0.187
$Zscore(X_{18})$	0.066	−0.190	0.681	0.278	0.407

续表

	成分				
	1	2	3	4	5
Zscore(X_{19})	0.195	0.061	0.095	0.193	0.779
Zscore(X_{20})	0.032	0.941	−0.195	−0.067	0.095
Zscore(X_{21})	0.723	0.436	0.058	0.033	0.041
Zscore(X_{22})	0.826	−0.146	0.260	−0.087	0.343
Zscore(X_{23})	0.922	0.201	0.089	−0.082	0.035
Zscore(X_{24})	0.949	0.109	0.013	−0.056	−0.139
Zscore(X_{25})	−0.899	0.124	−0.270	0.086	−0.085
Zscore(X_{26})	0.434	0.010	0.746	−0.210	−0.224

注：旋转在 7 次迭代后收敛。

根据每一成分对应每个变量的系数（其中负号表示向量的维度方向相反），由旋转后的成分矩阵，得出旋转空间中的成分图（见图 9-3），可以有如下结论：

成分 1 主要反映的是 X_3、X_5、X_{23}、X_{24} 的影响；

成分 2 主要反映的是 X_1、X_7、X_{10}、X_{20} 的影响；

成分 3 主要反映的是 X_{12}、X_{13}、X_{14}、X_{18}、X_{26} 的影响；

成分 4 主要反映的是 X_{11} 的影响；

成分 5 主要反映的是 X_{19} 的影响。

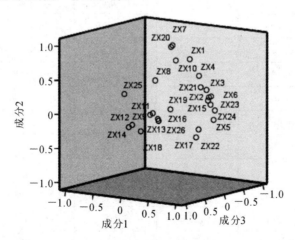

图 9-3 旋转空间中的成分图

7. 因子得分系数矩阵

使用 SPSS 软件因子分析功能，利用 regression（回归法），得出因子得分系数矩阵即成分得分系数矩阵,见表9-9。

表 9-9 成分得分系数矩阵

	成分				
	1	2	3	4	5
$Zscore(X_1)$	−0.005	0.196	0.052	−0.022	0.002
$Zscore(X_2)$	0.076	0.060	0.004	−0.003	−0.004
$Zscore(X_3)$	0.098	0.029	−0.021	0.028	−0.054
$Zscore(X_4)$	0.032	0.078	−0.038	−0.045	0.230
$Zscore(X_5)$	0.147	−0.079	−0.104	0.074	−0.078
$Zscore(X_6)$	0.091	0.006	−0.041	−0.024	0.103
$Zscore(X_7)$	−0.058	0.241	0.017	0.018	0.061
$Zscore(X_8)$	−0.073	0.084	−0.009	−0.070	0.313
$Zscore(X_9)$	0.048	0.042	−0.043	0.418	−0.070
$Zscore(X_{10})$	−0.026	0.238	0.096	0.030	−0.227
$Zscore(X_{11})$	0.056	0.042	−0.064	0.432	−0.092
$Zscore(X_{12})$	−0.053	0.063	0.258	0.074	0.036
$Zscore(X_{13})$	−0.028	0.039	0.241	−0.126	−0.082
$Zscore(X_{14})$	−0.077	0.057	0.300	−0.023	0.031
$Zscore(X_{15})$	0.106	0.021	−0.039	0.056	−0.143
$Zscore(X_{16})$	0.039	−0.010	−0.054	0.235	−0.031
$Zscore(X_{17})$	0.105	−0.120	0.013	−0.012	0.113
$Zscore(X_{18})$	−0.041	−0.007	0.212	−0.004	0.244
$Zscore(X_{19})$	0.006	−0.016	0.034	−0.002	0.431
$Zscore(X_{20})$	−0.056	0.251	0.023	0.015	0.014
$Zscore(X_{21})$	0.075	0.077	−0.023	0.085	−0.020
$Zscore(X_{22})$	0.093	−0.102	0.017	−0.051	0.206
$Zscore(X_{23})$	0.111	−0.009	−0.042	0.035	−0.004
$Zscore(X_{24})$	0.140	−0.037	−0.093	0.080	−0.111
$Zscore(X_{25})$	−0.111	0.089	−0.001	0.010	−0.051
$Zscore(X_{26})$	−0.028	0.039	0.241	−0.126	−0.082

8. 港口综合得分及排序

结合成分系数矩阵表和各指标因素标准值图,通过总得分公式计算我国规模以上港口综合得分并根据得分高低进行排序。评分公式如下:

(1) 总得分＝成分 1 的方差贡献率×成分 1 的得分＋成分 2 的方差贡献率×成分 2 的得分＋成分 3 的方差贡献率×成分 3 的得分＋成分 4 的方差贡献率×成分 4 的得分＋成分 5 的方差贡献率×成分 5 的得分。

(2) 成分的得分 $FAC = X_1 \times a_1 + X_2 \times a_2 + \cdots + X_n \times a_n$。

9. 建立港口吸引力影响因素指标体系

从初始因子成分矩阵可以看出 X_3、X_5、X_{23}、X_{24} 在第 1 主成分上有较高载荷,说明第 1 主成分基本反映了港口所在行政区的规模以上企业数、港口所在行政区物流需求集散地密度、政府政策管控导向、劳动力及生产力布局等指标的信息;X_1、X_7、X_{10}、X_{20} 在第 2 主成分上有较高载荷,说明第 2 主成分基本反映了港口所在行政区的人口规模、交通通达度、港口所在行政区土地可利用面积、货运网络规模等指标的信息;X_{12}、X_{13}、X_{14}、X_{18}、X_{26} 在第 3 主成分上有较高载荷,说明第 3 主成分基本反映了港口的辐射半径、港口地理位置、港口规模、港口集装箱吞吐量统计等指标的信息;X_{11} 在第 4 主成分上有较高载荷,说明第 4 主成分基本反映了港口的类型指标的信息;X_{19} 在第 5 主成分上有较高载荷,说明第 5 主成分基本反映了交通运输设施的发展水平指标的信息。

每个成分中系数越大的因子在该成分中占据的因子载荷越大,去除其他对主成分影响较小的因子,结合德尔菲法分析,选取每个成分中载荷最大的几种因子作为节点吸引度计算的因素指标,提取的 14 个因素如下:

X_1:港口所在行政区的人口规模(单位:万人);

X_3:港口所在行政区的规模以上企业数(单位:个);

X_5:港口所在行政区物流需求集散地密度(单位:个/平方公里);

X_7:交通通达度(单位:公里);

X_{10}:港口所在行政区土地可利用面积(单位:千公顷);

X_{11}:港口的类型;

X_{12}:港口的辐射半径(单位:公里);

X_{13}:港口地理位置(10 分制);

X_{14}:港口规模(单位:万吨);

X_{18}:港口集装箱吞吐量统计(单位:万 TEU);

X_{19}:交通运输设施的发展水平(10 分制);

X_{20}:货运网络规模(单位:公里);

X_{23}:政府政策管控导向(10 分制);

X_{24}：劳动力及生产力布局。

10.量表效度的检验

对量表效度的检验主要是通过内容效度、结构效度、关联效度三个方面来衡量的。经检验，各因素标准值与总得分构成的量表效度较好。

9.1.2 集装箱港口初始货运拓扑网络演化模型建立

9.1.2.1 集装箱港口货运拓扑网络无权演化

参照第5章建立的无权演化模型对集装箱港口网络进行初始化，导入节点的坐标和吸引度，运行程序后得到如图9-4所示的节点连接情况。由于节点太多，只能截取部分截图，第一、二列数据分别表示连接成边的节点序号，第三列数据表示节点间的连接概率。

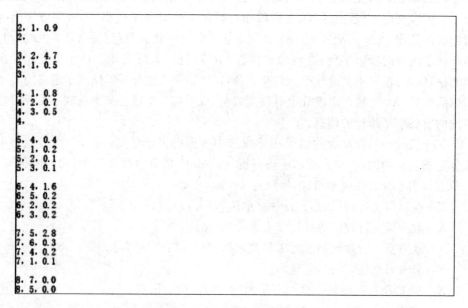

图 9-4 程序运行结果部分截图

由设计程序输出节点连接概率的 txt 文件，部分截图如图9-5所示。

然后将导出的 txt 文件转化为 csv 文件导入 Gephi 中，进行网络节点的动态演化。再使用 Gephi 导出网络节点要素和边要素的 shapefile 数据，并导入 Arcgis 中，对边要素分层之后的结果如图9-6所示。

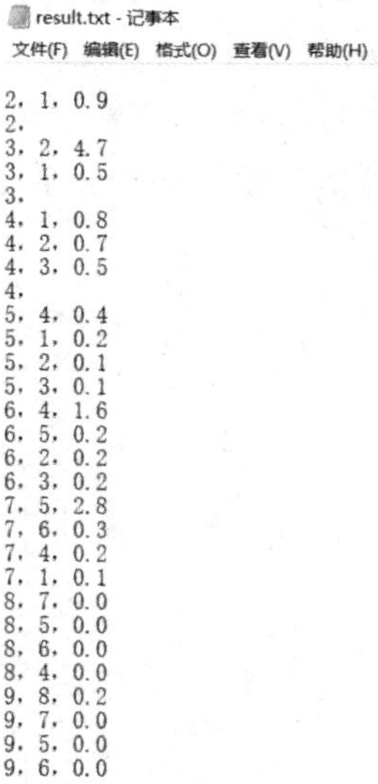

9 港口货运网络拓扑结构优化案例分析

```
2, 1, 0.9
2,
3, 2, 4.7
3, 1, 0.5
3,
4, 1, 0.8
4, 2, 0.7
4, 3, 0.5
4,
5, 4, 0.4
5, 1, 0.2
5, 2, 0.1
5, 3, 0.1
6, 4, 1.6
6, 5, 0.2
6, 2, 0.2
6, 3, 0.2
7, 5, 2.8
7, 6, 0.3
7, 4, 0.2
7, 1, 0.1
8, 7, 0.0
8, 5, 0.0
8, 6, 0.0
8, 4, 0.0
9, 8, 0.2
9, 7, 0.0
9, 5, 0.0
9, 6, 0.0
```

图 9-5　节点连接关系的 txt 文件

图 9-6　集装箱港口初始货运拓扑网络无权演化图

9.1.2.2　集装箱港口货运拓扑网络加权演化

1. 加权演化模型二

（1）货运网络初始状态设置。

参照第 5 章建立的加权演化模型二，为了更贴合现实集装箱运输网络演化过

185

程,初始网络由少数节点构成,且为不完全连接网络。随机将少数节点数据先导入复杂网络分析软件 Gephi 中,布局方式采用 Geolayout(地理布局)。然后在 Gephi 的图形工作区里定义边的连接状态并连接节点对,在数据资料栏里对边的权重赋值,在 Matlab 的 GUI 可视化界面输出,最后得到初始网络连接状态,如图 9-7 所示。

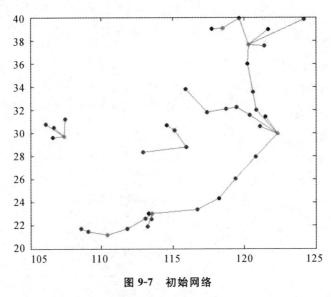

图 9-7 初始网络

(2) 基于 GUI 界面的货运网络动态可视化过程。

由于港口数量众多,而且很难得知现实网络中节点先后加入的顺序,因此根据一级节点、二级节点、三级节点依次配置的原则对港口添加顺序进行了自定义。为了表现集装箱运输网络拓扑结构的动态变化,这里将剩余的港口分成四部分,按照先后顺序将剩余港口加入网络中,由 Matlab 自动读取,然后在 GUI 可视化界面呈现出图形状态。在货运网络中,考虑到各级别港口节点的规模、功能、辐射范围存在较大的差异,一级节点作为运输的端点节点度 k_{max} 设置最大,三级节点作为配送的末端节点度 k_{max} 最小,二级节点度 k_{max} 介于二者之间。在代码中,一级节点度 k_{max} 为 15,二级节点度 k_{max} 为 10,三级节点度 k_{max} 为 5。将剩余的节点分先后顺序加入网络中,在 Matlab 自带的 GUI 界面里可以得到各个节点加入后网络拓扑结构演化的示意图,然后导入 Arcgis 中,如图 9-8 所示。

2. 加权演化模型三

为了使演化模型尽可能符合集装箱港口货运网络的真实过程,参照第 5 章建立的加权演化模型三,按照演化规则调整顺序将港口逐一加入演化网络中,算法及演化结果如下。

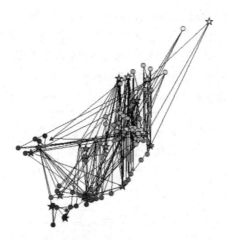

图 9-8　集装箱港口初始货运拓扑网络加权演化模型二图示

为便于直观感受动态演化历程,将演化过程分为六个阶段,如图 9-9 所示。

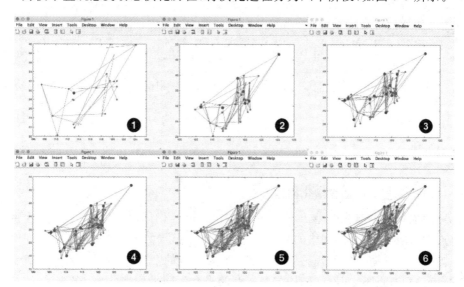

图 9-9　加权演化模型三的演化分阶段展示

9.1.3　集装箱港口货运网络拓扑结构优化

9.1.3.1　集装箱港口货运网络拓扑结构各参数指标分析

(一)集装箱港口无权演化网络

通过更改演化模型的代码,即更改每个节点连接其他节点的个数(这里初始网络的每个节点连接其他节点的个数为3),可以改变网络的平均度。改变演化模型代码中每个节点连接节点的个数,分别为3、4、5、6、7、10、15,从而得到节点不变、网络结构类型不变的具有不同平均度的8个新网络的基本网络参数。运用第6章的公式计算货运网络拓扑结构初始网络参数,如表9-10所示。

表9-10 不同节点连接个数的集装箱港口货运网络拓扑结构初始网络参数(无权演化)

节点连接个数 n	节点数 N	边数 K	平均度 $\langle k \rangle$	聚类系数 C	网络直径 D	平均路径长度 L	网络连接度 Q_n	全局有效性 E	局部有效性 E_{lo}	系统总费用 TC
2	118	350	2.966	0.570	8	3.679	5.932	0.272	1.754	350
3	118	465	3.941	0.600	6	3.240	7.881	0.309	1.667	465
4	118	579	4.907	0.603	6	2.950	9.814	0.339	1.658	579
5	118	692	5.864	0.613	5	2.746	11.729	0.362	1.631	692
6	118	804	6.814	0.626	5	2.607	13.627	0.384	1.597	804
7	118	915	7.754	0.642	5	2.479	15.508	0.403	1.558	915
10	118	1242	10.525	0.663	4	2.193	21.051	0.456	1.508	1242
15	118	1767	14.975	0.685	3	1.970	29.949	0.508	1.460	1767

(二)集装箱港口加权演化网络

运用加权网络演化模型二,通过更改演化模型的代码,即更改每个节点连接其他节点的个数(这里初始网络的每个节点连接其他节点的个数为3),可以改变网络的平均度。改变演化模型代码中每个节点连接节点的个数,分别为3、4、5、6、7、10、15,从而得到节点不变、网络结构类型不变的具有不同平均度的8个新网络的基本网络参数,如表9-11所示。

表9-11 不同节点连接个数的集装箱港口货运网络拓扑结构初始网络参数(加权演化)

节点连接个数 n	节点数 N	边数 K	平均度 $\langle k \rangle$	聚类系数 C	网络直径 D	平均路径长度 L	网络连接度 Q_n	全局有效性 E	局部有效性 E_{lo}	系统总费用 TC
2	118	193	3.271	0.179	13	5.024	3.271	0.199	5.587	193

续表

节点连接个数 n	节点数 N	边数 K	平均度 $\langle k \rangle$	聚类系数 C	网络直径 D	平均路径长度 L	网络连接度 Q_n	全局有效性 E	局部有效性 E_{lo}	系统总费用 TC
3	118	271	4.593	0.203	8	3.951	4.593	0.253	4.926	271
4	118	349	5.915	0.249	8	3.556	5.915	0.281	4.016	349
5	118	427	7.237	0.265	7	3.157	7.237	0.317	3.774	427
6	118	505	8.559	0.265	5	2.957	8.559	0.338	3.774	505
7	118	583	9.881	0.221	5	2.669	9.881	0.375	4.525	583
10	118	817	13.847	0.144	4	2.215	13.847	0.451	6.944	817
15	118	1207	20.458	0.052	4	2.058	20.458	0.486	19.231	1207

9.1.3.2 集装箱港口货运拓扑网络最优平均度选择

(一)集装箱港口无权演化网络

分析表 9-12 中的数据以及图 9-10 和图 9-11 所示的趋势线,可知计算参数 R_4 和计算参数 R_5 在平均度为 2.966 时存在极大值点,同时平均度 2.966 对应的两个计算参数的值也相对较大。因此在无权演化模型下,集装箱港口货运拓扑网络的最优平均度为 2.966。

表 9-12 集装箱港口无权演化网络计算参数

平均度 $\langle k \rangle$	全局有效性 E	平均路径长度 L	系统总费用 TC	网络连接度 Q_n	计算参数 R_4 $E \times Q_n / (L \times TC^2)$	计算参数 R_5 $E \times Q_n / (L \times TC^3)$
2.966	0.272	3.679	350	5.932	0.000003580174	0.000000010229
3.941	0.309	3.240	465	7.881	0.000003476073	0.000000007475
4.907	0.339	2.950	579	9.814	0.000003364082	0.000000005810
5.864	0.362	2.746	692	11.729	0.000003228917	0.000000004666
6.814	0.384	2.607	804	13.627	0.000003105120	0.000000003862

续表

平均度 $\langle k \rangle$	全局有效性 E	平均路径长度 L	系统总费用 TC	网络连接度 Q_n	计算参数 R_4 $E \times Q_n / (L \times TC^2)$	计算参数 R_5 $E \times Q_n / (L \times TC^3)$
7.754	0.403	2.479	915	15.508	0.000003011217	0.000000003291
10.525	0.456	2.193	1242	21.051	0.000002837630	0.000000002285
14.975	0.508	1.970	1767	29.949	0.000002473470	0.000000001400

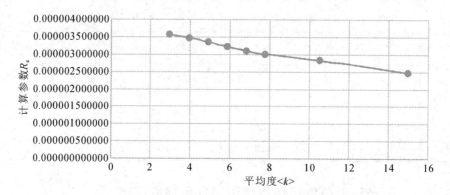

图 9-10 不同平均度网络的计算参数 R_4 变化趋势图(无权)

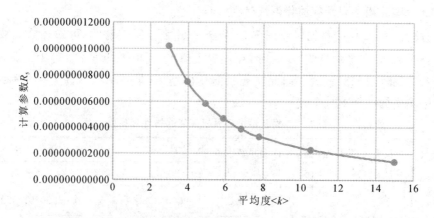

图 9-11 不同平均度网络的计算参数 R_5 变化趋势图(无权)

(二)集装箱港口加权演化网络

分析表 9-13 中的数据以及图 9-12 所示的趋势线,可知计算参数 R_5 在平均度为 3.271 时存在极大值点,同时平均度 3.271 对应的计算参数 R_5 也相对较大。因此在加权演化模型下,集装箱港口货运拓扑网络的最优平均度为 3.271。

表 9-13 集装箱港口加权演化网络计算参数

平均度 $\langle k \rangle$	全局有效性 E	平均路径长度 L	系统总费用 TC	网络连接度 Q_n	计算参数 R_5 $E \times Qn/(L \times TC^3)$
3.271	0.199	5.024	193	3.271	0.000000018022
4.593	0.253	3.951	271	4.593	0.000000014778
5.915	0.281	3.556	349	5.915	0.000000010996
7.237	0.317	3.157	427	7.237	0.000000009334
8.559	0.338	2.957	505	8.559	0.000000007597
9.881	0.375	2.669	583	9.881	0.000000007006
13.847	0.451	2.215	817	13.847	0.000000005170
20.458	0.486	2.058	1207	20.458	0.000000002747

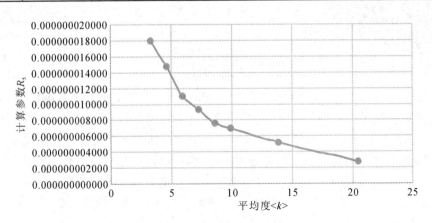

图 9-12 不同平均度网络的计算参数 R_5 变化趋势图（加权）

9.1.4 新建集装箱港口节点吸引度确定

在现阶段，整个黑龙江省规模以上港口只有佳木斯与哈尔滨两个，位于黑龙江省松花江流经区域的肇源县并无港口。考虑到黑龙江省轻重工业与零售行业运输对于集装箱运输有较大的需求，同时弥补集装箱运输网络在黑龙江省分布不均衡的情况，所以拟于黑龙江省肇源县新建一个三级港口。

(一) 集装箱港口无权演化网络

因为现有的19个三级港口的吸引度在 0.2～31.36 范围内，因此为新加港口预设了 0.2、5、10、15、20、25、30、35 等 8 个吸引度,代入无权演化模型,得到 8 个新网络,这 8 个新网络的网络参数如表 9-14 所示。

表 9-14　加入具有不同吸引度新节点的拓扑网络参数(集装箱港口无权演化)

新加节点建议吸引度	节点数 N	边数 K	平均度 $\langle k \rangle$	聚类系数 C	网络直径 D	平均路径长度 L	网络连接度 Q_n	全局有效性 E	局部有效性 E_{lo}	系统总费用 TC
初始网络	118	350	2.966	0.570	8	3.679	5.932	0.272	1.754	350
吸引度 0.2	119	351	2.950	0.572	8	3.708	5.899	0.270	1.748	351
吸引度 5	119	351	2.950	0.572	8	3.708	5.899	0.270	1.748	351
吸引度 10	119	351	2.950	0.572	8	3.708	5.899	0.270	1.748	351
吸引度 15	119	351	2.950	0.572	8	3.708	5.899	0.270	1.748	351
吸引度 20	119	351	2.950	0.572	8	3.708	5.899	0.270	1.748	351
吸引度 25	119	351	2.950	0.572	8	3.708	5.899	0.270	1.748	351
吸引度 30	119	351	2.950	0.572	8	3.708	5.899	0.270	1.748	351
吸引度 35	119	351	2.950	0.572	8	3.708	5.899	0.270	1.748	351

从表 9-14 可以发现,当吸引度发生改变时,全局有效性并没有明显改变。据此猜测新加入节点不会影响原有节点的布局形态和相关参数。

而新港口在黑龙江省肇源县,地处松花江畔,附近地区又没有集装箱运输港口,选的位置正好弥补了网络的覆盖率不够的缺点,同时根据其位置及社会经济发展水平特点,考虑建设三级港口,吸引度按照最小的 0.2 计算。将吸引度为 0.2 的新建港口添加到 2 节点无权演化网络中,结果如图 9-13 所示。

分析图 9-13 和表 9-14 可以发现,网络连接情况发生了变化,加入吸引度为 0.2 的新节点后,与原网络相比,聚类系数由 0.570 增加到 0.572,节点集聚性增大,表明港口覆盖均衡性下降;平均路径长度由 3.679 增大到 3.708,表明港口间通达性降低了;网络连接度由 5.932 减小为 5.899,表明港口间连接程度降低了;全局有效性由 0.272 下降为 0.270,表明网络运输效率下降了。上述主要网络参数的变化表明,新网络的连通性和运行效率与原网络相比是降低了的,因此原网络更优。可知在无权演化模型下,选择新建港口是不合理的。

(二)集装箱港口加权演化网络

同样地,将新加港口的 8 个预设吸引度代入加权演化模型二,得到 8 个新网络,这 8 个新网络的网络参数如表 9-15 所示。

9 港口货运网络拓扑结构优化案例分析

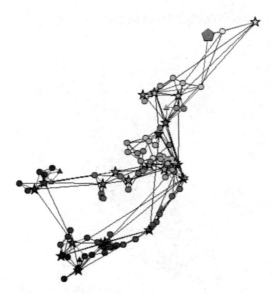

图 9-13 加入新建港口后的货运拓扑网络无权演化图(五边形符号为新建港口)

表 9-15 加入具有不同吸引度新节点的拓扑网络参数(集装箱港口加权演化)

新加节点 建议吸引度	节点数 N	边数 K	平均度 $\langle k \rangle$	聚类 系数 C	网络 直径 D	平均路 径长度 L	网络 连接度 Q_n	全局 有效性 E	局部 有效性 E_{lo}	系统 总费用 TC
初始网络	118	193	3.271	0.179	13	5.024	3.271	0.1990	5.587	350
吸引度 0.2	119	195	3.277	0.177	13	5.022	3.277	0.1991	5.650	195
吸引度 5	119	195	3.277	0.177	13	5.022	3.277	0.1991	5.650	195
吸引度 10	119	195	3.277	0.177	13	5.022	3.277	0.1991	5.650	195
吸引度 15	119	195	3.277	0.177	13	5.022	3.277	0.1991	5.650	195
吸引度 20	119	195	3.277	0.177	13	5.022	3.277	0.1991	5.650	195
吸引度 25	119	195	3.277	0.177	13	5.022	3.277	0.1991	5.650	195
吸引度 30	119	195	3.277	0.177	13	5.022	3.277	0.1991	5.650	195
吸引度 35	119	195	3.277	0.177	13	5.022	3.277	0.1991	5.650	195

从表 9-15 可以发现,当吸引度发生改变时,全局有效性并没有明显改变。据此猜测新加入节点不会影响原有节点的布局形态和相关参数。将吸引度为 0.2 的新

建港口添加到 2 节点加权演化网络中,结果如图 9-14 所示。

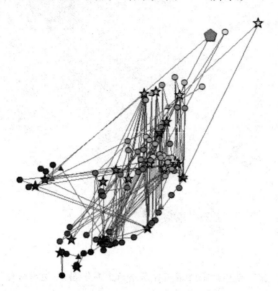

图 9-14 加入新建港口后的货运拓扑网络加权演化图(五边形符号为新建港口)

分析图 9-14 可以发现网络出现了变化,与原网络相比,聚类系数由 0.179 减小到 0.177,节点集聚性减小,表明港口覆盖更加平均;平均路径长度由 5.024 减小为 5.022,表明港口间通达性更好了;网络连接度由 3.271 增加为 3.277,表明港口间连接程度提高了;全局有效性由 0.1990 增加到 0.1991,也是有所增加,表明网络运输效率提升了。以上网络主要参数的变化意味着网络的连通性比之前的网络更优了,新网络比原网络更加优化了。因此,在加权演化模型二下,选择新建港口是合理的。

综上所述,在无权演化模型下,认为选择新建港口是不合理的;而在加权演化模型二下,选择新建港口是合理的。因此,在实际港口建设决策中,一定要结合多方面因素综合考虑。

9.1.5 新建集装箱港口的港口规模确定

如果确定需要新建港口,可以利用逆推法求出相关港口建设参数值,这里以求新建港口规模为例演示具体计算过程。

以现有三级集装箱港口节点影响因素指标值为依据,再根据黑龙江省肇源县新建三级港口的实际情况,分别估算出除港口规模之外其他影响因素的指标值,如表 9-16 所示。

表 9-16 集装箱港口各三级节点的影响因素指标值

三级港口节点	X_1/万人	X_3/个	X_5/(个/平方公里)	X_7/公里	X_{10}/千公顷	X_{11}	X_{12}/公里	X_{13}	X_{14}/万吨	X_{18}/万TEU	X_{19}	X_{20}/公里	X_{23}	X_{24}
1	6851	14764	0.26	22026	2218.9	2	255.63	10	14592.87	81.51	5	195387	3	62.3
2	6851	14764	0.26	188431	2218.9	2	255.63	10	13645.52	24.85	5	195387	3	62.3
3	9248	39567	0.32	265720	2844.4	2	200	10	3948.12	33.93	8	272289.3	8	123.5
4	9248	39567	0.32	265720	2844.4	2	255.63	10	6814.65	0	8	272289.3	8	123.5
5	4991	40128	0.76	119053	1300.9	2	200	9	23698.55	55.58	8	131394.9	10	416.4
6	3557	17262	0.48	106757	832.9	2	200	7	1129.56	3.84	8	113203	5	126.1
7	3557	17262	0.48	106757	832.9	2	200	7	2401.67	22.21	8	113203	5	126.1
8	9194	42688	1.45	218085	2037.6	2	50	8	2771.23	248.79	8	234393.9	10	425.9
9	9194	42688	1.45	218085	2037.6	2	50	8	279.27	0	8	234393.9	10	425.9
10	9194	42688	1.45	218085	2037.6	2	200	8	0	0	8	234393.9	10	425.9
11	9194	42688	1.45	218085	2037.6	2	50	8	3247.21	570.8	8	234393.9	10	425.9
12	9194	42688	1.45	218085	2037.6	2	50	8	212.12	1.34	8	234393.9	10	425.9
13	9194	42688	1.45	218085	2037.6	2	200	8	487.2	14.2	8	234393.9	10	425.9
14	9194	42688	1.45	218085	2037.6	2	50	8	2577.71	42.09	8	234393.9	10	425.9
15	9194	42688	1.45	218085	2037.6	2	255.63	8	7158.99	18.98	8	234393.9	10	425.9
16	7588	47900	1.68	157304	2291.9	2	200	9	4333.74	47.77	5	184454.4	10	601.5
17	7588	47900	1.68	157304	2291.9	2	255.63	9	13273.6	1.75	5	184454.4	10	601.5
18	2798	6782	0.49	142921	675.7	2	50	6	239.09	8.14	6	149375.1	3	59.6
19	2798	6782	0.49	142921	675.7	2	50	6	923.79	1.4	6	149375.1	3	59.6
20	3820	3946	0.04	164502	1630.9	2	50	6	x		6	175833.8	2	21.9

可以看到表 9-16 最后一行新节点的影响因素中有一个未知数 x，这个未知的影响因素就是要计算的新建集装箱港口的港口规模。根据已确定的标准吸引度值，就可以逆推得到这个港口规模的值。

根据得到的标准吸引度的值，由已知的 13 个影响因素逆推得到政府决策者关注的影响因素指标值，即新建集装箱港口的港口规模。根据 7.2 节的逆推过程，其逆推结果化简得：

$$R+0.33\left[\begin{array}{l}0.62\ln\dfrac{0.62}{R}+0.58\ln\dfrac{0.58}{R}+0.17\ln\dfrac{0.17}{R}+0.29\ln\dfrac{0.29}{R}+\\ \ln\dfrac{1}{R}+0.05\ln\dfrac{0.05}{R}+0.1\ln\dfrac{0.1}{R}+0.12\ln\dfrac{0.12}{R}+0.03\ln\dfrac{0.01}{R}+\\ 0.14\ln\dfrac{0.14}{R}+0.02\ln\dfrac{0.02}{R}+0.11\ln\dfrac{0.11}{R}+0.3\ln\dfrac{0.3}{R}+0.18\ln\dfrac{0.18}{R}+\\ 0.56\ln\dfrac{0.56}{R}+0.04\ln\dfrac{0.04}{R}+(R-4.29)\ln\dfrac{R-4.29}{R}\end{array}\right]=$$

$$Z_{20}\left\{0.7+0.33\dfrac{1}{R}\left[\begin{array}{l}0.62\ln\dfrac{0.62}{R}+0.58\ln\dfrac{0.58}{R}+0.17\ln\dfrac{0.17}{R}+0.29\ln\dfrac{0.29}{R}+\\ \ln\dfrac{1}{R}+0.05\ln\dfrac{0.05}{R}+0.1\ln\dfrac{0.1}{R}+0.12\ln\dfrac{0.12}{R}+0.03\ln\dfrac{0.01}{R}+\\ 0.14\ln\dfrac{0.14}{R}+0.02\ln\dfrac{0.02}{R}+0.11\ln\dfrac{0.11}{R}+0.3\ln\dfrac{0.3}{R}+\\ 0.18\ln\dfrac{0.18}{R}+0.56\ln\dfrac{0.56}{R}+0.04\ln\dfrac{0.04}{R}+(R-4.29)\ln\dfrac{R-4.29}{R}\end{array}\right]\right\}$$

(9-1)

其中，Z_{20}——新增港口的吸收度综合评价值；

$R=4.29+x/23698.55$。

在计算新建港口规模的过程中，问题转换为求出式(9-1)的解即可得到新建港口规模的参考值。

根据之前的集装箱港口货运网络拓扑结构优化步骤中得出的结论可知，新建港口的吸引度取值为 0.2，但是从现实情况考虑，港口一般都是运输各种货物的综合运输港口，单纯地根据集装箱这种单一货物推算出来的吸引度并不符合实际。此外，这个吸引度的值过小，会对预测结果产生意想不到的不良影响，因此在推算港口规模时，决定在三级港口吸引度变化范围(0.2~35)内，取 10 作为新建港口的吸引度，即 $Z_{20}=10$，并代入方程求解。借助数学软件 Maple 求解，最终得到港口货物总吞吐量 x 为 14320.13 万吨。这里的港口规模是以港口货物总吞吐量为指标衡量的，考虑到东北地区重工业发达，但规模以上港口较少的事实，可以得知预测值是基本符合东北地区实际情况的，可以为决策者提供规划与决策的依据。

9.2 石油天然气及制品港口货运网络拓扑结构优化

9.2.1 石油天然气及制品港口吸引力影响因素指标体系

9.2.1.1 吸引力影响因素及指标数据资料收集

X_1:港口原油接卸能力(单位:万吨)

依据我国主要原油港口的相关数据,在此基础上结合港口石油天然气及制品吞吐量数据进行分析。

X_2:港口所在行政区能源消费总量(单位:万吨标准煤)

把 118 个港口所在行政区的能源消费总量作为指标数据。

X_3:港口所在行政区的人口规模(单位:万人)

以 118 个港口所在行政区的人口规模作为指标。由于精确到地级市乃至乡镇的数据获取难度较大,因此部分港口所在行政区人口规模数据使用港口所在省级行政区人口规模数据代替。

X_4:港口所在行政区的生产总值(单位:亿元)

以 118 个港口所在行政区的生产总值作为指标。部分港口所在行政区生产总值数据使用港口所在省级行政区生产总值数据代替。

X_5:港口所在行政区港口密度(单位:个/平方公里)

以 118 个港口所在行政区内港口和土地面积为指标。该指标用港口所在行政区内港口个数与分区土地面积的比值来表示。

X_6:港口所在行政区产业结构和产业空间布局(单位:个)

用港口所在行政区内驻有的大中型企业数来表示。

以 118 个港口所在行政区内大中型企业数为指标。考虑到按照数目划分区间给各行政区打分会造成更多误差,而港口所在行政区内大中型企业数已经可以很好地表征产业结构和空间布局,因此直接使用企业数为指标代替了打分,旨在减小主观因素造成的不可预知的误差。

X_7:交通通达度(单位:公里)

用港口所在行政区公路里程来表示。

以 118 个港口所在行政区内公路里程为指标。实际上,现代港口运输一般涉及多式联运,港口运输只是其中一个中间环节,因此港口周边的交通通达度与铁路运输、港路运输、内河运输、航空运输甚至管道运输都可能有关系。由于相关因素复杂多变,数据获取也非常困难,因此使用公路里程来表征交通通达度。另外,公路作为基础的交通设施对于一个地区的交通通达度具有一定的代表性,因此使用公路里程作为指标也是具有一定程度的合理性的。

X_8:分区环境影响评价(单位:公顷)

以118个港口所在行政区内森林资源量为指标。

X_9:优惠政策(10分制)

根据港口总货运量分级,并按照分级来打分表示,对港口政策因素影响进行评分,评分标准如表9-1所示。

X_{10}:港口所在行政区港口基础建设投资额度(单位:亿元)

以118个港口所在行政区内的港口基础建设投资额度为指标。

X_{11}:港口的类型(10分制)

根据港口级别来打分,评分标准如表9-2所示。

X_{12}:港口的辐射半径(单位:公里)

以118个港口所在行政区内的港口辐射半径数据为指标。

X_{13}:水域环境质量(10分制)

以118个港口所在行政区内废水排放与环境保护治理投资等数据为依据进行评分。

X_{14}:港口所在行政区建设用地面积(单位:千公顷)

以118个港口所在行政区内建设用地面积为指标。

X_{15}:政府政策管控导向(10分制)

该指标考察港口所在行政区内的政府对于港口建设的政策变化趋势,以港口发展规划政策为指标对各港口进行评分。

X_{16}:距离运输企业的远近(5分制)

以118个港口所在行政区内运输企业与港口的距离为指标。综合当地企业数与所在市行政区面积大小适当评分。

X_{17}:港口所在行政区的重点能源企业数量(单位:个)

以118个港口所在行政区的重点能源企业数量作为指标,部分港口所在行政区重点能源企业数量使用港口所在省级行政区重点能源企业数量代替。

X_{18}:港口发展的历史传承性(10分制)

由港口的建成时间长短来表示,评分标准如表9-4所示。

X_{19}:港口设施的发展水平(10分制)

通过对港口所在行政区内设施投资额和港口规模综合评分来表示。

X_{20}:港口所在行政区铁路里程(单位:公里)

以118个港口所在行政区内铁路里程为指标。

X_{21}：港口地理位置(10分制)

根据港口所处地理位置,按照港口所在地区的港口运输重要级别来评估分数,评分标准如表9-3所示。

X_{22}：港口规模(单位:万吨)

以118个港口的货物吞吐量为指标。

X_{23}：港口所在区域大型石油炼厂数量(单位:个)

以我国主要原油港口的相关数据,结合各区域大型石油炼厂数量进行表示。

X_{24}：港口石油天然气及制品吞吐量(单位:万吨)

以港口所在行政区内的石油天然气及制品吞吐量来表示。

X_{25}：居民成本因素(5分制)

综合考虑港口所在地区居民年收入和年支出进行评分。分值计算方法是

$$X_{25} = \frac{100000 - 年收入 - 年支出}{10000}$$

9.2.1.2 建立港口吸引力影响因素指标体系

1. 初始数据

输入一、二、三级节点数据,得到描述统计量(详细数据见表9-17)。

表9-17 描述统计量(样本量 $N=118$)

指标	极小值	极大值	均值	标准差
X_1/万吨	50.00	7335.00	693.4576	1431.30842
X_2/万吨标准煤	1937.77	111712.39	18060.2742	11934.35409
X_3/万人	828.00	9248.00	6544.8475	2305.13781
X_4/亿元	4053.20	80854.91	48691.7423	26589.60018
X_5/(个/平方公里)	0.04	1.68	0.8529	0.58225
X_6/个	92.00	10303.00	4880.5424	3535.00535
X_7/公里	13292.00	324138.00	179499.9661	66052.80257
X_8/公顷	7.73	2328.26	760.5409	594.00346
X_9	6.00	10.00	8.0508	1.18284
X_{10}/亿元	467.10	3738.00	2284.2737	863.84716
X_{11}	2.00	7.00	4.8898	1.48372
X_{12}/公里	50.00	1265.23	263.7365	294.06227
X_{13}	6.00	10.00	7.8136	1.40785
X_{14}/千公顷	308.50	2844.40	1770.3415	585.43593

续表

指标	极小值	极大值	均值	标准差
X_{15}	1.00	10.00	6.7542	3.29448
X_{16}	1.00	5.00	3.1186	1.17065
X_{17}/个	337.00	47900.00	27620.2288	16494.20346
X_{18}	3.00	10.00	7.3644	3.03164
X_{19}	5.00	10.00	7.5339	1.26547
X_{20}/公里	465.10	6956.00	3967.1383	1315.03130
X_{21}	6.00	10.00	7.8136	1.40785
X_{22}/万吨	0.00	37102.64	5673.8772	7497.22056
X_{23}/个	0.00	7.00	3.1949	3.03895
X_{24}/万吨	0.00	5083.96	439.0411	944.62866
X_{25}	0.32	5.21	3.2319	1.26363

2. 将数据进行标准化

使用描述统计功能,在原始变量的最后多了一列 Z 开头的新变量,这个变量就是标准化后的变量,如图 9-15 所示。

ZX1	ZX2	ZX3	ZX4	ZX5	ZX6
3.40565	.15092	-1.00812	-.99456	-1.00108	-1.04683
.91283	.98322	.13281	-.62511	-1.01825	-.80298
1.36696	-.83439	-2.38678	-1.15859	-.02212	-1.12434
4.29435	1.73135	1.17266	.72708	-.91521	.02559
.91283	7.84727	-2.01934	-.77147	1.26598	-.98572
-.34476	.64647	.45253	1.07924	1.42055	.67509
4.07078	.18563	-.67408	-.05417	-.15952	-.03834
-.34476	-.47782	-1.29617	-.74770	-.64041	-.45305
.56350	-.19873	1.14924	1.20961	1.02553	1.53393
-.34476	-.76333	-.81767	-1.14233	-.88086	-.96479
-.34476	-1.35093	-2.48005	-1.67880	-.00495	-1.35461

图 9-15 标准化后的变量

3. 求出 ZX1~ZX25 这 25 个指标的相关系数矩阵 R

使用软件中的变量相关性功能,得到两个变量的相关系数矩阵,由矩阵中两个变量间的相关性数值,可以得出以下结论:

X_1 与 X_2 在 0.01 水平(双侧)上显著相关;

X_1 与 X_{12} 在 0.01 水平(双侧)上显著相关;

X_1 与 X_{13} 在 0.01 水平(双侧)上显著相关;

X_1 与 X_{19} 在 0.01 水平(双侧)上显著相关;

X_1 与 X_{21} 在 0.01 水平（双侧）上显著相关；
X_1 与 X_{22} 在 0.01 水平（双侧）上显著相关；
X_1 与 X_{23} 在 0.01 水平（双侧）上显著相关；
X_1 与 X_{24} 在 0.01 水平（双侧）上显著相关；
……

由相关系数矩阵可以看出，25 个指标彼此存在一定的相关性，说明这 25 个指标反映的吸引力信息有一定的重叠。

4. 计算矩阵 R 的特征值，求特征值的贡献率和累积贡献率

设 A 是 n 阶方阵，如果存在数 q 和非零 n 维列向量 x，使得 $Ax=qx$ 成立，则称 q 是 A 的一个特征值。在 SPSS 软件中使用因子分析功能，得到表 9-18。

表 9-18 解释的总方差

成分	初始特征值			提取平方和载入			旋转平方和载入		
	合计	方差百分比/(%)	累积贡献率/(%)	合计	方差百分比/(%)	累积贡献率/(%)	合计	方差百分比/(%)	累积贡献率/(%)
1	9.085	36.341	36.341	9.085	36.341	36.341	7.583	30.332	30.332
2	4.796	19.186	55.527	4.796	19.186	55.527	3.211	12.845	43.177
3	2.764	11.054	66.581	2.764	11.054	66.581	3.195	12.782	55.959
4	2.243	8.972	75.553	2.243	8.972	75.553	3.126	12.502	68.461
5	1.679	6.717	82.270	1.679	6.717	82.270	2.607	10.428	78.888
6	1.034	4.135	86.405	1.034	4.135	86.405	1.879	7.517	86.405
7	0.877	3.508	89.913						
8	0.648	2.592	92.504						
9	0.479	1.918	94.422						
10	0.428	1.713	96.135						
11	0.300	1.202	97.337						
12	0.163	0.653	97.990						
13	0.136	0.542	98.532						
14	0.094	0.374	98.906						
15	0.062	0.247	99.153						
16	0.056	0.225	99.378						
17	0.043	0.172	99.550						

续表

成分	初始特征值			提取平方和载入			旋转平方和载入		
	合计	方差百分比/(%)	累积贡献率/(%)	合计	方差百分比/(%)	累积贡献率/(%)	合计	方差百分比/(%)	累积贡献率/(%)
18	0.038	0.151	99.701						
19	0.032	0.127	99.829						
20	0.020	0.081	99.910						
21	0.009	0.037	99.947						
22	0.008	0.031	99.978						
23	0.004	0.015	99.994						
24	0.002	0.006	100.000						
25	2.821×10^{-17}	1.128×10^{-16}	100.000						

结论:根据特征值大于1的提取原则,有6个成分符合原则,并且前6个成分的累积贡献率为86.405%(见图9-16),即前6个成分所解释的方差占总方差的86.405%,用这6个成分可以比较全面地反映港口吸引力,因此这6个成分能够客观地反映港口吸引力影响因素。

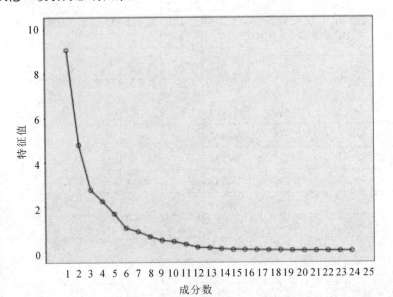

图9-16 碎石图

5. 初始因子成分矩阵

建立因子分析模型的目的不仅是找出主因子,更重要的是知道每个主因子的意义。然而用上述方法求出的公因子解,各主因子的典型代表变量不是很突出,容易使因子的意义含糊不清,不便于对问题进行分析。因此选用最大方差正交旋转法对因子进行旋转。根据 SPSS 软件的因子分析功能得出初始因子成分矩阵,见表 9-19。

表 9-19 初始因子成分矩阵

	成分					
	1	2	3	4	5	6
$Zscore(X_1)$	0.212	0.628	0.391	−0.088	−0.382	−0.377
$Zscore(X_2)$	0.429	0.490	0.025	−0.269	0.298	0.034
$Zscore(X_3)$	0.744	−0.428	0.432	−0.077	0.193	−0.047
$Zscore(X_4)$	0.965	−0.185	0.033	0.072	0.075	0.002
$Zscore(X_5)$	0.796	−0.052	−0.417	0.208	0.088	−0.050
$Zscore(X_6)$	0.897	−0.265	0.001	0.205	−0.106	0.084
$Zscore(X_7)$	0.219	−0.578	0.630	−0.001	0.197	−0.274
$Zscore(X_8)$	−0.301	−0.474	0.537	0.164	−0.213	0.073
$Zscore(X_9)$	−0.268	0.452	0.261	0.640	0.416	0.064
$Zscore(X_{10})$	0.603	−0.481	0.266	0.264	−0.131	−0.210
$Zscore(X_{11})$	−0.270	0.404	0.249	0.641	0.442	0.080
$Zscore(X_{12})$	0.160	0.838	0.232	0.105	0.131	−0.123
$Zscore(X_{13})$	0.653	0.528	0.031	−0.352	0.024	0.329
$Zscore(X_{14})$	0.642	−0.231	0.400	−0.323	0.450	−0.065
$Zscore(X_{15})$	0.919	−0.082	−0.125	0.185	0.018	−0.040
$Zscore(X_{16})$	0.903	−0.083	−0.207	0.059	0.167	−0.120
$Zscore(X_{17})$	0.961	−0.113	−0.067	0.094	0.090	−0.035
$Zscore(X_{18})$	−0.205	0.249	0.090	0.355	0.232	0.188
$Zscore(X_{19})$	0.234	0.070	0.427	0.583	−0.474	0.273
$Zscore(X_{20})$	−0.176	−0.200	0.744	−0.456	0.137	0.295
$Zscore(X_{21})$	0.653	0.528	0.031	−0.352	0.024	0.329
$Zscore(X_{22})$	0.181	0.851	0.193	−0.105	0.079	−0.155
$Zscore(X_{23})$	0.710	0.108	0.236	0.084	−0.461	0.376
$Zscore(X_{24})$	0.165	0.700	0.353	−0.076	−0.362	−0.356
$Zscore(X_{25})$	−0.848	−0.204	0.350	−0.206	0.088	0.041

注:已提取了 6 个成分。

6. 因子旋转

在表 9-19 的基础上，用最大方差正交旋转法对因子进行旋转，得出表 9-20。

表 9-20　旋转成分矩阵

	成分					
	1	2	3	4	5	6
$Zscore(X_1)$	0.006	0.114	0.020	0.919	−0.048	0.166
$Zscore(X_2)$	0.241	0.611	0.074	0.300	0.097	−0.227
$Zscore(X_3)$	0.595	0.088	0.755	−0.050	−0.146	0.117
$Zscore(X_4)$	0.894	0.216	0.311	0.001	−0.132	0.134
$Zscore(X_5)$	0.900	0.136	−0.152	−0.077	−0.058	−0.061
$Zscore(X_6)$	0.867	0.093	0.203	−0.071	−0.151	0.324
$Zscore(X_7)$	0.163	−0.335	0.865	−0.032	−0.052	0.032
$Zscore(X_8)$	−0.321	−0.434	0.429	−0.152	−0.003	0.427
$Zscore(X_9)$	−0.124	−0.054	−0.042	0.152	0.942	0.020
$Zscore(X_{10})$	0.632	−0.323	0.441	0.008	−0.144	0.278
$Zscore(X_{11})$	−0.117	−0.063	−0.025	0.099	0.940	0.009
$Zscore(X_{12})$	0.042	0.374	−0.090	0.683	0.456	−0.050
$Zscore(X_{13})$	0.334	0.854	0.007	0.280	−0.086	0.112
$Zscore(X_{14})$	0.433	0.323	0.776	0.000	−0.094	−0.182
$Zscore(X_{15})$	0.920	0.160	0.095	0.042	−0.079	0.114
$Zscore(X_{16})$	0.911	0.206	0.116	0.017	−0.112	−0.103
$Zscore(X_{17})$	0.921	0.222	0.207	0.028	−0.108	0.068
$Zscore(X_{18})$	−0.128	0.041	−0.091	−0.031	0.544	0.061
$Zscore(X_{19})$	0.195	−0.134	0.031	0.188	0.262	0.849
$Zscore(X_{20})$	−0.509	0.260	0.751	−0.077	−0.079	0.187
$Zscore(X_{21})$	0.334	0.854	0.007	0.280	−0.086	0.112
$Zscore(X_{22})$	0.000	0.461	−0.089	0.727	0.271	−0.117
$Zscore(X_{23})$	0.478	0.359	0.075	0.181	−0.164	0.714

续表

	成分					
	1	2	3	4	5	6
Zscore(X_{24})	−0.032	0.145	−0.047	0.928	0.000	0.143
Zscore(X_{25})	−0.878	−0.246	0.253	−0.173	0.054	−0.077

注：旋转在9次迭代后收敛。

根据每一成分对应每个变量的系数（其中负号表示向量的维度方向相反），由旋转后的成分矩阵，得出旋转空间中的成分图（见图9-17），可以有如下结论：

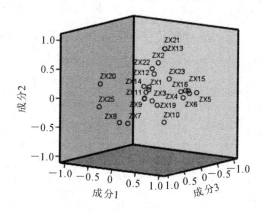

图 9-17 旋转空间中的成分图

成分1主要反映的是 X_4、X_5、X_6、X_{15}、X_{16}、X_{17}、X_{25} 的影响；

成分2主要反映的是 X_{13}、X_{21} 的影响；

成分3主要反映的是 X_7 的影响；

成分4主要反映的是 X_1、X_{24} 的影响；

成分5主要反映的是 X_9、X_{11} 的影响；

成分6主要反映的是 X_{19}、X_{23} 的影响。

7. 因子得分系数矩阵

使用SPSS软件因子的分析功能，利用regression（回归法），得出因子得分系数矩阵即成分得分系数矩阵，见表9-21。

表 9-21 成分得分系数矩阵

	成分					
	1	2	3	4	5	6
Zscore(X_1)	−0.006	−0.174	0.026	0.418	−0.133	−0.007

续表

	成分					
	1	2	3	4	5	6
$Zscore(X_2)$	−0.003	0.187	0.062	0.011	0.051	−0.135
$Zscore(X_3)$	0.048	−0.002	0.227	0.001	0.018	−0.034
$Zscore(X_4)$	0.109	0.012	0.055	−0.023	0.017	0.005
$Zscore(X_5)$	0.161	−0.036	−0.094	−0.042	0.034	−0.074
$Zscore(X_6)$	0.105	−0.007	−0.007	−0.054	0.004	0.133
$Zscore(X_7)$	0.030	−0.182	0.297	0.119	0.022	−0.119
$Zscore(X_8)$	−0.065	−0.088	0.117	−0.007	0.002	0.222
$Zscore(X_9)$	0.043	−0.012	0.045	−0.036	0.400	−0.004
$Zscore(X_{10})$	0.111	−0.223	0.094	0.109	−0.021	0.036
$Zscore(X_{11})$	0.044	−0.005	0.049	−0.057	0.407	−0.007
$Zscore(X_{12})$	0.013	0.017	0.026	0.189	0.135	−0.073
$Zscore(X_{13})$	−0.055	0.345	−0.009	−0.089	−0.019	0.114
$Zscore(X_{14})$	0.016	0.095	0.279	−0.009	0.039	−0.189
$Zscore(X_{15})$	0.137	−0.035	−0.019	0.002	0.024	−0.002
$Zscore(X_{16})$	0.145	−0.031	0.009	0.010	0.015	−0.132
$Zscore(X_{17})$	0.126	−0.004	0.025	−0.008	0.021	−0.032
$Zscore(X_{18})$	0.000	0.077	−0.005	−0.112	0.242	0.066
$Zscore(X_{19})$	0.000	−0.027	−0.062	−0.011	0.100	0.477
$Zscore(X_{20})$	−0.188	0.255	0.272	−0.110	−0.005	0.133
$Zscore(X_{21})$	−0.055	0.345	−0.009	−0.089	−0.019	0.114
$Zscore(X_{22})$	−0.010	0.041	0.028	0.218	0.047	−0.107
$Zscore(X_{23})$	−0.026	0.165	−0.064	−0.068	−0.054	0.428
$Zscore(X_{24})$	−0.009	−0.156	0.009	0.407	−0.117	−0.009
$Zscore(X_{25})$	−0.142	0.026	0.132	−0.030	−0.001	−0.006

8. 港口综合得分及排序

结合成分系数矩阵表和各指标因素标准值图,通过总得分公式计算我国规模以上港口综合得分并根据得分高低进行排序。评分公式如下:

(1) 总得分＝成分1的方差贡献率×成分1的得分＋成分2的方差贡献率×成分2的得分＋成分3的方差贡献率×成分3的得分＋成分4的方差贡献率×成分4的得分＋成分5的方差贡献率×成分5的得分＋成分6的方差贡献率×成分6的得分。

(2) 成分的得分 $FAC = X_1 \times a_1 + X_2 \times a_2 + \cdots + X_n \times a_n$。

9.建立港口吸引力影响因素指标体系

从初始因子成分矩阵可知 X_4、X_5、X_6、X_{15}、X_{16}、X_{17}、X_{25} 在第1主成分上有较高载荷,说明第1主成分基本反映了港口所在行政区的生产总值、港口密度、产业结构和产业空间布局、政府政策管控导向、距离运输企业的远近、重点能源企业数量、居民成本因素等指标的信息;X_{13}、X_{21} 在第2主成分上有较高载荷,说明第2主成分基本反映了港口所在行政区的水域环境质量、港口地理位置等指标的信息;X_7 在第3主成分上有较高载荷,说明第3主成分基本反映了港口的交通通达度指标的信息;X_1、X_{24} 在第4主成分上有较高载荷,说明第4主成分基本反映了港口原油接卸能力、石油天然气及制品吞吐量等指标的信息;X_9、X_{11} 在第5主成分上有较高载荷,说明第5主成分基本反映了优惠政策、港口类型等指标的信息;X_{19}、X_{23} 在第6主成分上有较高载荷,说明第6主成分基本反映了港口设施的发展水平、港口所在区域大型石油炼厂数量等指标的信息。

系数越大的因子在其对应成分中占据的因子载荷越大,去除其他对主成分影响较小的因子,并结合德尔菲法分析,选取每个成分中载荷最大的几种因子,将其作为港口节点吸引度计算的指标,提取的16个因素如下:

X_1:港口原油接卸能力(单位:万吨);

X_4:港口所在行政区的生产总值(单位:亿元);

X_5:港口所在行政区港口密度(单位:个/平方公里);

X_6:港口所在行政区产业结构和产业空间布局(单位:个);

X_7:交通通达度(单位:公里);

X_9:优惠政策(10分制);

X_{11}:港口的类型(10分制);

X_{13}:水域环境质量(10分制);

X_{15}:政府政策管控导向(10分制);

X_{16}:距离运输企业的远近(5分制);

X_{17}:港口所在行政区的重点能源企业数量(单位:个);

X_{19}:港口设施的发展水平(10分制);

X_{21}:港口地理位置(10分制);

X_{23}:港口所在区域大型石油炼厂数量(单位:个);

X_{24}：港口石油天然气及制品吞吐量(单位：万吨)；
X_{25}：居民成本因素(5 分制)。

10.量表效度的检验

对量表效度的检验主要是通过内容效度、结构效度、关联效度三个方面来衡量的。经检验,各因素标准值与总得分构成的量表效度较好。

9.2.2 石油天然气及制品港口初始货运拓扑网络演化模型建立

9.2.2.1 石油天然气及制品港口货运拓扑网络无权演化

参照第 5 章建立的无权演化模型对石油天然气及制品港口网络进行初始化,导入节点的坐标和吸引度,运行程序后得到如图 9-18 所示的节点连接情况。由于节点太多,只能截取部分图,第一、二列数据分别表示连接成边的节点序号,第三列数据表示节点间的连接概率。

由设计程序输出节点连接概率的 txt 文件,由 txt 文件导出的 csv 文件如图 9-19 所示。

```
113, 85, 86.6
113, 86, 35.3
113, 42, 18.9

114, 47, 3.4
114, 48, 1.9
114, 11, 1.2

115, 56, 4.5
115, 13, 3.3
115, 5, 0.9

116, 58, 7.2
116, 56, 3.9
116, 115, 1.4

117, 21, 0.0
117, 94, 0.0
117, 98, 0.0

118, 99, 0.0
118, 117, 0.0
118, 98, 0.0
```

图 9-18 程序运行结果图

	A	B	C	D	E
1	source	target	weight	f2	
2	2	1	0.3	1	
3	3	2	2.4	1	
4	3	1	0.3	1	
5	4	1	0.9	1	
6	4	2	0.8	1	
7	4	3	0.6	1	
8	5	4	0.1	1	
9	5	1	0	1	
10	5	2	0	1	
11	6	4	0.4	1	
12	6	5	0.1	1	
13	6	2	0	1	
14	7	5	3	1	
15	7	6	0.3	1	
16	7	4	0.2	1	
17	8	7	0	1	
18	8	5	0	1	
19	8	6	0	1	
20	9	8	0.1	1	
21	9	7	0	1	
22	9	5	0	1	
23	10	9	0	1	
24	10	8	0	1	
25	10	7	0	1	
26	11	10	0.1	1	

图 9-19 节点连接关系的 csv 文件

然后将 csv 文件导入 Gephi 中,进行网络节点的动态演化。再使用 Gephi 导出网络节点要素和边要素的 shapefile 数据,并导入 Arcgis 中,对边要素分层之后的结果如图 9-20 所示。

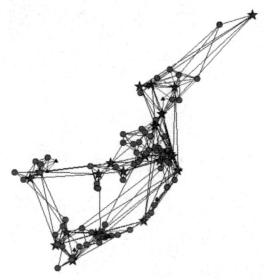

图 9-20　石油天然气及制品港口初始货运拓扑网络无权演化图

9.2.2.2　石油天然气及制品港口货运拓扑网络加权演化

1. 货运网络初始状态设置

参照第 5 章建立的加权演化模型二,为了更贴合现实石油天然气及制品港口网络演化过程,初始网络由少数节点构成,且为不完全连接网络。随机将少数节点数据先导入复杂网络分析软件 Gephi 中,布局方式采用 Geolayout(地理布局)。然后在 Gephi 的图形工作区里定义边的连接状态并连接节点对,在数据资料栏里对边的权重赋值,在 Matlab 的 GUI 可视化界面输出,最后得到初始网络连接状态,如图 9-21 所示。

2. 基于 GUI 界面的货运网络动态可视化过程

由于港口数量众多,而且很难得知现实网络中节点先后加入的顺序,因此根据一级节点、二级节点、三级节点依次配置的原则对港口添加顺序进行了自定义。为了表现石油天然气及制品运输网络拓扑结构的动态变化,这里将剩余的港口分成四部分,按照先后顺序将剩余港口加入网络中,由 Matlab 自动读取,然后在 GUI 可视化界面呈现出图形状态。在货运网络中,考虑到各级别港口节点的规模、功能、辐射范围存在较大的差异,一级节点作为运输的端点节点度 k_{max} 设置得最大,三级节点作为配送的末端节点度 k_{max} 设置得最小,二级节点度 k_{max} 介于二者之间。在代

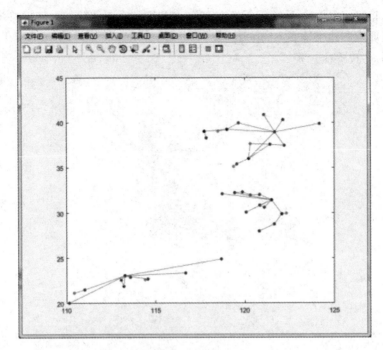

图 9-21　初始网络

码中,一级节点度 k_{max} 为 15,二级节点度 k_{max} 为 10,三级节点度 k_{max} 为 5。将剩余的节点分先后顺序加入网络中,在 Matlab 自带的 GUI 界面里可以得到各个点加入后网络拓扑结构演化图,如图 9-22 所示。

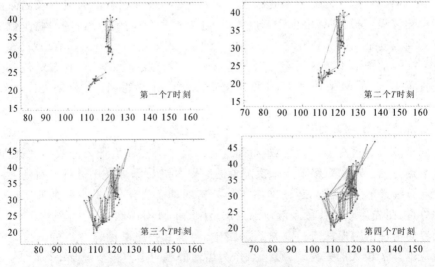

图 9-22　GUI 界面四个 T 时刻演化图

9.2.3 石油天然气及制品港口货运网络拓扑结构优化

9.2.3.1 石油天然气及制品港口货运网络拓扑结构各参数指标分析

(一) 石油天然气及制品港口无权演化网络

通过更改演化模型的代码,即更改每个节点连接其他节点的个数(这里初始网络的每个节点连接其他节点的个数为3),可以改变网络的平均度。改变演化模型代码中每个节点连接节点的个数,分别改为3、4、5、6、7、10、15,从而得到节点不变、网络结构类型不变的具有不同平均度的8个新网络的基本网络参数。运用第六章的公式计算货运网络拓扑结构初始网络参数,如表9-22所示。

表9-22 不同节点连接个数的港口货运网络拓扑结构初始网络参数(无权演化)

节点连接个数 n	节点数 N	边数 K	平均度 $\langle k \rangle$	聚类系数 C	网络直径 D	平均路径长度 L	网络连接度 Q_n	全局有效性 E	局部有效性 E_{lo}	系统总费用 TC
2	118	348	2.949	0.286	14	3.712	5.898	0.269	3.497	348
3	118	462	3.915	0.301	14	3.402	7.831	0.294	3.322	462
4	118	575	4.873	0.303	10	3.13	9.746	0.319	3.3	575
5	118	687	5.822	0.308	10	3.099	11.644	0.323	3.247	687
6	118	798	6.763	0.315	9	2.867	13.525	0.349	3.175	798
7	118	908	7.695	0.323	9	2.71	15.39	0.369	3.096	908
10	118	1232	10.441	0.334	8	2.336	20.881	0.428	2.994	1232
15	118	1752	14.847	0.344	6	2.086	29.695	0.479	2.907	1752

(二) 石油天然气及制品港口加权演化网络

运用加权网络演化模型二,通过更改演化模型的代码,即更改每个节点连接其他节点的个数(这里初始网络的每个节点连接其他节点的个数为3),可以改变网络的平均度。改变演化模型代码中每个节点连接节点的个数,分别改为3、4、5、6、7、10、15,从而得到节点不变、网络结构类型不变的具有不同平均度的8个新网络的基本网络参数,如表9-23所示。

表 9-23 不同节点连接个数的港口货运网络拓扑结构初始网络参数(加权演化)

节点连接个数 n	节点数 N	边数 K	平均度 $\langle k \rangle$	聚类系数 C	网络直径 D	平均路径长度 L	网络连接度 Q_n	全局有效性 E	局部有效性 E_{lo}	系统总费用 TC
2	118	237	4.017	0.359	9	4.326	4.0169492	0.231	2.786	237
3	118	279	4.729	0.341	8	3.875	4.7288136	0.258	2.933	279
4	118	358	6.068	0.312	7	3.406	6.0677966	0.294	3.205	358
5	118	437	7.407	0.271	6	3.163	7.4067797	0.316	3.690	437
6	118	516	8.746	0.257	6	2.864	8.7457627	0.349	3.891	516
7	118	595	10.085	0.303	6	2.794	10.084746	0.358	3.300	595
10	118	832	14.102	0.247	4	2.126	14.101695	0.470	4.049	832
15	118	1227	20.797	0.132	3	1.915	20.79661	0.522	7.576	1227

9.2.3.2 石油天然气及制品港口货运拓扑网络最优平均度选择

(一)石油天然气及制品港口无权演化网络

分析表 9-24 中的数据以及图 9-23 和图 9-24 所示的趋势线,可知计算参数 R_4 和计算参数 R_5 在平均度为 2.949 时存在极大值点,同时平均度 2.949 对应的两个计算参数的值也相对较大。因此在无权演化模型下,石油天然气及制品港口货运拓扑网络的最优平均度为 2.949。

表 9-24 石油天然气及制品港口无权演化网络计算参数

平均度 $\langle k \rangle$	全局有效性 E	平均路径长度 L	系统总费用 TC	网络连接度 Q_n	计算参数 R_4 $E \times Q_n / (L \times TC^2)$	计算参数 R_5 $E \times Q_n / (L \times TC^3)$
2.949	0.269	3.712	348	5.898	0.000003529316	0.000000010142
3.915	0.294	3.402	462	7.831	0.000003170635	0.000000006863
4.873	0.319	3.13	575	9.746	0.000003004257	0.000000005225
5.822	0.323	3.099	687	11.644	0.000002571400	0.000000003743
6.763	0.349	2.867	798	13.525	0.000002585409	0.000000003240
7.695	0.369	2.71	908	15.39	0.000002541698	0.000000002799
10.441	0.428	2.336	1232	20.881	0.000002520582	0.000000002046
14.847	0.479	2.086	1752	29.695	0.000002221449	0.000000001268

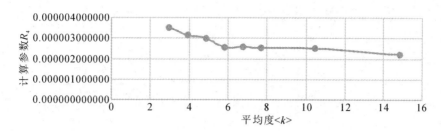

图 9-23 不同平均度网络的计算参数 R_4 变化趋势图(无权)

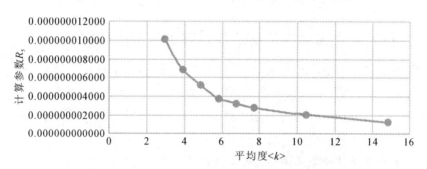

图 9-24 不同平均度网络的计算参数 R_5 变化趋势图(无权)

(二)石油天然气及制品港口加权演化网络

分析表 9-25 中的数据以及图 9-25 所示的趋势线,可知计算参数 R_5 在平均度为 4.017 时存在极大值点,同时平均度 4.017 对应的计算参数 R_5 也相对较大。因此在加权演化模型下,石油天然气及制品港口货运拓扑网络的最优平均度为 4.017。

表 9-25 石油天然气及制品港口加权演化网络计算参数

平均度$\langle k \rangle$	全局有效性 E	平均路径长度 L	系统总费用 TC	网络连接度 Q_n	计算参数 R_5 $E \times Q_n/(L \times TC^3)$
4.017	0.231	4.326	237	4.0169492	1.61242×10^{-8}
4.729	0.258	3.875	279	4.7288136	1.45009×10^{-8}
6.068	0.294	3.406	358	6.0677966	1.13997×10^{-8}
7.407	0.316	3.163	437	7.4067797	8.87129×10^{-9}
8.746	0.349	2.864	516	8.7457627	7.76073×10^{-9}
10.085	0.358	2.794	595	10.084746	6.13283×10^{-9}
14.102	0.470	2.126	832	14.101695	5.4172×10^{-9}
20.797	0.522	1.915	1227	20.79661	3.06988×10^{-9}

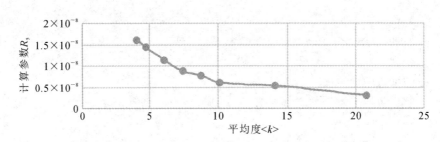

图 9-25 不同平均度网络的计算参数 R_5 变化趋势图(加权)

9.2.4 新建石油天然气及制品港口节点吸引度确定

东营港建成于 1997 年,现有泊位 46 个,是国务院批准的国家一类开放口岸。港口位于山东省,是石油天然气及制品吞吐量较大的行政区,海岸线辽阔,港口停泊条件好。东营港的条件符合石油天然气及制品新增港口的所需要求,所以拟新建一个二级港口东营港。

(一)石油天然气及制品港口无权演化网络

已知现有的 77 个二级节点的吸引度在 6.37～66.51 范围内,因此为新加节点预设了 65、55、45、35、25、15 等 6 个吸引度,代入无权演化模型,得到 6 个新网络,这 6 个新网络的网络参数如表 9-26 所示。

表 9-26 加入具有不同吸引度新节点的拓扑网络参数(石油天然气及制品港口无权演化)

新加节点建议吸引度	节点数 N	边数 K	平均度 $\langle k \rangle$	聚类系数 C	网络直径 D	平均路径长度 L	全局有效性 E	局部有效性 E_{lo}	系统总费用 TC
初始网络	118	348	2.949	0.286	14	3.712	0.269	3.497	348
吸引度 15	119	351	2.950	0.284	14	3.560	0.281	3.521	351
吸引度 25	119	351	2.950	0.284	14	3.560	0.281	3.521	351
吸引度 35	119	351	2.950	0.284	14	3.560	0.281	3.521	351
吸引度 45	119	351	2.950	0.284	14	3.560	0.281	3.521	351
吸引度 55	119	351	2.950	0.284	14	3.560	0.281	3.521	351
吸引度 65	119	351	2.950	0.284	14	3.560	0.281	3.521	351

从表 9-26 可以发现,当吸引度发生改变时,全局有效性并没有明显改变。据此猜测新加入节点不会影响原有节点的布局形态和相关参数。

我国石油天然气及制品运输网络较为稳定,因此在添加新港口节点时,网络的变化并不明显,新增的港口东营港位于山东省,为二级港口,对整个网络的影响较小,吞吐量也只在几十万吨左右,当吸引度改变时,各项数据都没有变化,在对照其他港口的吞吐量、海洋环境等条件后,更倾向于选择较小的吸引度来赋值给新节点,因此,选择吸引度最小的 15 作为新节点的最优吸引度。将吸引度为 15 的新建港口添加到 2 节点无权演化网络中,结果如图 9-26 所示。

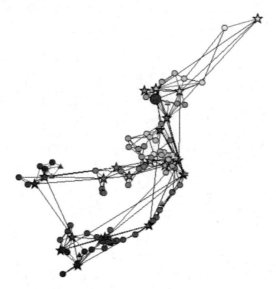

图 9-26　加入新建港口后的货运拓扑网络无权演化图(圆形符号为新建港口)

分析图 9-26 和表 9-26 可以发现,新加入节点后,网络的边数从 348 增加为 351,即网络中各节点的连接边数增多,连接程度上升;平均度从 2.949 增加为 2.950,即节点平均连接概率和被连接概率上升;全局有效性从 0.269 增加为 0.281,即网络整体变得更有效;局部有效性从 3.497 增加为 3.521,即网络中以新建港口为中心的局部网络变得更有效;聚类系数从 0.286 下降为 0.284,即网络的紧密性稍微下降;平均路径长度从 3.712 下降为 3.560,即网络中的节点之间,可以以更短的路径连接;网络直径在节点加入前后都为 14,新节点没有对网络覆盖的范围产生影响。这意味着,添加新港口节点后,网络的连接程度变得更好,连接的路径长度缩短,也能使运输更为有效。即使网络中各节点港口之间的连接紧密度稍有下降,但总体上,加入新节点后网络得到了优化,能更好地让石油天然气及制品在港口网络中进行运输。总之,与未加入新港口时相比,网络连接情况发生了变化,加入新港口后,新网络比之前的网络更优。可知在无权演化模型下,选择新建港口是合理的。

(二)石油天然气及制品港口加权演化网络

同样地,将新加港口的 6 个预设吸引度代入加权演化模型二,得到 6 个新网络,这 6 个新网络的网络参数如表 9-27 所示。

表 9-27　加入具有不同吸引度新节点的拓扑网络参数(石油天然气及制品港口加权演化)

新加节点 建议吸引度	节点数 N	边数 K	平均度 $\langle k \rangle$	聚类 系数 C	网络 直径 D	平均路 径长度 L	全局 有效性 E	局部 有效性 E_{lo}	系统 总费用 TC
初始网络	118	237	4.107	0.359	9	4.326	0.231	2.786	237
吸引度 15	119	202	3.395	0.354	10	4.672	0.214	2.825	202
吸引度 25	119	202	3.395	0.354	10	4.672	0.214	2.825	202
吸引度 35	119	202	3.395	0.354	10	4.672	0.214	2.825	202
吸引度 45	119	202	3.395	0.354	10	4.672	0.214	2.825	202
吸引度 55	119	202	3.395	0.354	10	4.672	0.214	2.825	202
吸引度 65	119	202	3.395	0.354	10	4.672	0.214	2.825	202

从表 9-27 可以发现,当吸引度发生改变时,全局有效性并没有明显改变。据此猜测新加入节点不会影响原有节点的布局形态和相关参数。将吸引度为 15 的新建港口添加到 2 节点加权演化网络中,结果如图 9-27 所示。

分析图 9-27 和表 9-27 可以发现,新加入节点后,网络的边数从 237 减少为 202,即网络中各节点的连接边数减少,连接程度下降;平均度从 4.107 减少为 3.395,即节点平均连接概率和被连接概率下降;聚类系数从 0.359 下降为 0.354,即网络的紧密性稍微下降;全局有效性从 0.231 下降为 0.214,即网络整体有效性略微下降;局部有效性从 2.786 增加为 2.825,即网络中以新建港口为中心的局部网络变得更有效;平均路径长度从 4.326 增加为 4.672,即平均来看网络中的节点之间需要以更长的路径进行连接;网络直径从 9 增加到 10,说明新加入节点后,网络覆盖的范围扩大了。

与无权优化相比,加入该节点后,较多的网络参数向不利的方向变化,如边数、平均度、聚类系数、全局有效性、平均路径长度等,只有局部有效性和网络直径向着有利的方向变化,这显示着该节点的加入在加权演化模型二下产生的优化作用较小,甚至可能产生反作用,是否要选择该节点港口——东营港加入网络,还需要慎重综合考虑。

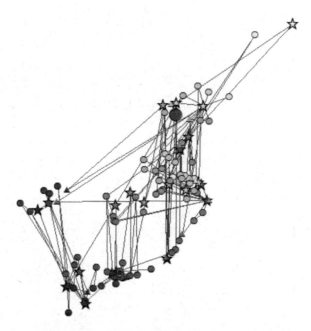

图 9-27　加入新建港口后的货运拓扑网络加权演化图(圆形符号为新建港口)

综上所述,在无权演化模型下,认为选择新建港口是合理的;但是在加权演化模型二下,认为不适宜新建港口。联系到现实当中,新增一个节点港口对网络造成的影响有利有弊。新增港口决策必然是要经过深思熟虑、结合各方情况、根据具体问题和情形进行分析,还需要展开更多更深入的研究。

9.2.5　新建石油天然气及制品港口的港口规模确定

如果确定需要新建港口,可以利用逆推法求出相关港口建设参数值,这里以求新建港口吞吐量为例演示具体计算过程。

以现有二级石油天然气及制品港口节点影响因素指标值为依据,再根据东营港新建二级港口的实际情况,分别估算出除港口吞吐量之外其他影响因素的指标值,如表 9-28 所示。

可以看到表 9-28 最后一行新节点的影响因素中有一个未知数 x,这个未知的影响因素就是要计算的新建港口的石油天然气及制品吞吐量。根据已确定的标准吸引度值,就可以逆推得到这个港口吞吐量的值。

根据得到的标准吸引度的值,由已知的 15 个影响因素逆推得到政府决策者关注的影响因素指标值,即新建港口的石油天然气及制品吞吐量。根据 7.2 节的逆推过程,其逆推结果化简得:

表 9-28 石油天然气及制品港口各二级节点的影响因素指标值

二级港口名称	X_1/万吨	X_4/亿元	X_5/(个/平方公里)	X_6/个	X_7/公里	X_9	X_{11}	X_{13}	X_{15}	X_{16}	X_{17}/个	X_{19}	X_{21}	X_{23}/个	X_{24}/万吨	X_{25}
丹东	50	22246.90	0.27	1180	120613	8	5	10	3	2	8025	7	10	7	8.67	4.17
营口	1800	22246.90	0.27	1180	120613	8	5	10	3	2	8025	7	10	7	2197.49	4.17
锦州	800	22246.90	0.27	1180	120613	8	5	10	3	2	8025	7	10	7	715.17	4.17
秦皇岛	200	32070.45	0.26	2042	188431	8	5	10	3	2	14764	6	10	1	179.15	4.92
黄骅	500	32070.45	0.26	2042	188431	8	5	10	3	2	14764	6	10	1	284.78	4.92
烟台	2000	68024.49	0.32	4971	265720	8	5	10	8	4	39567	9	10	7	1412.32	2.60
威海	50	68024.49	0.32	4971	265720	8	5	10	8	4	39567	9	10	7	8.9	2.60
石臼	4650	68024.49	0.32	4971	265720	8	5	10	8	4	39567	9	10	7	54.34	2.60
盐城	50	77388.28	1.68	7267	157304	8	5	9	10	5	47900	6	9	2	19.4	1.70
嘉兴	500	47251.36	0.76	4745	119053	8	5	9	10	3	40128	8	9	7	301.45	2.43
台州	100	47251.36	0.76	4745	119053	8	5	9	10	3	40128	8	9	7	84.54	2.43
温州	500	47251.36	0.76	4745	119053	8	5	9	10	3	40128	8	9	7	220.74	2.43
原福州	200	28810.58	0.48	3279	106757	8	5	7	5	2	17262	9	7	2	106.29	3.03
莆田	200	28810.58	0.48	3279	106757	8	5	7	5	2	17262	9	7	2	158.53	3.03
泉州	1915	28810.58	0.48	3279	106757	8	5	8	5	2	17262	9	7	2	1752.77	3.03
汕头	100	80854.91	1.45	10303	218085	8	5	8	10	4	42688	9	8	7	71.15	2.33
汕尾	50	80854.91	1.45	10303	218085	8	5	8	10	4	42688	9	8	7	0	2.33

续表

二级港口名称	X_1/万吨	X_4/亿元	X_5/(个/平方公里)	X_6/个	X_7/公里	X_9	X_{11}	X_{13}	X_{15}	X_{16}	X_{17}/个	X_{19}	X_{21}	X_{23}/个	X_{24}/万吨	X_{25}
惠州	5600	80854.91	1.45	10303	218085	8	5	8	10	4	42688	9	8	7	1798.74	2.33
蛇口	50	80854.91	1.45	10303	218085	8	5	8	10	4	42688	9	8	7	23.92	2.33
沙田	1000	80854.91	1.45	10303	218085	8	5	8	10	4	42688	9	8	7	528.74	2.33
中山	50	80854.91	1.45	10303	218085	8	5	8	10	4	42688	9	8	7	39.59	2.33
珠海	1000	80854.91	1.45	10303	218085	8	5	8	10	4	42688	9	8	7	571.12	2.33
江门	200	80854.91	1.45	10303	218085	8	5	8	10	4	42688	9	8	7	146.05	2.33
阳江	50	80854.91	1.45	10303	218085	8	5	8	10	4	42688	9	8	7	16.98	2.33
茂名	1000	80854.91	1.45	10303	218085	8	5	8	10	4	42688	9	8	7	764.83	2.33
海安	50	80854.91	1.45	7267	157304	8	5	7	2	2	5464	8	7	1	0	2.33
北海	500	18317.64	0.34	1470	120547	8	5	7	2	2	5464	8	7	1	319.06	4.89
钦州	1500	18317.64	0.34	1470	120547	8	5	7	1	2	337	7	7	1	771.72	4.89
洋浦	1750	4053.20	0.85	92	28217	8	5	7	1	2	337	7	7	1	1125.29	4.09
八所	200	4053.20	0.85	92	28217	8	5	6	2	1	3946	6	6	0	155.79	4.09
哈尔滨	50	15386.09	0.04	552	164502	8	5	9	10	5	47900	6	9	2	1.08	5.21
南京	2500	77388.28	1.68	7267	157304	8	5	9	10	5	47900	6	9	2	1946.54	1.70
镇江	500	77388.28	1.68	7267	157304	8	5	9	10	5	47900	6	9	2	249.52	1.70
南通	1000	77388.28	1.68	7267	157304	8	5	9	10	5	47900	6	9	2	794	1.70

续表

二级港口名称	X_1/万吨	X_4/亿元	X_5/(个/平方公里)	X_6/个	X_7/公里	X_9	X_{11}	X_{13}	X_{15}	X_{16}	X_{17}/个	X_{19}	X_{21}	X_{23}/个	X_{24}/万吨	X_{25}
常州	50	77388.28	1.68	7267	157304	8	5	9	10	5	47900	6	9	2	0	1.70
江阴	500	77388.28	1.68	7267	157304	8	5	9	10	5	47900	6	9	2	367.66	1.70
扬州	200	77388.28	1.68	7267	157304	8	5	9	10	5	47900	6	9	2	158.49	1.70
泰州	500	77388.28	1.68	7267	157304	8	5	9	10	5	47900	6	9	2	276.13	1.70
徐州	50	77388.28	1.68	7267	157304	8	5	9	10	5	47900	6	9	2	0	1.70
无锡	200	77388.28	1.68	7267	157304	8	5	9	10	5	47900	6	9	2	119.19	1.70
宿迁	50	77388.28	1.68	7267	157304	8	5	9	10	5	47900	6	9	2	22.08	1.70
淮安	200	77388.28	1.68	7267	157304	8	5	9	10	5	47900	6	9	2	152.35	1.70
扬州内河	200	77388.28	1.68	7267	157304	8	5	9	10	5	47900	6	9	2	115.53	1.70
镇江内河	50	47251.36	0.76	7267	157304	8	5	9	10	3	40128	9	9	7	0	2.43
杭州	100	47251.36	0.76	7267	157304	8	5	9	10	3	40128	9	9	7	61.18	2.43
嘉兴内河	50	24407.62	0.71	1701	197588	8	5	6	7	2	19838	7	6	0	41.02	4.54
合肥	50	24407.62	0.71	1701	197588	8	5	6	7	2	19838	7	6	0	14.24	4.54
亳州	50	24407.62	0.71	1701	197588	8	5	6	7	2	19838	7	6	0	0	4.54
阜阳	50	24407.62	0.71	1701	197588	8	5	6	7	2	19838	7	6	0	0.6	4.54
淮南	50	24407.62	0.71	1701	197588	8	5	6	7	2	19838	7	6	0	0	4.54
滁州	50	24407.62	0.71	1701	197588	8	5	6	7	2	19838	7	6	0	1.88	4.54

续表

二级港口名称	X_1/万吨	X_4/亿元	X_5/(个/平方公里)	X_6/个	X_7/公里	X_9	X_{11}	X_{13}	X_{15}	X_{16}	X_{17}/个	X_{19}	X_{21}	X_{23}/个	X_{24}/万吨	X_{25}
马鞍山	50	24407.62	0.71	1701	197588	8	5	6	7	2	19838	7	6	0	19.8	4.54
铜陵	50	24407.62	0.71	1701	197588	8	5	6	7	2	19838	7	6	0	10.16	4.54
池州	50	24407.62	0.71	1701	197588	8	5	6	7	2	19838	7	6	0	28.35	4.54
安庆	100	24407.62	0.71	1701	197588	8	5	6	7	2	19838	7	6	0	96.95	4.54
南昌	50	18499.00	0.12	2066	161909	8	5	6	3	2	10931	6	6	0	23.4	4.71
黄石	50	32665.38	0.22	2175	260179	8	5	6	5	3	16296	7	6	0	15.71	4.64
荆州	50	32665.38	0.22	2175	260179	8	5	6	5	3	16296	7	6	0	13.27	4.64
宜昌	50	32665.38	0.22	2175	260179	8	5	6	5	3	16296	7	6	0	0	4.64
长沙	50	31551.37	0.19	2450	238273	8	5	6	3	2	14386	6	6	0	24.36	4.79
湘潭	50	31551.37	0.19	2450	238273	8	5	6	3	2	14386	6	6	0	0	4.79
株洲	50	31551.37	0.19	2450	238273	8	5	6	3	2	14386	6	6	0	3.87	4.79
番禺	50	80854.91	1.45	10303	218085	8	5	8	10	4	42688	9	8	7	23.6	2.33
新塘	100	80854.91	1.45	10303	218085	8	5	8	10	4	42688	9	8	7	67.95	2.33
五和	50	80854.91	1.45	10303	218085	8	5	8	10	4	42688	9	8	7	0	2.33
虎门	50	80854.91	1.45	10303	218085	8	5	8	10	4	42688	9	8	7	42.64	2.33
肇庆	50	80854.91	1.45	10303	218085	8	5	8	10	4	42688	9	8	7	22.5	2.33
南宁	50	18317.64	0.34	1470	120547	8	5	7	2	2	5464	8	7	1	1.06	4.89

续表

二级港口名称	X_1/万吨	X_4/亿元	X_5/(个/平方公里)	X_6/个	X_7/公里	X_9	X_{11}	X_{13}	X_{15}	X_{16}	X_{17}/个	X_{19}	X_{21}	X_{23}/个	X_{24}/万吨	X_{25}
柳州	50	18317.64	0.34	1470	120547	8	5	7	2	2	5464	8	7	1	0	4.89
梧州	50	18317.64	0.34	1470	120547	8	5	7	2	2	5464	8	7	1	23.64	4.89
来宾	50	18317.64	0.34	1470	120547	8	5	7	2	2	5464	5	7	1	0	4.89
原重庆	100	17740.59	0.49	1386	142921	8	5	6	3	3	6782	7	6	0	91.28	3.16
宜宾	50	32934.54	0.12	2260	324138	8	5	6	3	2	13819	7	6	0	0	4.62
乐山	50	32934.54	0.12	2260	324138	8	5	6	3	2	13819	7	6	0	0	4.62
南充	50	32934.54	0.12	2260	324138	8	5	6	3	2	13819	7	6	0	0	4.62
广安	50	32934.54	0.12	2260	324138	8	5	6	3	2	13819	7	6	0	0	4.62
达州	50	32934.54	0.12	2260	324138	8	5	6	3	2	13819	7	6	0	0	4.62
东营	50	68024.49	0.32	4971	265720	8	5	10	8	4	39567	9	10	7	x	2.60

$$R + 0.229 \Big[0.004 \cdot \ln\frac{0.004}{R} + \ln\frac{1}{R} + 0.325 \cdot \ln\frac{0.325}{R} + 0.082 \cdot \ln\frac{0.082}{R} + 0.13 \cdot$$
$$\ln\frac{0.13}{R} + 0.643 \cdot \ln\frac{0.643}{R} + 0.004 \cdot \ln\frac{0.004}{R} + 0.025 \cdot \ln\frac{0.025}{R} + 0.009 \cdot \ln\frac{0.009}{R} +$$
$$0.137 \cdot \ln\frac{0.137}{R} + 0.038 \cdot \ln\frac{0.038}{R} + 0.1 \cdot \ln\frac{0.1}{R} + 0.048 \cdot \ln\frac{0.048}{R} + 0.072 \cdot$$
$$\ln\frac{0.072}{R} + 0.798 \cdot \ln\frac{0.798}{R} + 0.032 \cdot \ln\frac{0.032}{R} + 0.819 \cdot \ln\frac{0.819}{R} + 0.011 \cdot \ln\frac{0.011}{R} +$$
$$0.241 \cdot \ln\frac{0.241}{R} + 0.018 \cdot \ln\frac{0.018}{R} + 0.26 \cdot \ln\frac{0.26}{R} + 0.066 \cdot \ln\frac{0.066}{R} + 0.008 \cdot$$
$$\ln\frac{0.008}{R} + 0.348 \cdot \ln\frac{0.348}{R} + 0.145 \cdot \ln\frac{0.145}{R} + 0.351 \cdot \ln\frac{0.351}{R} + 0.512 \cdot \ln\frac{0.512}{R} +$$
$$0.071 \cdot \ln\frac{0.071}{R} + 0.886 \cdot \ln\frac{0.886}{R} + 0.114 \cdot \ln\frac{0.114}{R} + 0.361 \cdot \ln\frac{0.361}{R} + 0.167 \cdot$$
$$\ln\frac{0.167}{R} + 0.072 \cdot \ln\frac{0.072}{R} + 0.126 \cdot \ln\frac{0.126}{R} + 0.054 \cdot \ln\frac{0.054}{R} + 0.01 \cdot \ln\frac{0.01}{R} +$$
$$0.069 \cdot \ln\frac{0.069}{R} + 0.053 \cdot \ln\frac{0.053}{R} + 0.028 \cdot \ln\frac{0.028}{R} + 0.019 \cdot \ln\frac{0.019}{R} + 0.006 \cdot$$
$$\ln\frac{0.006}{R} + 0.001 \cdot \ln\frac{0.001}{R} + 0.0009 \cdot \ln\frac{0.0009}{R} + 0.005 \cdot \ln\frac{0.005}{R} + 0.013 \cdot$$
$$\ln\frac{0.013}{R} + 0.044 \cdot \ln\frac{0.044}{R} + 0.011 \cdot \ln\frac{0.011}{R} + 0.007 \cdot \ln\frac{0.007}{R} + 0.006 \cdot \ln\frac{0.006}{R} +$$
$$0.011 \cdot \ln\frac{0.011}{R} + 0.002 \cdot \ln\frac{0.002}{R} + 0.011 \cdot \ln\frac{0.011}{R} + 0.031 \cdot \ln\frac{0.031}{R} + 0.019 \cdot$$
$$\ln\frac{0.019}{R} + 0.01 \cdot \ln\frac{0.01}{R} + 0.042 \cdot \ln\frac{0.042}{R} + (R - 8.495) \cdot \ln\frac{R - 8.495}{R} \Big] =$$
$$Z_{78} \Big\{ 0.7 + 0.229 \Big[0.004 \cdot \ln\frac{0.004}{R} + \ln\frac{1}{R} + 0.325 \cdot \ln\frac{0.325}{R} + 0.082 \cdot \ln\frac{0.082}{R} + 0.13 \cdot$$
$$\ln\frac{0.13}{R} + 0.643 \cdot \ln\frac{0.643}{R} + 0.004 \cdot \ln\frac{0.004}{R} + 0.025 \cdot \ln\frac{0.025}{R} + 0.009 \cdot \ln\frac{0.009}{R} +$$
$$0.137 \cdot \ln\frac{0.137}{R} + 0.038 \cdot \ln\frac{0.038}{R} + 0.1 \cdot \ln\frac{0.1}{R} + 0.048 \cdot \ln\frac{0.048}{R} + 0.072 \cdot$$
$$\ln\frac{0.072}{R} + 0.798 \cdot \ln\frac{0.798}{R} + 0.032 \cdot \ln\frac{0.032}{R} + 0.819 \cdot \ln\frac{0.819}{R} + 0.011 \cdot$$
$$\ln\frac{0.011}{R} + 0.241 \cdot \ln\frac{0.241}{R} + 0.018 \cdot \ln\frac{0.018}{R} + 0.26 \cdot \ln\frac{0.26}{R} + 0.066 \cdot$$
$$\ln\frac{0.066}{R} + 0.008 \cdot \ln\frac{0.008}{R} + 0.348 \cdot \ln\frac{0.348}{R} + 0.145 \cdot \ln\frac{0.145}{R} + 0.351 \cdot$$
$$\ln\frac{0.351}{R} + 0.512 \cdot \ln\frac{0.512}{R} + 0.071 \cdot \ln\frac{0.071}{R} + 0.886 \cdot \ln\frac{0.886}{R} + 0.114 \cdot$$

$$\ln\frac{0.114}{R}+0.361\cdot\ln\frac{0.361}{R}+0.167\cdot\ln\frac{0.167}{R}+0.072\cdot\ln\frac{0.072}{R}+0.126\cdot$$
$$\ln\frac{0.126}{R}+0.054\cdot\ln\frac{0.054}{R}+0.01\cdot\ln\frac{0.01}{R}+0.069\cdot\ln\frac{0.069}{R}+0.053\cdot$$
$$\ln\frac{0.053}{R}+0.028\cdot\ln\frac{0.028}{R}+0.019\cdot\ln\frac{0.019}{R}+0.006\cdot\ln\frac{0.006}{R}+0.001\cdot$$
$$\ln\frac{0.001}{R}+0.0009\cdot\ln\frac{0.0009}{R}+0.005\cdot\ln\frac{0.005}{R}+0.013\cdot\ln\frac{0.13}{R}+0.044\cdot$$
$$\ln\frac{0.044}{R}+0.011\cdot\ln\frac{0.011}{R}+0.007\cdot\ln\frac{0.007}{R}+0.006\cdot\ln\frac{0.006}{R}+0.011\cdot$$
$$\ln\frac{0.011}{R}+0.002\cdot\ln\frac{0.002}{R}+0.011\cdot\ln\frac{0.011}{R}+0.031\cdot\ln\frac{0.031}{R}+0.019\cdot$$
$$\ln\frac{0.019}{R}+0.01\cdot\ln\frac{0.01}{R}+0.042\cdot\ln\frac{0.042}{R}+(R-8.495)\cdot\ln\frac{R-8.495}{R}\Big]\Big\}\cdot R$$

(9-2)

其中,Z_{78}——新增港口的吸引度综合评判值;

$R=8.495+x/1297.49$。

在计算新建港口吞吐量的过程中,问题转换为求出式(9-2)的解即可得到新建港口吞吐量的参考值。根据演化结果,无权演化网络和加权演化网络的标准吸引度值 Z_{78} 都为 15,借助数学软件 Maple 求解,最终得到港口货物总吞吐量 x 为 17.638 万吨。这一结果与该港口节点的具体情况[已经存在 2 个 3 万吨级多用途码头、正在建设 2 个 5 万吨级油码头(兼顾 10 万吨级油轮)和万吨级液体化工码头]大体相符。

9.3 金属矿石港口货运网络拓扑结构优化

9.3.1 金属矿石港口吸引力影响因素指标体系

在本节中,选取一、二级港口共 99 个节点作为研究对象,计算分析其相关数据,建立金属矿石港口吸引力影响因素指标体系。

9.3.1.1 吸引力影响因素及指标数据资料收集

X_1:港口所在行政区的人口规模(单位:万人)

把 99 个港口所在行政区的人口规模作为指标。由于精确到地级市乃至乡镇的数据获取难度较大,因此部分港口所在行政区人口规模数据使用港口所在省级行政区人口规模数据代替。

X_2：港口所在行政区的生产总值（单位：亿元）

把 99 个港口所在行政区的生产总值作为指标。部分港口所在行政区生产总值数据使用港口所在省级行政区生产总值数据代替。

X_3：港口所在行政区的规模以上企业数（单位：个）

把 99 个港口所在行政区的规模以上企业数作为指标。部分港口所在行政区规模以上企业数使用港口所在省级行政区规模以上企业数代替。

X_4：港口所在行政区城镇居民年人均可支配收入（单位：元）

以 99 个港口所在行政区内城镇居民年人均可支配收入为指标。

X_5：港口所在行政区城镇居民年人均消费支出（单位：元）

以 99 个港口所在行政区内城镇居民年人均消费支出为指标。

X_6：港口所在行政区港口基础建设投资额度（单位：亿元）

以 99 个港口所在行政区的港口基础建设投资额度为指标。部分港口所在行政区港口基础建设投资额度使用港口所在省级行政区的港口基础建设投资额度代替。

X_7：港口所在行政区物流需求集散地密度（单位：个/平方公里）

该指标用港口所在行政区内企业数与分区土地面积的比值来表示。

以 99 个港口所在行政区内企业数和土地面积为指标，通过港口所在行政区内企业数与分区土地面积的比值来表示。

X_8：港口所在行政区产业结构和产业空间布局（单位：个）

用港口所在行政区内驻有的大中型企业数来表示。

以 99 个港口所在行政区内大中型企业数为指标。考虑到按照数目划分区间给各行政区打分会造成更多误差，而港口所在行政区内大中型企业数已经可以很好地表征产业结构和空间布局，因此直接使用企业数为指标代替了打分，旨在减小主观因素造成的不可预知的误差。

X_9：交通通达度（单位：公里）

用港口所在行政区公路里程来表示。

以 99 个港口所在行政区内公路里程为指标。实际上，现代港口运输一般涉及多式联运，港口运输只是其中一个中间环节，因此港口周边的交通通达度与铁路运输、港路运输、内河运输、航空运输甚至管道运输都可能有关系。由于相关因素复杂多变，数据获取也非常困难，因此使用公路里程来表征交通通达度。另外，公路作为基础的交通设施对于一个地区的交通通达度具有一定的代表性，因此使用公路里程作为指标也是具有一定程度的合理性的。

X_{10}：分区环境影响评价（单位：公顷）

以 99 个港口所在行政区内森林资源量为指标。港口所在市区的面积大小各异,距离市中心的远近不足以表示港口分区环境好坏,因此采用行政区森林资源量来作为分区环境影响评价的指标。

X_{11}:优惠政策(10分制)

根据港口总货运量分级,并按照分级对港口政策因素影响进行评分,评分标准如表9-1所示。

X_{12}:港口所在行政区土地可利用面积(单位:千公顷)

以99个港口所在行政区内的可利用土地面积为指标。

X_{13}:港口的类型

根据港口级别来打分,评分标准如表9-2所示。

X_{14}:港口的辐射半径(单位:公里)

以99个港口所在行政区内的港口辐射半径数据为指标。

X_{15}:港口所在行政区金属矿石基础储量(单位:亿吨)

以99个港口所在省份金属矿石基础储量为指标。

X_{16}:距离运输企业的远近(5分制)

以99个港口所在行政区内运输企业与港口的距离为指标。综合当地企业数与所在市行政区面积大小适当评分。

X_{17}:政府政策管控导向(10分制)

该指标考察港口所在行政区内的政府对于港口建设的政策变化趋势,以港口发展规划政策为指标对各港口进行评分。

X_{18}:港口金属矿石吞吐量(单位:万吨)

依据我国主要金属矿石港口的相关数据,在此基础上结合港口金属矿石吞吐量数据进行分析。

X_{19}:港口设施的发展水平(10分制)

通过对港口所在行政区内设施投资额和港口规模综合评分来表示。

X_{20}:货运网络规模(单位:公里)

该指标用港口所在行政区内货运网络的总里程来表示,以99个港口所在行政区内货运网络所涵盖的公路、铁路、航运等线路里程数据为指标。

X_{21}:货运网络的技术支持(10分制)

该指标考察港口所在行政区内交通运输及邮电发展的投资情况,以99个港口所在行政区内交通运输及邮电行业建设投资额度为指标。采用专家意见法对港口打分,得出意见趋于一致的最终答案,作为各港口的货运网络技术支持指标的评分。

X_{22}:劳动力及生产力布局

以99个港口所在行政区内制造业从业人口数拟合指数为指标。

X_{23}：港口所在行政区能源消费总量（单位：万吨标准煤）

把 99 个港口所在行政区的能源消费总量作为指标数据。

X_{24}：水域环境质量（10 分制）

以 99 个港口所在行政区内废水排放与环境保护治理投资等数据为指标。

X_{25}：居民成本因素（5 分制）

综合考虑港口所在地区居民年收入和年支出进行评分。分值计算方法是

$$X_{25}=\frac{100000-年收入-年支出}{10000}$$

9.3.1.2 建立港口吸引力影响因素指标体系

1. 初始数据

输入一、二级节点数据，得到描述统计量（详细数据见表 9-29）。

表 9-29 描述统计量（统计量 N＝99）

	极小值	极大值	均值	标准差
X_1/万人	828.00	9248.00	6400.6566	2254.63553
X_2/亿元	4053.20	80854.91	46499.6583	26402.06316
X_3/个	337.00	47900.00	26515.2020	16664.65050
X_4/元	25736.40	57691.70	34614.2283	6271.23662
X_5/元	17268.50	39856.80	23785.2960	4582.89737
X_6/亿元	467.10	3738.00	2227.3586	892.14638
X_7/(个/平方公里)	0.98	30.85	14.5761	8.23104
X_8/个	92.00	10303.00	4567.7879	3426.25000
X_9/公里	13292.00	324138.00	179408.1010	67075.39588
X_{10}/公顷	7.73	2328.26	772.2026	625.50939
X_{11}	8.00	10.00	8.4444	0.83571
X_{12}/千公顷	308.50	2844.40	1753.2424	570.28056
X_{13}	5.00	7.00	5.4444	0.83571
X_{14}/公里	50.00	1265.23	281.6882	315.94468
X_{15}/亿吨	0.00	51.10	7.0051	12.02998
X_{16}	1.00	5.00	3.0404	1.19454
X_{17}	1.00	10.00	6.5556	3.32652
X_{18}/万吨	0.00	12539.01	826.4398	1868.90556

续表

	极小值	极大值	均值	标准差
X_{19}	5.00	10.00	7.6061	1.25209
X_{20}/公里	15933.10	339578.70	193065.3202	69705.24673
X_{21}	2.00	10.00	6.8485	2.94980
X_{22}	5.20	601.50	250.6253	214.73866
X_{23}	1937.77	111712.39	17732.1535	12412.40334
X_{24}	6.00	10.00	7.7273	1.42727
X_{25}	0.32	5.21	3.3280	1.30726

2. 将数据进行标准化

使用描述统计功能，在原始变量的最后多了一列 Z 开头的新变量，这个变量就是标准化后的变量，如图 9-28 所示。

ZX1	ZX2	ZX3	ZX4	ZX5	ZX6	ZX7	ZX8	ZX9	ZX10
-.96674	-.91859	-1.10955	-.27716	.26416	-1.75550	-1.17291	-.98877	-.87655	-.1156
.19974	-.54652	-.70516	-1.01492	-1.02106	-1.82566	-.96250	-.73719	.13452	-.0865
-2.37628	-1.08379	-1.27889	.39791	.99485	-1.67266	-.24548	-1.06875	-2.42480	-1.2095
1.26288	.81527	.78320	-.09601	-.49968	.84610	-.08086	.11768	1.28679	-.7049
-2.00061	-.69392	-1.08998	3.67989	3.50684	-1.43750	1.51786	-.92573	-2.47656	-1.2221
.52662	1.16993	1.28324	.88298	.57771	.36277	.76826	.78780	-.32954	-.9488
-.62523	.02847	.81687	2.01284	1.37084	.39740	1.97669	.05172	-.89981	-.1781
-1.26125	-.66999	-.55526	.22325	.26625	.31165	.74706	-.37615	-1.08313	.2471
1.23893	1.30123	.97049	.48955	1.05348	.90225	.77439	1.67390	.57662	.4863
-.77203	-1.06742	-1.26322	-1.00296	-1.42198	-.42320	-1.23279	-.90413	-.87754	1.2069
-2.47164	-1.60769	-1.57088	-.98238	-1.04078	-1.97306	-1.65188	-1.30632	-2.25405	-.8916
-1.14460	-1.17845	-1.35432	-1.41564	-1.23068	-1.22486	-1.47692	-1.17207	-.22223	2.2944
.52662	1.16993	1.28324	.88298	.57771	.36277	.76826	.78780	-.32954	-.9488
-.62523	.02847	.81687	2.01284	1.37084	.39740	1.97669	.05172	-.89981	-.1781
-.12448	-.83675	-.40068	-.87036	-.91189	-.67126	-.56501	-.83671	.27104	-.5260
-.92683	-1.06055	-.93517	-.94733	-1.32879	-1.41452	-.74123	-.73018	-.26089	.4755
-.30633	-.52398	-.61323	-.83372	-.81723	.67886	-.61746	-.69837	1.20418	.1241
-.03311	-.56618	-.72784	-.53105	-.51611	-1.97306	-.70326	-.61811	.87759	-.8916
1.23893	1.30123	.97049	.48955	1.05348	.90225	.77439	1.67390	.57662	.4863
-.77203	-1.06742	-1.26322	-1.00296	-1.42198	-.42320	-1.23279	-.90413	-.87754	1.2069
-1.59789	-1.08927	-1.18414	-.79797	-.60102	-.66879	-.55146	-.92865	-.54397	-.5850
.80339	-.51379	-.76186	-1.00123	-.68199	1.69327	-.85599	-.67356	2.15772	2.4876
-.96674	-.91859	-1.10955	-.27716	.26416	-1.75550	-1.17291	-.98877	-.87655	-.1156

图 9-28　标准化后的变量

3. 求 ZX1～ZX25 这 25 个指标的相关系数矩阵 ***R***

使用软件中的变量相关性功能，得到两个变量的相关系数矩阵，由矩阵中两个变量间的相关性数值，可以得出以下结论：

X_1 与 X_2 在 0.01 水平(双侧)上显著相关；

X_1 与 X_3 在 0.01 水平(双侧)上显著相关；

X_1 与 X_5 在 0.01 水平(双侧)上显著相关；

X_1 与 X_6 在 0.01 水平(双侧)上显著相关；

X_1 与 X_7 在 0.01 水平(双侧)上显著相关；

X_1 与 X_8 在 0.01 水平(双侧)上显著相关；

X_1 与 X_9 在 0.01 水平(双侧)上显著相关；

X_2 与 X_1 在 0.01 水平（双侧）上显著相关；

X_2 与 X_3 在 0.01 水平（双侧）上显著相关；

……

由相关系数矩阵能够看出，25 个指标相互之间具有一定相关性，这说明 25 个指标反映的吸引力信息是有一定重叠的。

4. 计算矩阵 R 的特征值，求特征值的贡献率和累积贡献率

设 A 是 n 阶方阵，如果存在数 q 和非零 n 维列向量 x，使得 $Ax = qx$ 成立，则称 q 是 A 的一个特征值。在 SPSS 软件中使用因子分析功能，得到表 9-30。

表 9-30 解释的总方差

成分	初始特征值			提取平方和载入			旋转平方和载入		
	合计	方差百分比/(%)	累积贡献率/(%)	合计	方差百分比/(%)	累积贡献率/(%)	合计	方差百分比/(%)	累积贡献率/(%)
1	10.816	43.263	43.263	10.816	43.263	43.263	10.040	40.161	40.161
2	4.809	19.235	62.499	4.809	19.235	62.499	4.565	18.259	58.419
3	2.674	10.696	73.194	2.674	10.696	73.194	2.827	11.307	69.726
4	2.013	8.052	81.246	2.013	8.052	81.246	2.384	9.535	79.261
5	1.158	4.632	85.877	1.158	4.632	85.877	1.654	6.616	85.877
6	0.734	2.934	88.812						
7	0.680	2.718	91.530						
8	0.534	2.136	93.666						
9	0.426	1.705	95.371						
10	0.347	1.389	96.760						
11	0.257	1.028	97.788						
12	0.170	0.682	98.470						
13	0.142	0.566	99.036						
14	0.094	0.376	99.412						
15	0.063	0.251	99.662						
16	0.035	0.140	99.802						
17	0.016	0.063	99.866						

续表

成分	初始特征值			提取平方和载入			旋转平方和载入		
	合计	方差百分比/(%)	累积贡献率/(%)	合计	方差百分比/(%)	累积贡献率/(%)	合计	方差百分比/(%)	累积贡献率/(%)
18	0.012	0.048	99.913						
19	0.011	0.042	99.955						
20	0.005	0.021	99.977						
21	0.004	0.015	99.992						
22	0.002	0.007	99.999						
23	0.000	0.001	100.000						
24	2.423×10^{-5}	9.690×10^{-5}	100.000						
25	1.997×10^{-16}	7.989×10^{-16}	100.000						

结论：按照特征值大于1的提取原则，现在取出了前5个成分，并且这5个成分的累积贡献率达到85.877%（见图9-29），即前5个成分所解释的方差占总方差的85.877%，用这5个成分可以比较全面地反映港口吸引力，因此这5个成分能够客观地反映港口吸引力影响因素。

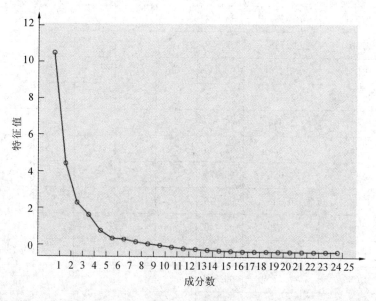

图 9-29　碎石图

5. 初始因子成分矩阵

建立因子分析模型的目的不仅是找出主因子,更重要的是知道每个主因子的意义。然而用上述方法求出的公因子解,各主因子的典型代表变量不是很突出,容易使因子的意义含糊不清,不便于对问题进行分析。因此选用最大方差正交旋转法对因子进行旋转。根据 SPSS 软件的因子分析功能得出初始因子成分矩阵,见表 9-31。

表 9-31 初始因子成分矩阵

	成分				
	1	2	3	4	5
$Zscore(X_1)$	0.698	0.600	0.315	−0.046	−0.012
$Zscore(X_2)$	0.964	0.158	0.063	−0.004	−0.065
$Zscore(X_3)$	0.974	0.068	−0.035	−0.025	−0.117
$Zscore(X_4)$	0.786	−0.470	−0.165	0.096	0.212
$Zscore(X_5)$	0.806	−0.343	−0.092	0.172	0.324
$Zscore(X_6)$	0.623	0.524	0.102	0.364	0.129
$Zscore(X_7)$	0.855	−0.241	−0.182	0.239	0.117
$Zscore(X_8)$	0.914	0.155	−0.050	0.193	−0.004
$Zscore(X_9)$	0.166	0.832	0.433	0.029	0.024
$Zscore(X_{10})$	−0.346	0.541	0.230	0.397	0.313
$Zscore(X_{11})$	−0.167	−0.507	0.625	0.416	−0.286
$Zscore(X_{12})$	0.583	0.488	0.367	−0.414	−0.167
$Zscore(X_{13})$	−0.167	−0.507	0.625	0.416	−0.286
$Zscore(X_{14})$	0.143	−0.653	0.615	−0.084	0.030
$Zscore(X_{15})$	−0.332	0.161	0.418	−0.410	0.551
$Zscore(X_{16})$	0.909	0.022	−0.035	−0.131	−0.246
$Zscore(X_{17})$	0.946	−0.011	−0.094	0.049	−0.089
$Zscore(X_{18})$	0.099	−0.494	0.627	−0.267	−0.066
$Zscore(X_{19})$	0.233	−0.083	0.195	0.727	0.347
$Zscore(X_{20})$	0.230	0.838	0.421	0.004	−0.029
$Zscore(X_{21})$	0.768	0.206	0.137	−0.083	−0.030
$Zscore(X_{22})$	0.916	−0.030	−0.173	−0.046	−0.175

续表

	成分				
	1	2	3	4	5
$Zscore(X_{23})$	0.429	−0.429	0.270	−0.341	0.231
$Zscore(X_{24})$	0.581	−0.465	0.164	−0.385	0.292
$Zscore(X_{25})$	−0.875	0.368	0.108	−0.037	−0.024

注:已提取了 5 个成分。

6. 因子旋转

在表 9-31 的基础上,用最大方差正交旋转法对因子进行旋转,得出表 9-32。

表 9-32 旋转成分矩阵

	成分				
	1	2	3	4	5
$Zscore(X_1)$	0.488	0.836	−0.098	0.052	0.033
$Zscore(X_2)$	0.880	0.420	−0.038	0.093	−0.015
$Zscore(X_3)$	0.929	0.303	−0.050	0.067	−0.078
$Zscore(X_4)$	0.850	−0.270	0.023	0.301	0.184
$Zscore(X_5)$	0.827	−0.138	−0.009	0.314	0.329
$Zscore(X_6)$	0.505	0.597	−0.134	−0.167	0.405
$Zscore(X_7)$	0.906	−0.088	−0.013	0.088	0.240
$Zscore(X_8)$	0.873	0.323	−0.075	−0.035	0.161
$Zscore(X_9)$	−0.078	0.933	−0.097	−0.090	0.126
$Zscore(X_{10})$	−0.459	0.409	−0.085	−0.189	0.546
$Zscore(X_{11})$	−0.109	−0.117	0.940	−0.011	0.142
$Zscore(X_{12})$	0.363	0.784	−0.060	0.208	−0.346
$Zscore(X_{13})$	−0.109	−0.117	0.940	−0.011	0.142
$Zscore(X_{14})$	0.116	−0.134	0.695	0.564	−0.022
$Zscore(X_{15})$	−0.541	0.268	−0.137	0.624	0.103
$Zscore(X_{16})$	0.879	0.266	−0.006	0.054	−0.246
$Zscore(X_{17})$	0.935	0.193	−0.040	0.041	−0.015
$Zscore(X_{18})$	0.033	0.007	0.611	0.551	−0.212

续表

	成分				
	1	2	3	4	5
Zscore(X_{19})	0.243	0.025	0.260	−0.058	0.786
Zscore(X_{20})	−0.012	0.953	−0.097	−0.104	0.073
Zscore(X_{21})	0.658	0.450	−0.043	0.140	−0.044
Zscore(X_{22})	0.924	0.140	−0.081	0.013	−0.151
Zscore(X_{23})	0.361	−0.061	0.169	0.662	−0.092
Zscore(X_{24})	0.522	−0.108	0.067	0.719	−0.093
Zscore(X_{25})	−0.919	0.120	−0.071	−0.223	−0.028

注：旋转在 11 次迭代后收敛。

根据每一成分对应每个变量的系数（其中负号表示向量的维度方向相反），由旋转后的成分矩阵，得出旋转空间中的成分图（见图 9-30），可以有如下结论：

成分 1 主要反映的是 X_2、X_3、X_7、X_{16}、X_{17}、X_{22}、X_{25} 的影响；

成分 2 主要反映的是 X_1、X_9、X_{20} 的影响；

成分 3 主要反映的是 X_{11}、X_{13}、X_{14}、X_{18} 的影响；

成分 4 主要反映的是 X_{24} 的影响；

成分 5 主要反映的是 X_{19} 的影响。

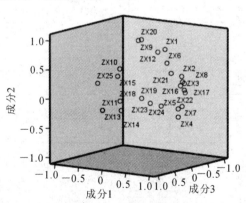

图 9-30　旋转空间中的成分图

7. 因子得分系数矩阵

使用 SPSS 软件的因子分析功能，利用 regression（回归法），得出因子得分系数矩阵即成分得分系数矩阵，见表 9-33。

表 9-33 成分得分系数矩阵

	成分				
	1	2	3	4	5
$Zscore(X_1)$	0.014	0.182	0.018	0.021	−0.005
$Zscore(X_2)$	0.080	0.066	0.021	−0.020	−0.033
$Zscore(X_3)$	0.096	0.035	0.019	−0.050	−0.075
$Zscore(X_4)$	0.083	−0.106	−0.060	0.105	0.147
$Zscore(X_5)$	0.068	−0.079	−0.082	0.144	0.243
$Zscore(X_6)$	0.036	0.101	−0.015	−0.048	0.218
$Zscore(X_7)$	0.100	−0.071	−0.030	−0.003	0.148
$Zscore(X_8)$	0.090	0.030	0.002	−0.061	0.071
$Zscore(X_9)$	−0.049	0.227	0.027	0.012	0.049
$Zscore(X_{10})$	−0.075	0.095	−0.041	0.042	0.339
$Zscore(X_{11})$	0.011	0.039	0.386	−0.139	0.004
$Zscore(X_{12})$	−0.002	0.194	0.039	0.058	−0.229
$Zscore(X_{13})$	0.011	0.039	0.386	−0.139	0.004
$Zscore(X_{14})$	−0.017	0.024	0.200	0.181	0.000
$Zscore(X_{15})$	−0.146	0.092	−0.171	0.450	0.180
$Zscore(X_{16})$	0.099	0.037	0.053	−0.085	−0.189
$Zscore(X_{17})$	0.102	0.005	0.014	−0.059	−0.035
$Zscore(X_{18})$	−0.029	0.064	0.193	0.172	−0.121
$Zscore(X_{19})$	0.017	−0.015	0.051	0.015	0.472
$Zscore(X_{20})$	−0.039	0.230	0.038	−0.010	0.009
$Zscore(X_{21})$	0.047	0.086	0.010	0.025	−0.040
$Zscore(X_{22})$	0.109	−0.007	0.010	−0.088	−0.122
$Zscore(X_{23})$	−0.010	−0.002	−0.027	0.295	0.011
$Zscore(X_{24})$	0.004	−0.028	−0.081	0.329	0.026
$Zscore(X_{25})$	−0.098	0.063	−0.003	−0.026	−0.021

8. 港口综合得分及排序

结合成分系数矩阵表和各指标因素标准值图,通过总得分公式计算我国规模

以上港口综合得分并根据得分高低进行排序。评分公式如下:

(1) 总得分＝成分 1 方差贡献率×成分 1 得分＋成分 2 方差贡献率×成分 2 得分＋成分 3 方差贡献率×成分 3 得分＋成分 4 方差贡献率×成分 4 得分＋成分 5 方差贡献率×成分 5 得分。

(2) 成分的得分 $FAC = X_1 \times a_1 + X_2 \times a_2 + \cdots + X_n \times a_n$。

9. 建立港口吸引力影响因素指标体系

由初始因子成分矩阵可知 X_2、X_3、X_7、X_{16}、X_{17}、X_{22}、X_{25} 在第 1 主成分上有着较高载荷,说明第 1 主成分基本反映了港口所在行政区的生产总值、规模以上企业数、物流需求集散地密度、港口距离运输企业的远近、政府政策管控导向、劳动力及生产力布局、居民成本因素等指标的信息;X_1、X_9、X_{20} 在第 2 主成分上有着较高载荷,说明第 2 主成分基本反映了港口所在行政区的人口规模、交通通达度、货运网络规模等指标的信息;X_{11}、X_{13}、X_{14}、X_{18} 在第 3 主成分上有着较高载荷,说明第 3 主成分基本反映了优惠政策、港口类型、港口辐射半径、港口金属矿石吞吐量等指标的信息;X_{24} 在第 4 主成分上有着较高的载荷,说明第 4 主成分基本反映了水域环境质量的信息;X_{19} 在第 5 主成分上有较高载荷,说明第 5 主成分反映了港口设施发展水平的信息。

系数越大的因子在其对应成分中占据的因子载荷越大,去除其他对主成分影响较小的因子,并结合德尔菲法分析,选取每个成分中载荷最大的几种因子,将其作为港口节点吸引度计算的指标,提取的 16 个因素如下:

X_1:港口所在行政区的人口规模(单位:万人);

X_2:港口所在行政区的生产总值(单位:亿元);

X_3:港口所在行政区的规模以上企业数(单位:个);

X_7:港口所在行政区物流需求集散地密度(单位:个/平方公里);

X_9:交通通达度(单位:公里);

X_{11}:优惠政策(10 分制);

X_{13}:港口的类型;

X_{14}:港口的辐射半径(单位:公里);

X_{16}:距离运输企业的远近(5 分制);

X_{17}:政府政策管控导向(10 分制);

X_{18}:港口金属矿石吞吐量(单位:万吨);

X_{19}:港口设施的发展水平(10 分制);

X_{20}:货运网络规模(单位:公里);

X_{22}:劳动力及生产力布局;

X_{24}:水域环境质量(10 分制);

X_{25}：居民成本因素（5分制）。

10.量表效度的检验

对量表效度的检验主要是通过内容效度、结构效度、关联效度三个方面来衡量的。经检验，各因素标准值与总得分构成的量表效度较好。

9.3.2 金属矿石港口初始货运拓扑网络演化模型建立

9.3.2.1 金属矿石港口货运拓扑网络无权演化

参照第5章建立的无权演化模型对金属矿石港口网络进行初始化,导入节点的坐标和吸引度,运行程序后得到如图9-31所示的节点连接情况。由于节点太多,只能截取部分截图,第一、二列数据分别表示连接成边的节点序号,第三列数据表示节点间的连接概率。

82, 79, 0.0	86, 45, 0.6	99, 98, 0.1
82, 78, 0.0	86, 40, 0.3	99, 97, 0.0
82, 16, 0.0		99, 21, 0.0
	87, 86, 0.5	99, 94, 0.0
83, 82, 0.8	87, 85, 0.3	99, 22, 0.0
83, 18, 0.1	87, 9, 0.3	99, 95, 0.0
83, 80, 0.0	87, 42, 0.3	99, 96, 0.0
83, 81, 0.0	87, 43, 0.2	99, 80, 0.0
83, 78, 0.0	87, 40, 0.2	99, 81, 0.0
83, 79, 0.0	87, 19, 0.2	99, 18, 0.0
83, 17, 0.0	87, 41, 0.2	99, 82, 0.0
84, 83, 3.5	88, 42, 198.3	100, 2, 3648.6
84, 82, 0.4	88, 85, 19.7	100, 26, 1.6
84, 18, 0.0	88, 86, 5.6	100, 3, 1.0
84, 80, 0.0	88, 43, 3.4	100, 27, 0.7
84, 81, 0.0	88, 9, 2.7	100, 25, 0.2
84, 78, 0.0	88, 41, 1.3	100, 1, 0.2
84, 79, 0.0	88, 45, 1.0	100, 28, 0.2
	88, 19, 0.7	100, 24, 0.1
85, 42, 25.0		100, 4, 0.1
85, 9, 6.2	89, 19, 1.3	100, 29, 0.1
85, 43, 2.0	89, 45, 0.5	100, 30, 0.1
85, 45, 1.0	89, 9, 0.5	
85, 19, 0.9	89, 85, 0.3	101, 100, 6.4

图9-31 程序运行结果部分截图

由设计程序输出节点连接概率的 txt 文件，由 txt 文件导出的 csv 文件如图 9-32 所示。

然后将 csv 文件导入 Gephi 中，进行网络节点的动态演化。再使用 Gephi 导出网络节点要素和边要素的 shapefile 数据，并导入 Arcgis 中，对边要素分层之后的结果如图 9-33 所示。

	A	B	C	D
1	source	target	weight	f2
2	2	1	1.5	1
3	3	2	3.9	1
4	3	1	0.4	1
5	4	1	0.7	1
6	4	2	0.7	1
7	4	3	0.5	1
8	5	4	0.3	1
9	5	1	0.1	1
10	5	2	0.1	1
11	5	3	0.1	1
12	6	4	2	1
13	6	5	0.3	1
14	6	2	0.2	1
15	6	3	0.2	1
16	7	5	2	1
17	7	6	0.2	1
18	7	4	0.1	1
19	7	1	0.1	1
20	8	7	0	1
21	8	5	0	1
22	8	6	0	1

图 9-32　节点连接关系的 csv 文件

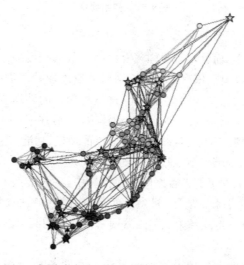

图 9-33　金属矿石港口初始货运拓扑网络无权演化图

9.3.2.2 金属矿石港口货运拓扑网络加权演化

1. 货运网络初始状态设置

参照第 5 章建立的加权演化模型二,为了更贴合现实金属矿石港口网络演化过程,初始网络由少数节点构成,且为不完全连接网络。随机将少数节点数据先导入复杂网络分析软件 Gephi 中,布局方式采用 Geolayout(地理布局)。然后在 Gephi 的图形工作区里定义边的连接状态并连接节点对,在数据资料栏里对边的权重赋值,在 Matlab 的 GUI 可视化界面输出,最后得到初始网络连接状态,如图 9-34 所示。

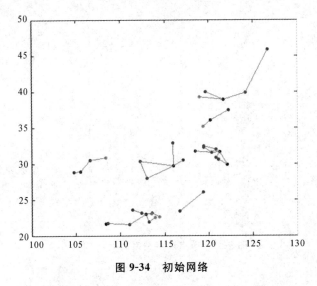

图 9-34 初始网络

2. 基于 GUI 界面的货运网络动态可视化过程

由于港口数量众多,而且很难得知现实网络中节点先后加入的顺序,因此根据一级节点、二级节点、三级节点依次配置的原则对港口添加顺序进行了自定义。为了表现金属矿石运输网络拓扑结构的动态变化,这里将剩余的港口分成四部分,按照先后顺序将剩余港口加入网络中,由 Matlab 自动读取,然后在 GUI 可视化界面呈现出图形状态。在货运网络中,考虑到各级别港口节点的规模、功能、辐射范围存在较大的差异,一级节点作为运输的端点节点度 k_{max} 设置最大,三级节点作为配送的末端节点度 k_{max} 最小,二级节点度 k_{max} 介于二者之间。在代码中,一级节点度 k_{max} 为 15,二级节点度 k_{max} 为 10,三级节点度 k_{max} 为 5。将剩余的节点分先后顺序加入网络中,在 Matlab 自带的 GUI 界面里可以得到各个点加入后网络拓扑结构演化图,如图 9-35 所示。

3. 加权演化模型三

为了使演化模型尽可能符合金属矿石港口货运网络真实过程,参照第 5 章建

9 港口货运网络拓扑结构优化案例分析

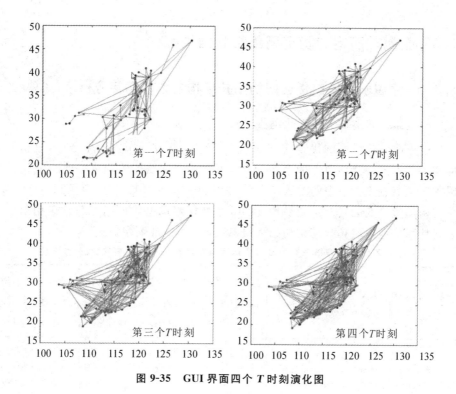

图 9-35 GUI 界面四个 T 时刻演化图

立的加权演化模型三,按照演化规则调整顺序将节点逐一加入演化网络中,算法及演化结果如下。

为便于直观感受动态演化历程,将演化过程分为六个阶段,如图 9-36 所示。

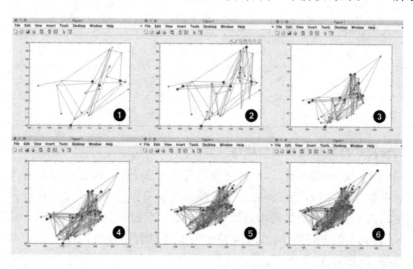

图 9-36 演化分阶段展示

9.3.3 金属矿石港口货运网络拓扑结构优化

9.3.3.1 金属矿石港口货运网络拓扑结构各参数指标分析

(一)金属矿石港口无权演化网络

通过更改演化模型的代码,即更改每个节点连接其他节点的个数(这里初始网络的每个节点连接其他节点的个数为3),可以改变网络的平均度。改变演化模型代码中每个节点连接节点的个数,分别改为3、4、5、6、7、10、15,从而得到节点不变、网络结构类型不变的具有不同平均度的8个新网络的基本网络参数。运用第6章的公式计算货运网络拓扑结构初始网络参数,如表9-34所示。

表9-34 不同节点连接个数的港口货运网络拓扑结构初始网络参数(无权演化)

节点连接个数 n	节点数 N	边数 K	平均度 $\langle k \rangle$	聚类系数 C	网络直径 D	平均路径长度 L	网络连接度 Q_n	全局有效性 E	局部有效性 E_{lo}	系统总费用 TC
2	118	350	2.966	0.57	8	3.679	5.932203	0.272	1.754	350
3	118	465	3.941	0.6	6	3.24	7.881356	0.309	1.667	465
4	118	575	4.873	0.605	6	2.959	9.745763	0.338	1.653	575
5	118	687	5.822	0.616	5	2.757	11.64407	0.363	1.623	687
6	118	798	6.763	0.629	5	2.628	13.52542	0.381	1.59	798
7	118	908	7.695	0.647	5	2.502	15.38983	0.4	1.546	908
10	118	1242	10.525	0.664	4	2.193	21.05085	0.456	1.506	1242
15	118	1767	14.975	0.684	3	1.968	29.94915	0.508	1.462	1767

(二)金属矿石港口加权演化网络

运用加权网络演化模型二,通过更改演化模型的代码,即更改每个节点连接其他节点的个数(这里初始网络的每个节点连接其他节点的个数为3),可以改变网络的平均度。改变演化模型代码中每个节点连接节点的个数,分别改为3、4、5、6、7、10、15,从而得到节点不变、网络结构类型不变的具有不同平均度的8个新网络的基本网络参数,如表9-35所示。

表 9-35 不同节点连接个数的港口货运网络拓扑结构初始网络参数(加权演化)

节点连接个数 n	节点数 N	边数 K	平均度 $\langle k \rangle$	聚类系数 C	网络直径 D	平均路径长度 L	网络连接度 Q_n	全局有效性 E	局部有效性 E_{lo}	系统总费用 TC
2	118	192	3.254	0.129	12	4.413	3.254237	0.226603	7.751938	192
3	118	270	4.576	0.117	8	3.648	4.576271	0.274123	8.547009	270
4	118	348	5.898	0.113	6	3.316	5.898305	0.301568	8.849558	348
5	118	426	7.22	0.112	6	3.037	7.220339	0.329272	8.928571	426
6	118	504	8.542	0.098	6	2.853	8.542373	0.350508	10.20408	504
7	118	582	9.864	0.093	5	2.741	9.864407	0.36843	10.75269	582
10	118	816	13.831	0.177	4	2.192	13.83051	0.456204	5.649718	816
15	118	1206	20.441	0.096	4	1.961	20.44068	0.509944	10.41667	1206

9.3.3.2 金属矿石港口货运拓扑网络最优平均度选择

(一)金属矿石港口无权演化网络

分析表 9-36 中的数据以及图 9-37 和图 9-38 所示的趋势线,可知计算参数 R_4 和计算参数 R_5 在平均度为 2.966 时存在极大值点,同时平均度 2.966 对应的两个计算参数的值也相对较大。因此在无权演化模型下,金属矿石港口货运拓扑网络的最优平均度为 2.966。

表 9-36 金属矿石港口无权演化网络计算参数

平均度 $\langle k \rangle$	全局有效性 E	平均路径长度 L	系统总费用 TC	网络连接度 Q_n	计算参数 R_4 $E \times Q_n / (L \times TC^2)$	计算参数 R_5 $E \times Q_n / (L \times TC^3)$
2.966	0.272	3.679	350	5.932	0.000003580174293	0.000000010229069
3.941	0.309	3.24	465	7.881	0.000003476073021	0.000000007475426
4.873	0.338	2.959	575	9.746	0.000003367149915	0.000000005855913
5.822	0.363	2.757	687	11.644	0.000003248318321	0.000000004728265
6.763	0.381	2.628	798	13.525	0.000003079151843	0.000000003858586
7.695	0.4	2.502	908	15.39	0.000002984280277	0.000000003286652
10.525	0.456	2.193	1242	21.051	0.000002837629893	0.000000002284726
14.975	0.508	1.968	1767	29.949	0.000002475984063	0.000000001401236

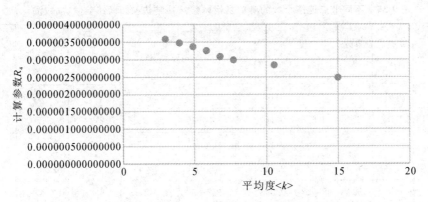

图 9-37　不同平均度网络的计算参数 R_4 变化趋势图（无权）

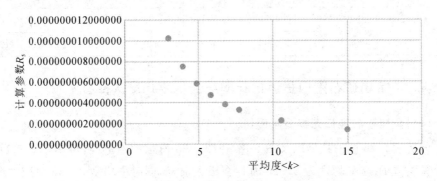

图 9-38　不同平均度网络的计算参数 R_5 变化趋势图（无权）

(二) 金属矿石港口加权演化网络

分析表 9-37 中的数据以及图 9-39 和图 9-40 的趋势线，可知计算参数 R_4 和计算参数 R_5 在平均度为 3.254 时存在极大值点，同时平均度 3.254 对应的两个计算参数的值也相对较大。因此在加权演化模型下，金属矿石港口货运拓扑网络的最优平均度为 3.254。

表 9-37　金属矿石港口加权演化网络计算参数

平均度 $\langle k \rangle$	全局有效性 E	平均路径长度 L	系统总费用 TC	网络连接度 Q_n	计算参数 R_4 $E \times Q_n/(L \times TC^2)$	计算参数 R_5 $E \times Q_n/(L \times TC^3)$
3.254	0.30731407	4.413	192	3.254237288	0.000006147454	0.000000032018
4.576	0.21853147	3.648	270	4.576271186	0.000003760481	0.000000013928
5.898	0.169549	3.316	348	5.898305085	0.000002490287	0.000000007156
7.22	0.13850416	3.037	426	7.220338983	0.000001814498	0.000000004259

续表

平均度 $\langle k \rangle$	全局有效性 E	平均路径长度 L	系统总费用 TC	网络连接度 Q_n	计算参数 R_4 $E \times Q_n/(L \times TC^2)$	计算参数 R_5 $E \times Q_n/(L \times TC^3)$
8.542	0.1170686	2.853	504	8.542372881	0.000001379927	0.000000002738
9.864	0.10137875	2.741	582	9.86440678	0.000001077117	0.000000001851
13.831	0.07230135	2.192	816	13.83050847	0.000000685115	0.000000000840
20.441	0.04892129	1.961	1206	20.44067797	0.000000350607	0.000000000291

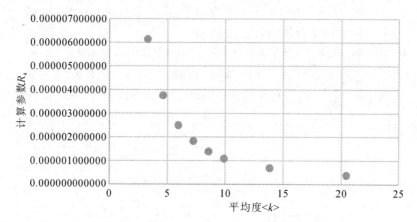

图 9-39 不同平均度网络的计算参数 R_4 变化趋势图(加权)

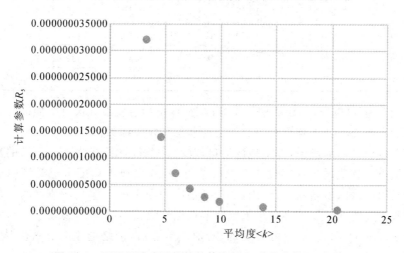

图 9-40 不同平均度网络的计算参数 R_5 变化趋势图(加权)

9.3.4 新建金属矿石港口节点吸引度确定

现阶段,湖南武溪还没有兴建港口,此地存在较大的发展潜力,拟新建一个三级港口。目前除了金属矿石吞吐量以外的其他数据都是可确定的。根据货运网络的优化方法可以得出城市货运网络的最优化连接情况,而连接情况又与很多节点影响因素有关。本节通过试算法得到一个最优的新加节点吸引度。

(一)金属矿石港口无权演化网络

已知现有的三级节点的吸引度处在 0.57～42.31 范围内,因此为新加节点预设了 5、10、15、20、25、30、35、40 等 8 个吸引度,代入无权演化模型,得到 8 个新网络,这 8 个新网络的网络参数如表 9-38 所示。

表 9-38 加入具有不同吸引度新节点的拓扑网络参数(金属矿石港口无权演化)

新加节点建议吸引度	节点数 N	边数 K	平均度 $\langle k \rangle$	聚类系数 C	网络直径 D	平均路径长度 L	全局有效性 E	局部有效性 E_{lo}	系统总费用 TC	网络连接度 Q_n
初始网络	118	350	2.966	0.570	8	3.679	0.272	1.754	350	5.932
吸引度 5	119	351	2.95	0.573	8	3.708	0.270	1.745	351	5.899
吸引度 10	119	351	2.95	0.573	8	3.708	0.270	1.745	351	5.899
吸引度 15	119	351	2.95	0.573	8	3.708	0.270	1.745	351	5.899
吸引度 20	119	351	2.95	0.573	8	3.708	0.270	1.745	351	5.899
吸引度 25	119	351	2.95	0.573	8	3.708	0.270	1.745	351	5.899
吸引度 30	119	351	2.95	0.573	8	3.708	0.270	1.745	351	5.899
吸引度 35	119	351	2.95	0.573	8	3.708	0.270	1.745	351	5.899
吸引度 40	119	351	2.95	0.573	8	3.708	0.270	1.745	351	5.899

从表 9-38 可以发现,当吸引度发生改变时,全局有效性并没有明显改变。据此猜测新加入节点不会影响原有节点的布局形态和相关参数。

新节点位处湖南武溪,周围地区港口较少,这个位置正好弥补了网络的覆盖率不够的缺点。在武溪规划建设一个三级节点,从建设成本角度考虑更倾向于选择较小的吸引度来赋值给新节点,因此,选择最小的吸引度 5 作为新节点的最优吸引度。将吸引度为 5 的新建港口添加到 2 节点无权演化网络中,结果如图 9-41 所示。

分析图 9-41 和表 9-38 可以发现,新加入节点后,网络的全局有效性从 0.272 下降到 0.270,说明网络从整体上效率是下降的;局部有效性从 1.754 下降到 1.745,表示新建港口周围地区的运输效率也下降;平均路径长度由 3.679 增大到 3.708,说明网络中港口间的距离有所增大;网络连接度由 5.932 下降到 5.899,说

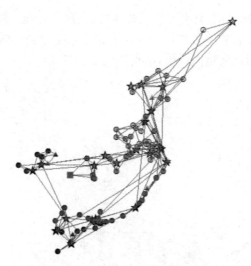

图 9-41　加入新建港口后的货运拓扑网络无权演化图（方形符号为新建港口）

明网络的连接程度下降；聚类系数由 0.570 增长到 0.573，说明网络集聚性增强，即网络覆盖平均性下降。可见新加节点后网络运输效率和连通性能均有所下降，可知在无权演化模型下，选择新建港口是不合理的。

（二）金属矿石港口加权演化网络

同样地，将新加港口的 8 个预设吸引度代入加权演化模型二，得到 8 个新网络，这 8 个新网络的网络参数如表 9-39 所示。

表 9-39　加入具有不同吸引度新节点的拓扑网络参数（金属矿石港口加权演化）

新加节点建议吸引度	节点数 N	边数 K	平均度 $\langle k \rangle$	聚类系数 C	网络直径 D	平均路径长度 L	全局有效性 E	局部有效性 E_{lo}	系统总费用 TC	网络连接度 Q_n
初始网络	118	192	3.254	0.129	12	4.413	0.227	7.752	192	3.254
吸引度 5	119	194	3.261	0.146	12	4.441	0.225	6.849	194	3.260
吸引度 10	119	194	3.261	0.146	12	4.441	0.225	6.849	194	3.260
吸引度 15	119	194	3.261	0.146	12	4.441	0.225	6.849	194	3.260
吸引度 20	119	194	3.261	0.146	12	4.441	0.225	6.849	194	3.260
吸引度 25	119	194	3.261	0.146	12	4.441	0.225	6.849	194	3.260
吸引度 30	119	194	3.261	0.146	12	4.441	0.225	6.849	194	3.260
吸引度 35	119	194	3.261	0.146	12	4.441	0.225	6.849	194	3.260
吸引度 40	119	194	3.261	0.146	12	4.441	0.225	6.849	194	3.260

从表 9-39 可以发现,当吸引度发生改变时,全局有效性并没有明显改变。据此猜测新加入节点不会影响原有节点的布局形态和相关参数。将吸引度为 5 的新建港口添加到 2 节点加权演化网络中,结果如图 9-42 所示。

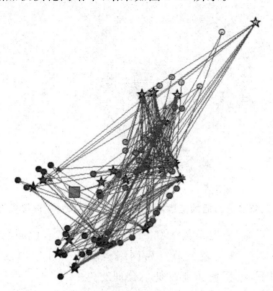

图 9-42　加入新建港口后的货运拓扑网络加权演化图(方形符号为新建港口)

分析图 9-42 和表 9-39 可以发现,新加入节点后,网络的全局有效性和局部有效性均有所下降,尤其是局部有效性下降幅度较大,从 7.752 下降到 6.849,这说明新建港口周边地区的运输效率下滑严重;平均路径长度略有增加,从 4.413 增长到 4.441,说明节点间的平均距离增大;聚类系数增幅也较为明显,从 0.129 增长到 0.146,意味着网络覆盖平均性变差;网络连接度略有上升,从 3.254 增长到 3.260。综合来看,新建港口会使原有网络性能下降,不能起到优化效果,从加权演化模型二的演化情况看,此处不适宜新建港口。

综合考虑上述无权演化网络与加权演化网络的情况,认为此处是不适合新建港口的。

9.3.5　新建金属矿石港口的港口规模确定

如果确定需要新建港口,可以利用逆推法求出相关港口建设参数值,这里以求新建港口金属矿石吞吐量为例演示具体计算过程。

以现有三级金属矿石港口节点影响因素指标值为依据,再根据湖南武溪新建三级港口的实际情况,分别估算出除港口金属矿石吞吐量之外其他影响因素的指标值,如表 9-40 所示。

9 港口货运网络拓扑结构优化案例分析

表 9-40 金属矿石港口各三级节点的影响因素指标值

三级港口节点	X_1/万人	X_2/亿元	X_3/个	X_7/(个·平方公里)	X_9/公里	X_{11}	X_{13}	X_{14}/公里	X_{16}	X_{17}	X_{18}/万吨	X_{19}	X_{20}/公里	X_{22}	X_{24}	X_{25}
1	6851	32070.45	14764	6.654	22026	6	2	256	2	3	5782.31	5	195387	62.3	10	4.92
2	6851	32070.45	14764	6.654	188431	6	2	256	2	3	6756.7	5	195387	62.3	10	4.92
3	9248	68024.49	39567	13.910	265720	6	2	200	4	8	61.61	8	272289.3	123.5	10	2.6
4	9248	68024.49	39567	13.910	265720	6	2	256	4	8	2346.56	8	272289.3	123.5	10	2.6
5	4991	47251.36	40128	30.846	119053	6	2	200	3	10	7807.29	8	131394.9	416.4	9	2.43
6	3557	28810.58	17262	20.725	106757	6	2	200	2	5	224.65	8	113203	126.1	7	3.03
7	3557	28810.58	17262	20.725	106757	6	2	200	2	5	27.27	8	113203	126.1	7	3.03
8	9194	80854.91	42688	20.950	218085	6	2	200	2	10	0	8	234393.9	425.9	8	2.33
9	9194	80854.91	42688	20.950	218085	6	2	50	2	10	0	8	234393.9	425.9	8	2.33
10	9194	80854.91	42688	20.950	218085	6	2	50	2	10	0	8	234393.9	425.9	8	2.33
11	9194	80854.91	42688	20.950	218085	6	2	50	4	10	0	8	234393.9	425.9	8	2.33
12	9194	80854.91	42688	20.950	218085	6	2	50	4	10	0	8	234393.9	425.9	8	2.33
13	9194	80854.91	42688	20.950	218085	6	2	200	4	10	0	8	234393.9	425.9	8	2.33
14	9194	80854.91	42688	20.950	218085	6	2	256	4	10	2755.46	8	234393.9	425.9	8	2.33
15	9194	80854.91	42688	20.950	218085	6	2	200	5	10	144.86	5	184454.4	601.5	9	1.7
16	7588	77388.28	47900	20.900	157304	6	2	256	5	10	3858.93	5	184454.4	601.5	9	1.7
17	7588	77388.28	47900	20.900	157304	6	2	50	3	3	2.38	6	149375.1	59.6	6	3.16
18	2798	17740.59	6782	10.037	142921	6	2	50	3	3	166.55	6	149375.1	59.6	6	3.16
19	2798	17740.59	6782	10.037	142921	6	2	50	2	5	x	4	254488.8	32.9	6	2.33
20	6326	31551.37	14386	8.787	238273	6	2	50	2	5						

247

可以看到表 9-40 最后一行新节点的影响因素中有一个未知数 x，这个未知的影响因素就是要计算的新建港口的金属矿石吞吐量。根据已确定的标准吸引度值，就可以逆推得到这个港口吞吐量的值。

根据得到的标准吸引度的值，由已知的 15 个影响因素逆推得到政府决策者关注的影响因素指标值，即新建港口的金属矿石吞吐量。根据 7.2 节的逆推过程，其逆推结果化简得：

$$R + 0.334 \cdot \left[0.741 \cdot \ln\frac{0.741}{R} + 0.865 \cdot \ln\frac{0.865}{R} + 0.0079 \cdot \ln\frac{0.0079}{R} + 0.301 \cdot \ln\frac{0.301}{R} + \ln\frac{1}{R} + 0.0288 \cdot \ln\frac{0.0288}{R} + 0.0035 \cdot \ln\frac{0.0035}{R} + 0.353 \cdot \ln\frac{0.353}{R} + 0.0186 \cdot \ln\frac{0.0186}{R} + 0.494 \cdot \ln\frac{0.494}{R} + 0.0003 \cdot \ln\frac{0.0003}{R} + 0.021 \cdot \ln\frac{0.021}{R} + (R - 3.38) \cdot \ln\left(1 - \frac{3.83}{R}\right) \right] = Z_{20} \left\{ 0.4253 + 0.0334 \cdot \left[\frac{0.741}{R} \cdot \ln\frac{0.741}{R} + \frac{0.865}{R} \cdot \ln\frac{0.865}{R} + \frac{0.0079}{R} \cdot \ln\frac{0.0079}{R} + \frac{0.301}{R} \cdot \ln\frac{0.301}{R} + \frac{1}{R} \cdot \ln\frac{1}{R} + \frac{0.0288}{R} \cdot \ln\frac{0.0288}{R} + \frac{0.0035}{R} \cdot \ln\frac{0.0035}{R} + \frac{0.353}{R} \cdot \ln\frac{0.353}{R} + \frac{0.0186}{R} \cdot \ln\frac{0.0186}{R} + \frac{0.494}{R} \cdot \ln\frac{0.494}{R} + \frac{0.0003}{R} \cdot \ln\frac{0.0003}{R} + \frac{0.021}{R} \cdot \ln\frac{0.021}{R} + \frac{1}{R} \cdot (R - 3.83) \cdot \ln\left(1 - \frac{3.83}{R}\right) \right] \right\}$$

(9-3)

其中，Z_{20}——新增港口的吸引度综合评判值；

$R = 3.83 + x/7807.29$。

在计算港口金属矿石吞吐量的过程中，问题转换为求出式(9-3)的解即可得到港口吞吐量的参考值。

现取标准吸引度值 $Z_{20} = 20$ 代入公式。借助专业的数学软件 Maple 求解，经过筛选的最终计算结果是 $R = 4.374$，最后得到金属矿石吞吐量 x 为 4251.94 万吨。

参 考 文 献

[1] Reilly William J. The law of retail gravitation[J]. American Journal of Sociology,1931,53(5):649-670.

[2] Huff David L. A programmed solution for approximating an optimum retail location[J]. Land Economics,1966,42(3):293-303.

[3] Freeman Linton C. A Set of Measures of Centrality Based on Betweenness[J]. Sociometry,1977,40(1):35-41.

[4] Hall Randolph. The fastest path through a network with random time-dependent travel times[J]. Transportation Science,1986,20(3):182.

[5] O'Kelly Morton E. The location of interacting hub facilities[J]. Transportation Science,1986,20(2):92-106.

[6] Paxson Vern, Floyd Sally. Wide area traffic: The failure of Poisson modeling[J]. IEEE/ACM Transactions on Networking(ToN),1995,3(3):244.

[7] Carraresi Paolo, Malucelli Federico, Pallottino Stefano. Regional mass transit assignment with resource constraints[J]. Transportation Research Part B: Methodological,1996,30(2):81-98.

[8] Bryan Deborah. Extensions to the hub location problem: Formulations and numerical examples[J]. Geographical Analysis,1998,30(4):315-330.

[9] Kaneko Kunihiko. On the strength of attractors in a high-dimensional system: Milnor attractor network, robust global attraction, and noise-induced selection[J]. Physica D: Nonlinear Phenomena,1998,124(4):322-344.

[10] Miller-Hooks Elise, Mahmassani Hani. Least possible time paths in stochastic, time-varying networks[J]. Computers and Operations Research,1998,25(12):1107-1125.

[11] O'Kelly Morton E. A geographer's analysis of hub-and-spoke networks[J]. Journal of Transport Geography,1998,6(3):171-186.

[12] O'Kelly Morton E. Hub location with flow economies of scale[J]. Transportation Research Part B: Methodological,1998,32(8):605-616.

[13] Watts Duncan J, Strogatz Steven H. Collective dynamics of small-world networks[J]. Nature,1998,393(6684):440-442.

[14] Barabási Albert-László, Albert Réka. Emergence of scaling in random networks[J]. Science,1999,286(5439):509-512.

[15] Barabási Albert-László, Albert Réka, Jeong Hawoong. Mean-field theory for scale-free random networks[J]. Physica A:Statistical Mechanics and Its Applications,1999,272(1):173-187.

[16] Janic Milan, Reggiani A, Nijkamp Peter. Sustainability of the European freight transport system: Evaluation of innovative bundling networks[J]. Transportation Planning and Technology,1999,23(2):129-156.

[17] Marianov Vladimir, Serra Daniel, Revelle Charles. Location of hubs in a competitive environment[J]. European Journal of Operational Research,1999, 114(2):363-371.

[18] Yudhbir Lalit. A maritime risk and transportation model for the transport of crude oil and petroleum products[D]. Ann Arbor Michigan:ProQuest Dissertations Publishing,1999.

[19] Albert Réka, Barabási Albert-László. Topology of evolving networks:local events and universality[J]. Physical Review Letters,2000,85(24):5234-5237.

[20] Amaral Luís A Nunes, Scala Antonio, Barthelemy Marc, et al. Classes of small-world networks[J]. Proceedings of the National Academy of Sciences of the United States of America,2000,97(21):11149-11152.

[21] Carlson Joshua M, Doyle John. Highly optimized tolerance:Robustness and design in complex systems[J]. Physical Review Letters,2000,84(11):2529-2532.

[22] Dorogovtsev Sergey, Mendes José F. Evolution of networks with aging of sites[J]. Physical Review E,2000,62(2):1842-1845.

[23] Dorogovtsev Sergey, Mendes José F, Samukhin A N. Structure of Growing Networks with Preferential Linking[J]. Physical Review Letters,2000,85(21):4633-4636.

[24] Krapivsky P L, Redner S, Leyvraz F. Connectivity of growing random networks[J]. Physical Review Letters,2000,85(21):4629-4632.

[25] Albert Réka, Barabási Albert-László. Topology of evolving networks:Local events and universality[J]. Physical Review Letters, 2000, 85(24):5234-5237.

[26] Van Raan Anthony. On growth, ageing, and fractal differentiation of science [J]. Scientometrics,2000,47(2):347-362.

[27] Cazelles Bernard. Dynamics with riddled basins of attraction in models of interacting populations[J]. Chaos, Solitons & Fractals, 2001, 12(2):301-311.

[28] Drezner Tammy, Drezner Zvi. A note on applying the gravity rule to the airline hub problem[J]. Journal of Regional Science, 2001, 41(1):67-72.

[29] Gulyani Sumila. Effects of poor transportation on lean production and industrial clustering: Evidence from the Indian auto industry[J]. World Development, 2001, 29(7):1157-1177.

[30] Latora Vito, Marchiori Massimo. Efficient behavior of small-world networks[J]. Physical Review Letters, 2001, 87(19):198701.

[31] Li-ping Fu. An adaptive routing algorithm for in-vehicle route guidance systems with real-time information[J]. Transportation Research Part B: Methodological, 2001, 35(8):749-765.

[32] Yook S H, Jeong H, Barabási A L, et al. Weighted evolving networks[J]. Physical Review Letters, 2001, 86(25):5835-5838.

[33] 段爱媛,方芳. 抓住物流时代契机,发展我国中枢辐射航线网络[J]. 国际航空, 2001,(8):1-1.

[34] 段爱媛,方芳. 论在物流决策中最佳运输方式的选择问题[J]. 世界海运, 2001, 24(4):19-21.

[35] Albert Réka, Barabási Albert-László. Statistical mechanics of complex networks[J]. Reviews of Modern Physics, 2002, 74(1):47-97.

[36] Latora Vito, Marchiori Massimo. Is the Boston subway a small-world network? [J]. Physica A: Statistical Mechanics and Its Applications, 2002, 314(1):109-113.

[37] Moreno Y, Gómez J B, Pacheco A F. Instability of scale-free networks under node-breaking avalanches[J]. EPL (Europhysics Letters), 2002, 58(4):630-636.

[38] Moreno Y, Pastor-Satorras R, Vázquez A, et al. Critical load and congestion instabilities in scale-free networks[J]. EPL (Europhysics Letters), 2002, 62(2):292-298.

[39] Podnar Hrvoje, Skorin-Kapov Jadranka, Skorin-Kapov Darko. Network cost minimization using threshold-based discounting[J]. European Journal of Operational Research, 2002, 137(2):371-386.

[40] Sergi Valverde, Ramon Ferrer-Cancho, Solé Ricard. Scale-free networks from optimal design[J]. EPL (Europhysics Letters), 2002, 60(4):512-517.

[41] 杨家其.基于模糊综合评判的现代港口腹地划分引力模型[J].交通运输工程学报,2002,2(2):123-126.

[42] Jeong Hawoong, Neda Zoltán, Barabási Albert-László. Measuring preferential attachment in evolving networks[J]. EPL(Europhysics Letters),2003,61(4):567-572.

[43] Latora Vito, Marchiori Massimo. Economic small-world behavior in weighted networks[J]. The European Physical Journal B: Condensed Matter and Complex Systems,2003,32(2):249-263.

[44] Vázquez Alexei. Growing network with local rules: Preferential attachment, clustering hierarchy, and degree correlations[J]. Physical Review E,2003,67(5):056104.

[45] Xiang Li, Guan-rong Chen. A local-world evolving network model[J]. Physica A: Statistical Mechanics and Its Applications,2003,328(1-2):274-286.

[46] Han Zhu, Xin-ran Wang, Jian-yang Zhu. Effect of aging on network structure[J]. Physical Review E,2003,68(5):56121.

[47] 李志华,王启富,钟毅芳,等.物流网络设计建模与求解算法研究[J].机械工程学报,2003,(02):84-89.

[48] 魏巧云.我国水路货物运输流向分析与预测研究[D].武汉:武汉理工大学,2003.

[49] Albert Réka, Jeong Hawoong, Barabási Albert-László. Error and attack tolerance of complex networks[J]. Nature,2004,340(1-3):388-394.

[50] Barrat Alain, Barthélemy Marc, Vespignani Alessandro. Modeling the evolution of weighted networks[J]. Physical Review E,2004,70(6):066149.

[51] Barrat Alain, Barthélemy Marc, Vespignani Alessandro. Weighted Evolving Networks: Coupling Topology and Weight Dynamics[J]. Physical Review Letters,2004,92(22):228701.

[52] Colizza Vittoria, Banavar Jayanth R, Maritan Amos, et al. Network structures from selection principles[J]. Physical Review Letters,2004,92(19):198701.

[53] Crucitti Paolo, Latora Vito, Marchiori Massimo. Model for cascading failures in complex networks[J]. Physical Review E Statistical Nonlinear & Soft Matter Physics,2004,69(4 Pt 2):045104.

[54] Lasserre Frédéric. Logistics and the Internet: transportation and location issues are crucial in the logistics chain[J]. Journal of Transport Geography,2004,12(1):73-84.

[55] Qiao Yi, Skicewicz Jason, Dinda Peter. An empirical study of the multiscale predictability of network traffic[C]. Proceedings of IEEE International Conference on High-Performance Distributed Computing, 2004:66-76.

[56] 谭跃进,吴俊. 网络结构熵及其在非标度网络中的应用[J]. 系统工程理论与实践,2004,(06):1-3.

[57] Barrat Alain, Barthélemy Marc, Vespignani Alessandro. The effects of spatial constraints on the evolution of weighted complex networks[J]. Journal of Statistical Mechanics: Theory and Experiment,2005,2005(05):799-803.

[58] Racunica Illia, Wynter Laura. Optimal location of intermodal freight hubs[J]. Transportation Research Part B: Methodological,2005,39(5):453-477.

[59] Zi-you Gao, Jian-jun Wu, Hui-jun Sun. Solution algorithm for the bi-level discrete network design problem[J]. Transportation Research Part B: Methodological,2005,39(6):479-495.

[60] Zi-you Gao, Ke-ping Li. Evolution of traffic flow with scale-free topology[J]. Chinese Physics Letters,2005,22(10):2711.

[61] 高自友,吴建军,毛保华,等. 交通运输网络复杂性及其相关问题的研究[J]. 交通运输系统工程与信息,2005,5(02):79-84.

[62] 王健. 现代物流网络系统的构建[M]. 北京:科学出版社,2005.

[63] 王行风,贾凌. GIS支持下的城市交通网络最短路径研究[J]. 计算机与现代化,2005,3:9-12.

[64] 周江评(翻译),卢衍丹(校译). 美国货运交通规划及教育:Kazuya Kawamura教授访问记[J]. 国外城市规划,2005,4:76-80.

[65] Barthélemy Marc, Flammini Alessandro. Optimal traffic networks[J]. Journal of Statistical Mechanics: Theory and Experiment,2006,2006(7):L07002.

[66] Estrada Ernesto. Network robustness to targeted attacks. The interplay of expansibility and degree distribution[J]. The European Physical Journal B: Condensed Matter and Complex Systems,2006,52(4):563-574.

[67] Gastner Michael, Newman Mark. The spatial structure of networks[J]. European Physical Journal B,2006,49(2):247-252.

[68] Granovetter Mark S. Chapter 52: The Strength of Weak Ties[J]. Inequality Reader Contemporary & Foundational Readings in Race,2006,78:105--130.

[69] Bing Wang, Huan-wen Tang, Chong-hui Guo, et al. Optimization of network structure to random failures[J]. Physica A: Statistical Mechanics and Its Applications,2006,368(2):607-614.

[70] Jian-jun Wu, Zi-you Gao, Hui-jun Sun. Complexity and efficiency of Beijing transit network[J]. International Journal of Modern Physics B, 2006, 20(15): 2129-2136.

[71] Yong-xiang Xia, Tse C K, Lau F C M. Traffic congestion analysis in complex networks[C]. Proceedings of IEEE International Symposium on Circuits and Systems, 2006: 2625-2628.

[72] Zi-you Gao, Jian-jun Wu, Bao-hua Mao, et al. Congestion in different topologies of traffic networks[J]. EPL (Europhysics Letters), 2006, 74(3): 560-566.

[73] 曹继伟, 刘玉华. 复杂网络拓扑建模及模型优化研究[D]. 武汉: 华中师范大学, 2006.

[74] 管莉萍. 基于坐标系统的 BA 网络可视化[D]. 北京: 北京交通大学, 2006.

[75] 王冰. 复杂网络的演化机制及若干动力学行为研究[D]. 大连: 大连理工大学, 2006.

[76] 王林, 戴冠中. 复杂网络的度分布研究[J]. 西北工业大学学报, 2006, (04): 405-409.

[77] 王林, 张婧婧. 复杂网络的中心化[J]. 复杂系统与复杂性科学, 2006, (01): 13-20.

[78] Barrat Alain, Barthélemy Marc, Vespignani Alessandro. The role of geography and traffic in the structure of complex networks[J]. Advances in Complex Systems, 2007, 10(01): 5-28.

[79] Dablanc Laetitia. Goods transport in large European cities: Difficult to organize, difficult to modernize[J]. Transportation Research Part A: Policy and Practice, 2007, 41(3): 280-285.

[80] Xuan Guo, Hong-tao Lu. Traffic congestion analysis in complex networks based on various routing strategies[J]. Modern Physics Letters B, 2007, 21(15): 929-939.

[81] Jeong Seung-Ju, Lee Chi-Guhn, Bookbinder James H. The European freight railway system as a hub-and-spoke network[J]. Transportation Research Part A: Policy and Practice, 2007, 41(6): 523-536.

[82] Sirikijpanichkul Ackchai, Ferreira Luis, Lukszo Zofia. Optimizing the location of intermodal freight hubs: an overview of the agent based modelling approach[J]. Journal of Transportation Systems Engineering and Information Technology, 2007, 7(4): 71-81.

[83] Van Dam Koen H, Lukszo Zofia, Ferreira Luis, et al. Planning the location of intermodal freight hubs: An agent based approach[C]. Proceedings of IEEE International Conference on Networking, Sensing, and Control, 2007: 187-192.

[84] Yaman Hande, Kara Bahar Y, Tansel Barbaros Ç. The latest arrival hub location problem for cargo delivery systems with stopovers[J]. Transportation Research Part B: Methodological, 2007, 41(8): 906-919.

[85] 初良勇. 我国水上石油物流系统与分拨运输网络研究[D]. 大连: 大连海事大学, 2007.

[86] 祝彪. 复杂网络中效率和成本的研究[D]. 西安: 西安理工大学, 2007.

[87] Alumur Sibel, Kara Bahar Y. Network hub location problems: The state of the art[J]. European Journal of Operational Research, 2008, 190(1): 1-21.

[88] Anonymous. Physics, Scientists at University of Notre Dame target physics [J]. Journal of Physics Research, 2008.

[89] Hilal Nadia. Unintended effects of deregulation in the European Union: The case of road freight transport[J]. Sociologie du Travail, 2008, 50: 19-29.

[90] Jian-feng Zheng, Zi-you Gao. A weighted network evolution with traffic flow [J]. Physica A: Statistical Mechanics and Its Applications, 2008, 387(24): 6177-6182.

[91] Potter Andrew, Lalwani Chandra. Investigating the impact of demand amplification on freight transport[J]. Transportation Research Part E: Logistics and Transportation Review, 2008, 44(5): 835-846.

[92] Wan Zheng. Freight transportation planning: Container transportation network within China's Yangtze River[D]. Ann Arbor, Michigan: ProQuest Dissertations Publishing, 2008.

[93] 白煜超, 季常煦. 基于吸引力模型的港口腹地划分方法研究[D]. 北京: 北京交通大学, 2008.

[94] 鲍星星, 陈森发. 基于扩展卡尔曼滤波神经网络算法的公路货运周转量预测[J]. 交通与计算机, 2008, 26(6): 11-13.

[95] 陈晓, 张纪会. 复杂供需网络的局域演化生长模型[J]. 复杂系统与复杂性科学, 2008, 5(1): 54-60.

[96] 邓贵仕, 武佩剑, 田炜. 全球航运网络鲁棒性和脆弱性研究[J]. 大连理工大学学报, 2008, 48(5): 765-768.

[97] 李钊棠, 柳继锋, 蒋品群, 等. 平均度对复杂网络同步能力的影响[J]. 广西物

理,2008,(1):18-20.

[98] 孙颖.长三角综合交通运输网络规模和结构优化的研究[D].上海:同济大学,2008.

[99] 吴建军.城市交通网络拓扑结构复杂性研究[D].北京:北京交通大学,2008.

[100] 姚志刚,武颖丽.基于共同配送策略的公路货运网络优化问题[J].公路交通科技,2008,(05):150-153.

[101] Derrible Sybil, Kennedy Christopher. Network analysis of world subway systems using updated graph theory[J]. Transportation Research Record Journal of the Transportation Research Board,2009,2112(2112):17-25.

[102] Gilbert Alison. Connectance indicates the robustness of food webs when subjected to species loss[J]. Ecological Indicators,2009,9(1):72-80.

[103] Jian-wei Wang. Universal cascading failures on complex networks based on attacks[J]. Journal of Management Sciences,2009,22(3):113-120.

[104] Kong Bo. The making and implementation of China's international petroleum policy, 1990-2007[D]. Ann Arbor, Michigan: ProQuest Dissertations Publishing,2009.

[105] Moreira Andre, Jose Andrade, Herrmann Hans, et al. How to make a fragile network robust and vice versa[J]. Physical Review Letters,2009,102(1):018701.

[106] Xie Feng, Levinson David M. Topological evolution of surface transportation networks[J]. Computers, Environment and Urban Systems,2009,33(3):211-223.

[107] De-zhi Zhang, Shuang-yan Li. Research on an optimization model for logistics nodes system layout and its solution algorithm[J]. International Journal of Business and Management,2009,4(11):10.

[108] 陈京荣,俞建宁,李引珍.随机时间依赖交通网络自适应路径选择[J].西南交通大学学报,2009,44(4):523-529.

[109] 陈彦光.空间相互作用模型的形式、量纲和局域性问题探讨[J].北京大学学报:自然科学版,2009,(02):333-338.

[110] 段爱媛,杨俊刚.城市物流交通资源空间布局演化机理及组织协调[J].铁道运输与经济,2009,31(8):65-67.

[111] 高义佳,张勤生.基于复杂网络的冷链物流网络优化与应用研究[D].青岛:中国海洋大学,2009.

[112] 陶少华,杨春,李慧娜,等.基于节点吸引力的复杂网络演化模型研究[J].计

算机工程,2009,(01):111-113.

[113] 王保华,何世伟,宋瑞,等.快捷货运动态服务网络设计优化模型及其算法[J].铁道学报,2009,(5):17-22.

[114] 熊文海.世界航运网络的结构特性及其动力学行为研究[D].青岛:青岛大学,2009.

[115] 余朵苟,何世伟.基于复杂网络理论的快捷货运网络拓扑结构研究[D].北京:北京交通大学,2009.

[116] 张兰,彭国雄.重力模型标定方法的分析及应用[J].交通科技与经济,2009,(01):106-108.

[117] 赵月.复杂交通网络拥堵特性及控制方法研究[D].成都:西南交通大学,2009.

[118] Cidell Julie. Concentration and decentralization: The new geography of freight distribution in US metropolitan areas[J]. Journal of Transport Geography,2010,18(3):363-371.

[119] Cidell Julie. Distribution centers among the rooftops: the global logistics network meets the suburban spatial imaginary[J]. International Journal of Urban and Regional Research,2010,35(4):832-851.

[120] Kaluza Pablo,Kölzsch Andrea,Gastner Michael T. ,et al. The complex network of global cargo ship movements[J]. Journal of the Royal Society,Interface / the Royal Society,2010,7(48):1093-1103.

[121] Wilson Alan. Entropy in urban and regional modelling:Retrospect and prospect[J]. Geographical Analysis,2010,42(4):364-394.

[122] 安鑫,周维博,马艳,等.基于熵权的模糊综合评价法在水安全中的应用[J].水资源与水工程学报,2010,21(6):137-139.

[123] 程书恒,郭子坚,宋向群.基于复杂网络的集装箱海运系统的鲁棒性研究[J].港工技术,2010,47(2):32-35.

[124] 房艳君.一般复杂网络及经济网络的动态模型与稳定性研究[D].济南:山东师范大学,2010.

[125] 黄建华,党延忠.快递超网络模型及基于成本的优化方法[J].系统管理学报,2010,(6):689-695.

[126] 李力东,高彤.探讨交通流量预测的几种方法[J].吉林建筑工程学院学报,2010,27(5):58-60.

[127] 田生文,杨洪勇,李阿丽,等.基于聚类效应节点吸引力的复杂网络模型[J].计算机工程,2010,36(10):58-60.

[128] 吴建军,高自友,孙会君,等.城市交通系统复杂性:复杂网络方法及其应用[M].北京:科学出版社 2010.

[129] 武云霞,何世伟.基于复杂网络的综合快捷货运服务网络结构研究[D].北京:北京交通大学,2010.

[130] 杨光华,李夏苗.区域物流网络结构的演化机理与优化研究[D].长沙:中南大学,2010.

[131] Hong Zhang. Uncovering road network structure through complex network analysis[D]. Ann Arbor, Michigan: ProQuest Dissertations Publishing, 2011.

[132] Erdös Pál, Rényi Alfréd. On the evolution of random graphs[J]. Bulletin of the Institute of International Statistics, 2011, 38(1):257-274.

[133] Vidović Milorad, Zečević Slobodan, Kilibarda Milorad, et al. The p-hub model with hub-catchment areas, existing hubs, and simulation: A case study of Serbian intermodal terminals[J]. Networks and Spatial Economics, 2011, 11(2):295-314.

[134] 陈志忠,李引珍.青海海东综合物流网络规划及其结构复杂性分析研究[D].兰州:兰州交通大学,2011.

[135] 黄静.无结构 P2P 网络演化过程的拓扑属性分析研究[D].合肥:中国科学技术大学,2011.

[136] 吕大刚,宋鹏彦.结构鲁棒性及其评价指标[J].建筑结构学报,2011,32(11):44-54.

[137] Grady Daniel. On the structure of complex networks: Universality in transportation, borders in human mobility, and robust skeletons[D]. Evanston: Northwestern University, 2012.

[138] Papadopoulos Fragkiskos, Kitsak Maksim, Serrano M Angeles, et al. Popularity versus similarity in growing networks[J]. Nature, 2012, 489(7417):537-540.

[139] Xiao-zheng He, X Liu Henry. Modeling the day-to-day traffic evolution process after an unexpected network disruption[J]. Transportation Research Part B: Methodological, 2012, 46(1):50-71.

[140] 党亚茹,孟彩红.基于复杂网络的航空货运枢纽城市研究[J].交通运输工程与信息学报,2012,10(2):12-18.

[141] 刘博,段爱媛.城市物流园区货运吸引力研究——以阳逻港物流园区为例[D].武汉:华中科技大学,2012.

[142] 唐铖,段爱媛.大城市货物运输网络拓扑结构演化分析[D].武汉:华中科技大学,2012.

[143] 王丹,金小峥.可调聚类系数加权无标度网络建模及其拥塞问题研究[J].物理学报,2012,61(22):543-551.

[144] 吴勤辉,段爱媛.大城市货物运输网络拓扑结构演化模型[D].武汉:华中科技大学,2012.

[145] 张琦,杨浩.内陆中转型铁路枢纽集装箱海铁联合运输组织理论研究[D].北京:北京交通大学,2012.

[146] 赵明,牛亚兰,钟金秀,等.网络的平均度对复杂网络上动力学行为的影响[J].广西师范大学学报:自然科学版,2012,30(3):88-93.

[147] 周健,张钊,程克勤.基于节点吸引力的点权有限 BBV 模型研究[J].系统仿真学报,2012,24(6):1293-1297.

[148] 周漩,张凤鸣,李克武,等.利用重要度评价矩阵确定复杂网络关键节点[J].物理学报,2012,61(5):1-7.

[149] Liu Li, R Negenborn Rudy, Bart De Schutter. A general framework for modeling intermodal transport networks[C]. Proceedings of IEEE International Conference on Networking,2013:579-585.

[150] Peng-cheng Yuan, Zhi-cai Juan. Urban road network evolution mechanism based on the 'direction preferred connection' and 'degree constraint'[J]. Physica A:Statistical Mechanics and Its Applications,2013,392(20):5186-5193.

[151] Qiang Qiang, Ke Ke, Anderson Trisha, et al. The closed-loop supply chain network with competition, distribution channel investment, and uncertainties[J]. Omega-International Journal of Management Science,2013,41(2):186-194.

[152] Yu-yang Zhen, Yi-ge Zheng. A evolution model of the express freight network[J]. Applied Mechanics & Materials,2013:1907-1911.

[153] 陈思锦,段爱媛.城市物流节点货运吸引力模型研究[D].武汉:华中科技大学,2013.

[154] 邓文英,段爱媛.基于 GIS 的城市货运网络拓扑结构演化模型[D].武汉:华中科技大学,2013.

[155] 傅培华,李进,刘燕楚.基于度与路径优先连接的集聚型供应链网络演化模型[J].运筹与管理,2013,(1):120-125.

[156] 黄瑞欣,段爱媛.城市物流节点货运吸引力因素分析[D].武汉:华中科技大

学,2013.
[157] 刘静,段爱媛.城市货运网络拓扑结构研究[D].武汉:华中科技大学,2013.
[158] 刘晓东.基于复杂网络理论的城市快速路网结构分析及匹配研究[D].西安:长安大学,2013.
[159] 乔金锁,王富喜.基于复杂网络理论的山西煤炭运输网络复杂性分析[J].北京交通大学学报,2013,37(3):127-132.
[160] 王杰,李雪,王晓斌.基于改进BA模型的不同规模海运复杂网络演化研究[J].交通运输系统工程与信息,2013,13(2):103-110.
[161] 徐久强,卢锁,刘铮,等.软件宏观拓扑结构标准结构熵和度的演化分析[J].东北大学学报:自然科学版,2013,(01):40-43,51.
[162] 颜章龙.世界海运网络拓扑结构及演化规律研究[D].大连:大连海事大学,2013.
[163] 叶亮宁,段爱媛.基于GIS的城市货运网络拓扑结构演化分析[D].武汉:华中科技大学,2013.
[164] 于善庆,段爱媛.基于物流节点吸引力的城市货运网络拓扑结构演化机理[D].武汉:华中科技大学,2013.
[165] 周兴林.相依网络在不同网间连接下鲁棒性的研究[D].哈尔滨:哈尔滨工业大学,2013.
[166] 朱磊明,段爱媛.基于物流节点吸引力的城市货运网络拓扑结构演化模型[D].武汉:华中科技大学,2013.
[167] Chong-hui Guo, Jia-jia Wang, Zhen Zhang. Evolutionary community structure discovery in dynamic weighted networks[J]. Physica A:Statistical Mechanics and Its Applications,2014,413:565-576.
[168] 单婧婷,段爱媛.基于物流节点吸引力的城市货运网络演化[D].武汉:华中科技大学,2014.
[169] 郭弘毅,段爱媛.城市货运网络拓扑结构优化[D].武汉:华中科技大学,2014.
[170] 黄亮,段爱媛.基于物流节点吸引力的城市货物运输网络拓扑结构研究[D].武汉:华中科技大学,2014.
[171] 彭燕妮.基于复杂网络理论的集装箱班轮航运网络演化研究[D].大连:大连海事大学,2014.
[172] 荣力锋.基于复杂网络理论的城市道路交通网络演化规律研究[D].成都:西南交通大学,2014.
[173] 沈弘宇,段爱媛.武汉市货运网络拓扑结构演化分析[D].武汉:华中科技大

学,2014.

[174] 王杰. 基于空间网络变化的国际航运中心形成与发展的内在机理研究[M]. 大连:大连海事大学出版社,2014.

[175] 俞恬,段爱媛. 城市物流节点吸引力影响因素评价指标体系研究[D]. 武汉:华中科技大学,2014.

[176] 张洋洋,段爱媛. 城市物流节点投资额度研究[D]. 武汉:华中科技大学,2014.

[177] Madleňák Radovan, Madleňáková Lucia, Štefunko Jozef. The variant approach to the optimization of the postal transportation network in the conditions of the slovak republic[J]. Transport and Telecommunication Journal, 2015,16(3):237-245.

[178] Samuel Coogan, Murat Arcak. A compartmental model for traffic networks and its dynamical behavior[J]. Automatic Control IEEE Transactions on, 2015,60(10):2698-2703.

[179] 常富蓉,兀松贤. 基于节点吸引力的社区发现算法[J]. 喀什师范学院学报,2015(03):51-54.

[180] 陈钢. 演化聚类算法研究[D]. 合肥:中国科学技术大学,2015.

[181] 单姗,段爱媛. 城市货物运输网络拥堵因子和度分布的关系研究[D]. 武汉:华中科技大学,2015.

[182] 姜志鹏,张多林,马婧,等. 权重演化的加权网络节点重要性评估方法[J]. 空军工程大学学报:自然科学版,2015(02):19-23.

[183] 彭旺,段爱媛. 城市货物运输网络鲁棒性与平均度的关系研究[D]. 武汉:华中科技大学,2015.

[184] 田一鸣. 无标度网络拓扑控制优化及应用研究[D]. 合肥:合肥工业大学,2015.

[185] 温汉辉,段爱媛. 武汉城市交通小区划分研究[D]. 武汉:华中科技大学,2015.

[186] 张风春. 港口内陆集疏运的优化研究[D]. 大连:大连海事大学,2015.

[187] 张全全,段爱媛. 城市货物运输网络拓扑结构动态演化研究[D]. 武汉:华中科技大学,2015.

[188] 赵宇,段爱媛. 城市货物运输网络权重演化研究[D]. 武汉:华中科技大学,2015.

[189] Król Aleksander. The Application of the Artificial Intelligence Methods for Planning of the Development of the Transportation Network[J]. Transpor-

tation Research Procedia,2016,14:4532-4541.

[190] 程龙,段爱媛. 佛山市城市货运网络评价指标体系及投资额度研究[D]. 武汉:华中科技大学,2016.

[191] 杜超,王姣娥,莫辉辉. 中国集装箱航运网络空间格局及复杂性研究[J]. 长江流域资源与环境,2016(02):190-198.

[192] 罗湘建,段爱媛. 深圳市城市货运网络评价指标体系及投资额度研究[未出版]. 武汉:华中科技大学,2016.

[193] 屈湘,段爱媛. 深圳市城市货运网络拥堵因子及鲁棒性研究[D]. 武汉:华中科技大学,2016.

[194] 王伟,王成金. 中国沿海港口煤炭运输的空间分异格局及演化[J]. 地理学报,2016,71(10).

[195] 张志伟,段爱媛. 佛山市城市货运网络拥堵因子及鲁棒性研究[D]. 武汉:华中科技大学,2016.

[196] 赵凯旋,段爱媛. 深圳市城市货运网络拓扑结构动态演化研究[未出版]. 武汉:华中科技大学,2016.

[197] 钟滢斌,段爱媛. 深圳市城市货运网络拓扑结构静态演化研究[未出版]. 武汉:华中科技大学,2016.

[198] 周强,段爱媛. 佛山市城市货运网络拓扑结构演化研究[D]. 武汉:华中科技大学,2016.

[199] Cats Oded. Topological evolution of a metropolitan rail transport network: The case of Stockholm[J]. Journal of Transport Geography,2017,62:172-183.

[200] Chaudhury Arkadeep Narayan,Ghosal Ashitava. Optimum design of multi-degree-of-freedom closed-loop mechanisms and parallel manipulators for a prescribed workspace using Monte Carlo method[J]. Mechanism and Machine Theory,2017,118:115-138.

[201] Xiao-heng Deng,You Wu,Deng Li,et al. A weighted network model based on node fitness dynamic evolution[C]. Proceedings of IEEE International Conference on Parallel & Distributed Systems,2017.

[202] Fotuhi Fateme,Huynh Nathan. Reliable intermodal freight network expansion with demand uncertainties and network disruptions[J]. Networks and Spatial Economics,2017,17(2):405-433.

[203] Litwin-Kumar A,Harris K D,Axel R,et al. Optimal degrees of synaptic connectivity[J]. Neuron,2017,93(5):1153-1164.

[204] Qiang Liu, Cai-hong Liu, Jia-jia Wang, et al. Evolutionary link community structure discovery in dynamic weighted networks[J]. Physica A: Statistical Mechanics and Its Applications, 2017, 466: 370-388.

[205] Tao Wu, Lei-ting Chen, Lin-feng Zhong, et al. Predicting the evolution of complex networks via similarity dynamics[J]. Physica A: Statistical Mechanics and Its Applications, 2017, 465: 662-672.

[206] Gui-sheng Yin, Kuo Chi, Yu-xin Dong, et al. An approach of community evolution based on gravitational relationship refactoring in dynamic networks[J]. Physics Letters A, 2017, 381(16): 1349-1355.

[207] Zareie Ahmad, Sheikhahmadi Amir, Fatemi Adel. Influential nodes ranking in complex networks: An entropy-based approach[J]. Chaos, Solitons & Fractals, 2017, 104: 485-494.

[208] 陈浩, 段爱媛. 基于城市货运网络拓扑结构动态演化的聚类系数与度分布关系研究[D]. 武汉: 华中科技大学, 2017.

[209] 陈晓光, 段爱媛. 城市货运网络拓扑结构动态演化UE均衡研究[D]. 武汉: 华中科技大学, 2017.

[210] 焦宇翔, 段爱媛. 基于城市货运网络拓扑结构动态演化的鲁棒性与度分布关系研究[D]. 武汉: 华中科技大学, 2017.

[211] 李电生, 张腾飞, 钟丹阳. 基于港口航运网拓扑结构的港口层次划分——以中国城市港口航运网为例[J]. 中国海洋大学学报: 社会科学版, 2017(02): 85-90.

[212] 李远永, 段爱媛. 基于城市货运网络拓扑结构动态演化的拥堵因子与度分布关系研究[D]. 武汉: 华中科技大学, 2017.

[213] 唐国栋, 段爱媛. 基于物流节点吸引力的城市货运网络拓扑结构动态演化研究[D]. 武汉: 华中科技大学, 2017.

[214] 王列辉, 朱艳. 基于"21世纪海上丝绸之路"的中国国际航运网络演化[J]. 地理学报, 2017(12): 2265-2280.

[215] 邢欣, 周靖, 罗仕龙, 等. 国际贸易网络的拓扑演化与聚类结构分析[J]. 微型机与应用, 2017(06): 92-94, 98.

[216] 张毅豪, 段爱媛. 基于城市货运网络拓扑结构动态演化的系统总费用与度分布关系研究[D]. 武汉: 华中科技大学, 2017.

[217] Baykasoğlu Adil, Ozsoydan Fehmi Burcin. Dynamic optimization in binary search spaces via weighted superposition attraction algorithm[J]. Expert Systems with Applications, 2018, 96: 157-174.

[218] da Silva Roberto. Patterns of a spatial exploration under time evolution of the attractiveness: Persistent nodes, degree distribution, and spectral properties[J]. Physica A: Statistical Mechanics and Its Applications, 2018, 500: 60-71.

[219] Liang-an Huo, Ying-ying Cheng, Chen Liu, et al. Dynamic analysis of rumor spreading model for considering active network nodes and nonlinear spreading rate[J]. Physica A: Statistical Mechanics and Its Applications, 2018, 506: 24-35.

[220] Nguyen Hoang-Phuong, Liu Jie, Zio Enrico. Dynamic-weighted ensemble for fatigue crack degradation state prediction[J]. Engineering Fracture Mechanics, 2018, 194: 212-223.

[221] Xie T, Wang M, Su C, et al. Evaluation of the natural attenuation capacity of urban residential soils with ecosystem-service performance index (EPX) and entropy-weight methods[J]. Environmental Pollution, 2018, 238: 222-229.

[222] Xu-long Zhang, Chen-quan Gan. Global attractivity and optimal dynamic countermeasure of a virus propagation model in complex networks[J]. Physica A: Statistical Mechanics and Its Applications, 2018, 490: 1004-1018.

[223] 何湘婧,段爱媛. 港口石油天然气及制品运输网络拓扑结构演化研究[D]. 武汉:华中科技大学,2018.

[224] 刘诚臣,段爱媛. 港口货运网络拓扑结构演化研究[D]. 武汉:华中科技大学,2018.

[225] 王旭,段爱媛. 港口金属矿石运输网络拓扑结构演化研究[D]. 武汉:华中科技大学,2018.

[226] 尤孟楠,段爱媛. 港口煤炭及制品运输网络拓扑结构演化研究[D]. 武汉:华中科技大学,2018.

[227] 赵健,段爱媛. 港口集装箱运输网络拓扑结构演化研究[D]. 武汉:华中科技大学,2018.

[228] 李萧,段爱媛. 城市货运网络拓扑结构无权演化研究[D]. 武汉:华中科技大学,2019.

[229] 刘洋,段爱媛. 城市物流节点吸引度指标赋权研究[D]. 武汉:华中科技大学,2019.

[230] 卢漪荻,段爱媛. 城市货运网络拓扑结构优化研究[D]. 武汉:华中科技大学,2019.

[231] 宁晓笛,段爱媛. 城市新建物流节点投资额度研究[D]. 武汉:华中科技大学,

2019.

[232] 孙雨晖,段爱媛.城市货运网络拓扑结构演化研究[D].武汉:华中科技大学,2019.

[233] 熊子曰,段爱媛.城市物流节点吸引力研究[D].武汉:华中科技大学,2019.

[234] 张高祯,张贤坤,苏静,等.动态加权网络中的演化社区发现算法研究[J].计算机应用研究,2019(04):1-2.

[235] 陈家驰,段爱媛.基于改进BA模型的城市货运网络演化研究[D].武汉:华中科技大学,2020.

[236] 戈畅,段爱媛.中国港口运输拓扑网络无权演化模型[D].武汉:华中科技大学,2020.

[237] 廖涛,段爱媛.中国港口运输拓扑网络加权演化模型[D].武汉:华中科技大学,2020.

[238] 麦宇威,段爱媛.城市物流运输拓扑网络加权演化模型[D].武汉:华中科技大学,2020.

[239] 姚凯洲,段爱媛.城市物流运输拓扑网络无权演化模型[D].武汉:华中科技大学,2020.

后 记

2011—2021 年,课题研究了整十年,课题组成员共 68 人。十年光阴,我已是"衣襟染霜华,青丝成白发"。早年的课题组成员从当年意气风发的青葱学子,也逐渐成家立业,儿女绕膝。

课题的研究进展异常缓慢,很多时候要把之前辛辛苦苦探索的成果推倒重来。在每一次组会上,课题组对近段时间的实验结果和研究内容进行激烈地探讨,一同发现问题、解决问题。引用课题组一位成员的话:"体会到了进行学术研究的艰辛和得到成果后令人难以抑制的兴奋与快乐,这段时光成为我求学当中分外重要、光彩夺目的一部分。"我依然清晰地记得,一个深秋的周末,研究遇到了最大的瓶颈,组会讨论依然无果,我惆怅地独自穿过西操场,一阵微风吹过,抬起头才发现这是一个难得的好天气。碧蓝的天空下,操场旁边高大成排的梧桐树上的叶子在阳光的照耀下闪着金色的光芒,分外美丽。我脑中突然灵光一现,解决办法呼之欲出。

课题的研究和书籍的撰写能顺利完成首先要感谢课题组的每个成员,是他们全心全意地信任和无怨无悔地追随坚定了我心无旁骛探索未知的勇气。需要特别感谢的是国家自然科学基金委对研究的资助。我把每一次匿名评审意见当作向同领域专家学者学习交流的机会。感谢这些我到今天依然不知姓名的专家们对本研究的认可和支持。另外还要感谢学院的领导和同事们对我的理解、支持、照顾及关怀,为我提供了一张安静的书桌。感恩家人对我多年来无微不至地关心和默默无言地守护。

感谢国家自然科学基金委和华中科技大学教改基金的资助。

研究还有很多不足之处,欢迎大家不吝赐教,您的建议是研究探索得以不断进步的阶梯。

课题组负责人:段爱媛

课题组成员名单:

(注:课题组成员按照加入课题组的时间排序)

2011年:邓敏、胡巍、陈建宇、饶翔、李祥、冯灿、黄义

2012年:刘博、唐铖、吴勤辉、杨振宇、黄立新、孙力、贺正全

2013年:单婧婷、陈思锦、朱磊明、黄瑞欣、刘静、叶亮宁、邓文英、于善庆

2014年:黄亮、沈弘宇、张洋洋、俞恬、郭弘毅、陈春博

2015年:单姗、温汉辉、彭旺、赵宇、张全全

2016年:屈湘、钟滢斌、罗湘建、赵凯旋、唐国栋、周强、程龙、张志伟

2017年:陈浩、陈晓光、李远永、张毅豪、焦宇翔

2018年:赵健、何湘婧、王旭、刘洋、刘诚臣、尤孟楠

2019年:陈家驰、熊子曰、李萧、孙雨晖、宁晓笛、卢漪荻

2020年:廖涛、戈畅、杨钰坤、姚凯洲、麦宇威

2021年:豆辉、何英、江飞宏、马生俊